चन्द्रगुप्त

[ऐतिहासिक नाटक]

चन्द्रगुप्त

जयशंकर प्रसाद

लोकभारती प्रकाशन

लोकभारती प्रकाशन
पहली मंजिल, दरबारी बिल्डिंग, महात्मा गांधी मार्ग
प्रयागराज-211 001
वेबसाइट: www.lokbhartiprakashan.com
ईमेल : info@lokbhartiprakashan.com

शाखाएँ : 1-बी, नेताजी सुभाष मार्ग, दरियागंज
नई दिल्ली-110 002
1, अनमोल सोराबजी संतुक लेन, मरीन लाइंस
मुम्बई-400002

प्रथम संस्करण : 1931
वर्तमान संस्करण : 2026

सुपर माधव ग्राफिक्स
प्रयागराज द्वारा मुद्रित

CHANDRAGUPTA
by Jaishankar Prasad

ISBN : 978-93-83522-31-6

मूल्यः ₹ 110

प्रिय सुहृद्वर
राय कृष्णदास
को
प्रीति-उपहार

अंगण-वेदी वसुधा कुल्या जलधि, स्थल च पातालम।
वल्मीकश्च सुमेरुः, कत-प्रतिज्ञस्य वीरस्य।।

—हर्षचरित्

प्रकाशक का वक्तव्य

'प्रसाद' की न केवल कवि, कहानी-लेखक, उपन्यासकार अथवा नाटककार ही हैं; बल्कि वे इतिहास के मौलिक अन्वेषक भी हैं। हिन्दी में चन्द्रगुप्त मौर्य के सम्बन्ध में विशद् ऐतिहासिक विवेचना सब से पहले 'प्रसाद' जी ने ही की थी। यह उस समय की बात है, जब चाणक्यलिखित अर्थशास्त्र का आविष्कार-मात्र हुआ था, एवं पुरातत्त्व के देशी अथवा विदेशी विद्वान् , चन्द्रगुप्त के विषय में उदासीन-से थे। सं. १९६६ में 'प्रसाद' जी ने अपनी यह विवेचना 'चन्द्रगुप्त मौर्य' के नाम से प्रकाशित की थी, जो प्रस्तुत नाटक के प्रारम्भ में सम्मिलित है।

इस उत्कृष्ट नाटक के लिखने की भावना भी 'प्रसाद' जी के मन में उसी समय से बनी हुई थी—इसी के नमूने पर एक छोटा-सा रूपक 'कल्याणी-परिणय' के नाम से उन्होंने लिखा भी, जो अगस्त, १९१२ में 'नागरी-प्रचारिणी-पत्रिका' में प्रकाशित हुआ था; किन्तु वह हिन्दी का अनुवाद-युग था और सन् '१७ में डी. एल. राय का चन्द्रगुप्त अनूदित होकर हिन्दी में आ गया। अतएव, इस मौलिक कृति की ओर लोग उतने आकृष्ट न हुए, जितने उस अनुवाद के प्रति। फलतः वही अनुवाद हेर-फेर के साथ कई रूपों में हिन्दी-पाठकों के सामने लाया गया। फिर भी 'प्रसाद' जी की मौलिक प्रतिभा इस सुन्दर ऐतिहासिक नाटक को अपने ढंग पर लिखने में प्रवृत्त हुई। और बड़ी प्रसन्नता की बात है कि वे अपने प्रयास में सफल ही नहीं, पूर्ण सफल हुए हैं। भाषा, भाव, चरित्र-चित्रण, सभी दृष्टियों से इस नाटक का अधिकांश इतना मार्मिक हुआ है कि 'प्रसाद' जी की लेखनी पर अत्यन्त मुग्ध हो उठना पड़ता है। कुल मिलाकर हमारी समझ में 'प्रसाद' जी के बड़े नाटकों में यह सर्वश्रेष्ठ है। इसमें 'कल्याणी-परिणय' भी यथा-प्रसंग परिवर्तित और परिवर्धित होकर सम्मिलित हो गया है।

यह ग्रन्थ दो वर्ष पहले ही प्रेस में दे दिया गया था, किन्तु ऐसे कारण आते गए कि यह अब के पहले प्रकाशित न हो सका; हमें इसका खेद है।

अस्तु, यह वर्षों का अन्वेषणपूर्ण उद्योग आज इस रूप में हम पाठकों के सामने बड़े हर्ष के साथ उपस्थित करते हैं।

रथयात्रा '88 (पहले संस्करण से)

मौर्य-वंश

प्राचीन आर्य नृपतिगण का साम्राज्य उस समय नहीं रह गया था। चन्द्र और सूर्य वंश की राजधानियाँ अयोध्या और हस्तिनापुर, विकृत रूप में भारत के वक्षस्थल पर अपने साधारण अस्तित्व का परिचय दे रही थीं। अन्य प्रचंड बर्बर जातियों की लगातार चढ़ाइयों से पवित्र सप्तसिन्धु प्रदेश में आर्यों के सामगान का पवित्र स्वर मन्द हो गया था। पांचालों की लीला-भूमि तथा पंजाब मिश्रित जातियों से भर गया था। जाति, समाज और धर्म—सब में एक विचित्र मिश्रण और परिवर्तन-सा हो रहा था। कहीं आभीर और कहीं ब्राह्मण, राजा बन बैठे थे। यह सब भारत-भूमि की भावी दुर्दशा की सूचना क्यों थी? इसका उत्तर केवल यही आपको मिलेगा, कि धर्म सम्बन्धी महापरिवर्तन होनेवाला था। वह बुद्ध से प्रचारित होनेवाले बौद्ध धर्म की ओर भारतीय आर्य लोगों का झुकाव था, जिसके लिए वे लोग प्रस्तुत हो रहे थे।

उस धर्म-बीज को ग्रहण करने के लिए कपिल, कणाद आदि ने आर्यों का हृदय-क्षेत्र पहले ही से उर्वर कर दिया था, किन्तु यह मत सर्वसाधारण में अभी नहीं फैला था। वैदिक-कर्मकांड की जटिलता से उपनिषद् तथा सांख्य आदि शास्त्र आर्य लोगों को सरल और सुगम प्रतीत होने लगे थे। ऐसे ही समय पार्श्वनाथ ने एक जीव-दयामय धर्म प्रचारित किया और वह धर्म बिना किसी शास्त्र-विशेष के, वेद तथा प्रमाण की उपेक्षा करते हुए फैलकर शीघ्रता के साथ सर्वसाधारण से सम्मान पाने लगा। आर्यों की राजसूय और अश्वमेध आदि शक्ति बढ़ानेवाली क्रियाएँ शून्य स्थान में ध्यान और चिन्तन के रूप में परिवर्तित हो गईं; अहिंसा का प्रचार हुआ। इससे भारत की उत्तरी सीमा में स्थित जातियों को भारत में आकर उपनिवेश स्थापित करने का उत्साह हुआ। दार्शनिक मत के प्रबल प्रचार से भारत में धर्म, समाज और साम्राज्य, सब में विचित्र और अनिवार्य हो रहा था। बुद्धदेव के दो-तीन शताब्दी पहले ही दार्शनिक मतों ने, उन विशेष बन्धनों को, जो उस समय के आर्यों को उद्विग्न कर रहे थे, तोड़ना आरम्भ किया। उस समय ब्राह्मण वल्कलधारी होकर काननों में रहना ही अच्छा न समझते, वरन वे भी राज्यलोलुप होकर स्वतन्त्र छोटे-छोटे राज्यों के अधिकारी बन बैठे। क्षत्रियगण राजदंड को बहुत भारी तथा अस्त्र-शस्त्रों को हिंसक समझकर उनकी

जगह जप-चक्र हाथ में रखने लगे। वैश्य लोग भी व्यापार आदि में मनोयोग न देकर, धर्माचार्य की पदवी को सरल समझने लगे। और तो क्या, भारत के प्राचीन दास भी अन्य देशों से आई हुई जातियों के साथ मिलकर दस्यु-वृत्ति करने लगे।

वैदिक धर्म पर क्रमशः बहुत-से आघात हुए, जिनसे वह जर्जर हो गया। कहा जाता है कि उस समय धर्म की रक्षा करने में तत्पर ब्राह्मणों ने अर्बुदगिरि पर एक महान यज्ञ करना आरम्भ किया और उस यज्ञ का प्रधान उद्देश्य वर्णाश्रम धर्म तथा वेद की रक्षा करना था। चारों ओर से दल-के-दल क्षत्रियगण—जिनका युद्ध ही आमोद था—जुटने लगे और वे ब्राह्मण-धर्म को मानकर अपने आचार्यों को पूर्ववत सम्मानित करने लगे। जिन जातियों को अपने कुल की क्रमागत वंश-मर्यादा भूल गई थी, वे तपस्वी और पवित्र ब्राह्मणों के यज्ञ से संस्कृत होकर चार जातियों में विभाजित हुईं। इनका नाम अग्निकुल हुआ। सम्भवतः इसी समय में तक्षक या नागवंशी भी क्षत्रियों की एक श्रेणी में गिने जाने लगे।

यह धर्म-क्रान्ति भारतवर्ष में उस समय हुई थी, जब जैन तीर्थंकर पार्श्वनाथ हुए, जिनका समय ईसा से 800 वर्ष पहले माना जाता है। जैन लोगों के मत से भी इस समय में विशेष अन्तर नहीं है। ईसा के 800 वर्ष पूर्व यह बड़ी घटना भारतवर्ष में हुई, जिसने भारतवर्ष में राजपूत जाति बनाने में बड़ी सहायता दी और समय-समय पर उन्हीं राजपूत क्षत्रियों ने बड़े-बड़े कार्य किए। उन राजपूतों की चार जातियों में प्रमुख परमार जाति थी और जहाँ तक इतिहास पता देता है—उन लोगों ने भारत के भिन्न-भिन्न प्रदेशों में फैलकर नवीन जनपद और अक्षय कीर्ति उपार्जित की। धीरे-धीरे भारत के श्रेष्ठ राज्य वर्गों में इनकी गणना होने लगी। यद्यपि इस कुल की भिन्न-भिन्न पैंतीस शाखाएँ हैं, पर सब में प्रधान और लोक-विश्रुत मौर्य नाम की शाखा हुई। भारत का शृंखलाबद्ध इतिहास नहीं है, पर बौद्धों के बहुत से शासन सम्बन्धी लेख और उनकी धर्म-पुस्तकों से हमें बहुत सहायता मिलेगी, क्योंकि उस धर्म को उन्नति के शिखर पर पहुँचानेवाला उसी मौर्य-वंश का सम्राट अशोक हुआ है। बौद्धों के विवरण से ज्ञात होता है, कि शैशुनाक वंशी महानन्द के संकर-पुत्र महापद्म के पुत्र धननन्द से मगध का सिंहासन लेनेवाला चन्द्रगुप्त मोरियों के नगर का राजकुमार था। यह मोरियों का नगर पिप्पली-कानन था, और पिप्पली-कानन के मौर्य-नृपति लोग भी बुद्ध के शरीर-भस्म के भाग लेनेवालों में एक थे।

मौर्य लोगों की उस समय भारत में कोई दूसरी राजधानी न थी। यद्यपि इस बात का पता नहीं चलता, कि इस वंश के आदिपुरुषों में से किसने पिप्पली-कानन में मौर्यों की पहली राजधानी स्थापित की, पर यह स्पष्ट ज्ञात होता है कि ईसा से 500 वर्ष या इससे पहले यह राजधानी स्थापित हुई और मौर्य-जाति इतिहास-प्रसिद्ध कोई ऐसा कार्य तब तक नहीं कर सकी, जब तक प्रतापी

चन्द्रगुप्त उसमें न उत्पन्न हुआ। उसने मौर्य शब्द को, जो अब तक भारतवर्ष के एक कोने में पड़ा हुआ अपना जीवन अपरिचित रूप से बिता रहा था, केवल भारत ही नहीं वरन ग्रीस आदि समस्त देशों में परिचित करा दिया। ग्रीक-इतिहास-लेखकों ने अपनी भ्रमपूर्ण लेखनी से इस चन्द्रगुप्त के बारे में कुछ तुच्छ बातें लिख दी हैं, जो कि बिलकुल असम्बद्ध ही नहीं वरन उलटी हैं। जैसे—'चन्द्रगुप्त नाइन के पेट से पैदा हुआ महानन्दिन का लड़का था।' पर यह बात पोरस ने महापद्म और धननन्द आदि के लिए कही है[1] और वही पीछे से चन्द्रगुप्त के लिए भ्रम से यूनानी ग्रन्थकारों ने लिख दी है। ग्रीक-इतिहास-लेखक Plutarch लिखता है कि चन्द्रगुप्त मगध-सिंहासन पर आरोहण करने के बाद कहता था कि सिकन्दर महापद्म को अवश्य जीत लेता, क्योंकि यह नीचजन्मा होने के कारण जन-समाज में अपमानित तथा घृणित था। लिवानियस आदि लेखकों ने तो यहाँ तक भ्रम डाला है कि पोरस ही नापित से पैदा हुआ था। पोरस ने ही यह बात कही थी, इससे वही नापित-पुत्र समझा जाने लगा, तो वही क्या आश्चर्य है कि तक्षशिला में जब चन्द्रगुप्त ने यही बात कही थी, तो वही नापित-पुत्र समझा जाने लगा हो। ग्रीकों के भ्रम से ही यह कलंक उसे लगाया गया है।

एक बात और भी उस समय तक निर्धारित नहीं हुई थी कि Sandrokottus और Zandrames भिन्न-भिन्न दो व्यक्तियों का या एक का ही नाम है। यह H.H. Wilson ने विष्णुपुराण आदि के सम्पादन-समय में संड्रोकोटस और चन्द्रगुप्त को एक में मिलाया। यूनानी लेखकों ने लिखा है कि Zandrames ने बहुत सेना लेकर सिकन्दर से मुकाबला किया। उन्होंने उस प्राच्य-देश के राजा Zandrames को, जो नन्द था, भूल से चन्द्रगुप्त समझ लिया—जो कि तक्षशिला में एक बार सिकन्दर से मिला था और बिगड़कर लौट आया था। चन्द्रगुप्त और सिकन्दर की भेंट हुई थी, इसलिए भ्रम से वे लोग Sandrokottus और Zandrames को एक समझकर नन्द की कथा को चन्द्रगुप्त के पीछे जोड़ने लगे।

चन्द्रगुप्त ने पिप्पली-कानन के कोने से निकलकर पाटलिपुत्र पर अधिकार किया। मेगस्थनीज ने इस नगर का वर्णन किया है और फारस की राजधानी से बढ़कर बतलाया है। अस्तु, मौर्यों की दूसरी राजधानी पाटलिपुत्र हुई।

---

1 Alexander, who did not at first believe this inquired from King Porus whether this account of the power of Zandrames was true, and he was told by Porus that it was true, but that the king was but of mean and obscure extraction accounted to be a barber's son; that the queen, however, had fallen in love with the barber, had murdered her husbands and that the kingdom had thus devolved upon Zandrames.

—**DIODORUS SICUIUIS**

IN History of A. S. Literature

पुराणों के देखने से ज्ञात होता है कि चन्द्रगुप्त के बाद नौ राजा उसके वंश में मगध के सिंहासन पर बैठे। उनमें अन्तिम राजा वृहद्रथ हुआ, जिसे मारकर पुष्यमित्र—जो शुंग-वंश का था—मगध के सिंहासन पर बैठा; किन्तु चीनी यात्री ह्नेनसांग, जो हर्षवर्धन के समय में आया था, लिखता है—"मगध का अन्तिम अशोकवंशी पूर्णवर्मा हुआ, जिसके समय में शशांकगुप्त ने बोधिद्रुम को विनष्ट किया था। और उसी पूर्णवर्मा ने बहुत से गौ के दुग्ध से उस उन्मूलित बोधिद्रुम को सींचा, जिससे वह शीघ्र ही फिर बढ़ गया।" यह बात प्राय: सब मानते हैं कि मौर्य वंश के नौ राजाओं ने मगध के राज्यासन पर बैठकर उसके अधीन समस्त भू-भाग पर शासन किया। जब मगध के सिंहासन पर से मौर्यवंशियों का अधिकार जाता रहा, तब उन लोगों ने एक प्रादेशिक राजधानी को अपनी राजधानी बनाया। प्रबल प्रतापी चन्द्रगुप्त का राज्य चार प्रादेशिक शासकों से शासित होता था। अवन्ती, स्वर्णगिरि, तोषली और तक्षशिला में अशोक के चार सूबेदार रहा करते थे। इनमें अवन्ती के सूबेदार प्राय: राजवंश के होते थे। स्वयं अशोक उज्जैन का सूबेदार रह चुका था। सम्भव है कि मगध का शासन डाँवाँडोल देखकर मगध के आठवें मौर्य नृपति सोमशर्मा के किसी भी राजकुमार ने, जो कि अवन्ती का प्रादेशिक शासक रहा हो, अवन्ती को प्रधान राजनगर बना लिया हो, क्योंकि उसकी एक ही पीढ़ी के बाद मगध के सिंहासन पर शुंगवंशियों का अधिकार हो गया। यह घटना सम्भवत: 175 ई. पू. हुई होगी, क्योंकि 183 में सोमशर्मा मगध का राजा हुआ। भट्टियों के ग्रन्थों में लिखा है कि मौर्य-कुल के मूलवंश से उत्पन्न हुए परमार नृपतिगण ही उस समय भारत के चक्रवर्ती राजा थे, और वे लोग कभी-कभी उज्जयिनी में ही अपनी राजधानी स्थापित करते थे।

टॉड ने अपने राजस्थान में लिखा है कि जिस चन्द्रगुप्त की महान प्रतिष्ठा का वर्णन भारत के इतिहास में स्वर्णाक्षरों में लिखा है, उस चन्द्रगुप्त का जन्म पवाँर-कुल की मौर्य शाखा में हुआ है। सम्भव है कि विक्रम के सौ या कुछ वर्ष पहले जब मौर्यों की राजधानी पाटलिपुत्र से हटी, तब इन लोगों ने उज्जयिनी को प्रधानता दी और यहीं पर अपने एक प्रादेशिक शासक की जगह राजा की तरह रहने लगे।

राजस्थान में पवाँर-कुल के मौर्य-नृपतिगण ने इतिहास में प्रसिद्ध बड़े-बड़े कार्य किए, किन्तु ईसा की पहली शताब्दी से लेकर 5वीं शताब्दी तक प्राय: उन्हें गुप्तवंशी तथा अपर जातियों से युद्ध करना पड़ा। भट्टियों ने लिखा है कि उस समय मौर्य-कुल के परमार लोग कभी उज्जयिनी को और कभी राजस्थान की धारा को अपनी राजधानी बनाते थे।

इसी दीर्घकालव्यापिनी अस्थिरता से मौर्य लोग जिस तरह अपनी प्रभुता बनाए रहे, उस तरह किसी वीर और परिश्रमी जाति के सिवा दूसरा नहीं कर

सकता। इस जाति के महेश्वर नामक राजा ने विक्रम के 600 वर्ष बाद कार्तवीर्य अर्जुन की प्राचीन महिष्मती को, जो नर्मदा के तट पर थी, फिर से बसाया और उसका नाम महेश्वर रखा, उन्हीं का पौत्र दूसरा भोज हुआ। चित्रांग मौर्य ने भी थोड़े ही समय के अन्तर में चित्रकूट (चित्तौर) का पवित्र दुर्ग बनवाया, जो भारत के स्मारक चिह्नों में एक अपूर्व वस्तु है।

गुप्तवंशियों ने जब अवन्ती मौर्य लोगों से ले ली, उसके बाद वीर मौर्यों के उद्योग से कई नगरी बसाई गईं और कितनी ही उन लोगों ने दूसरे राजाओं से ले लीं। अर्बुदगिरि के प्राचीन भू-भाग पर उन्हीं का अधिकार था। उस समय राजस्थान के सब अच्छे-अच्छे नगर प्रायः मौर्य-राजगण के अधिकार में थे। विक्रमीय संवत् 780 तक मौर्यों की प्रतिष्ठा राजस्थान में थी और उस अन्तिम प्रतिष्ठा को तो भारतवासी कभी न भूलेंगे जो चित्तौरपति मौर्य-नरनाथ मानसिंह ने खलीफा वलीद को राजस्थान से विताड़ित करके प्राप्त की थी।

मानमौर्य के बनवाए हुए मानसरोवर में एक शिलालेख है, जिसमें लिखा है कि, ''महेश्वर को भोज नाम का पुत्र हुआ था, जो धारा और मालव का अधीश्वर था, उसी से मानमौर्य हुए।'' इतिहास में 784 संवत् में बाप्पारावल का चित्तौर पर अधिकार करना लिखा है, तो इसमें सन्देह नहीं रह जाता कि यही मानमौर्य बाप्पारावल के द्वारा प्रवंचित हुआ।

महाराज मान प्रसिद्ध बाप्पादित्य के मातुल थे। बाप्पादित्य ने नागेन्द्र से भागकर मानमौर्य के यहाँ आश्रय लिया, उनके यहाँ सामन्त रूप से रहने लगे। धीरे-धीरे उनका अधिकार सब सामन्तों से बढ़ा, तब सब सामन्त उनसे डाह करने लगे। किन्तु बाप्पादित्य की सहायता से मानमौर्य ने यवनों को फिर भी पराजित किया। पर उन्हीं बाप्पादित्य की दोधारी तलवार मानमौर्य के लिए कालभुजंगिनी और मौर्य-कुल के लिए तो मानो प्रलय-समुद्र की एक बड़ी लहर हुई। मान बाप्पादित्य के हाथ से मारे गए और राजस्थान में मौर्य-कुल का अब कोई राजा न रहा। यह घटना विक्रमीय संवत् 784 की है।

कोटा के कण्वाश्रम के शिव-मन्दिर में एक शिलालेख संवत् 795 का पाया गया है। उससे मालूम होता है कि आठवीं शताब्दी के अन्त तक राजपूताना और मालवा पर मौर्य-नृपति का अधिकार रहा।

प्रसिद्ध मालवेश भोज भी परमार वंश का था जो 1035 में हुआ। इस प्रकार परमार और मौर्य-कुल पिछले काल के विवरणों से एक में मिलाए जाते हैं। इस बात की शंका हो सकती है कि मौर्य-कुल की मूल शाखा परमार का नाम प्राचीन बौद्धों की पुस्तकों में क्यों नहीं मिलता। परन्तु यह देखा जाता है कि जब एक विशाल जाति से एक छोटा-सा कुल अलग होकर अपनी स्वतन्त्र सत्ता बना लेता है, तब प्रायः वह अपनी प्राचीन संज्ञा को छोड़कर नवीन नाम को अधिक प्रधानता

देता है। जैसे इक्ष्वाकुवंशी होने पर भी बुद्ध, शाक्य नाम से पुकारे गए और जब शिलालेखों में मानमौर्य और परमार भोज के हम एक ही वंश में होने का प्रमाण पाते हैं तब कोई सन्देह नहीं रह जाता। हो सकता है, मौर्यों के बौद्ध युग के बाद जब इस शाखा का हिन्दू धर्म की ओर अधिक झुकाव हुआ हो तो परमार नाम फिर से लिया जाने लगा हो, क्योंकि मौर्य बौद्ध-प्रेम के कारण अधिक कुख्यात हो चुके थे। बौद्ध-विद्वेष के कारण अशोक के वंश को अक्षत्रिय तथा नीच कुल का प्रमाणित करने के लिए मध्य-काल में अधिक उत्सुकता देखी जाती है, किन्तु यह अस्वीकार नहीं किया जा सकता है कि प्रसिद्ध परमार-कुल और मौर्य-वंश परस्पर सम्बद्ध हैं।

इस प्रकार अज्ञात पिप्पली-कानन के एक कोने से निकलकर विक्रम-संवत् के 264 वर्ष पहले से 784 वर्ष बाद तक मौर्य लोगों ने पाटलिपुत्र, उज्जैन, धारा, महेश्वर, चित्तौर (चित्रकूट) और अर्बुदगिरि आदि में अलग-अलग अपनी राजधानियाँ स्थापित कीं और लगभग 1050 वर्ष तक वे लोग मौर्य-नरपति कहकर पुकारे गए।

पिप्पली-कानन के मौर्य

मौर्य-कुल का सबसे प्राचीन स्थान पिप्पली-कानन था। चन्द्रगुप्त के आदि-पुरुष मौर्य इसी स्थान के अधिपति थे और यह राजवंश गौतम बुद्ध के समय में प्रतिष्ठित गिना जाता था, क्योंकि बौद्धों ने महात्मा बुद्ध के शरीर-भस्म का एक भाग पाने वालों में पिप्पली-कानन के मौर्यों का उल्लेख किया है। पिप्पली-कानन बस्ती जिले में नेपाल की सीमा पर है। वहाँ दूह और स्तूप हैं, इसे अब पिपरहिया कोट कहते हैं। फाह्यान ने स्तूप आदि देखकर भ्रमवश इसी को पहले कपिलवस्तु समझा था। मि. पीपी ने इसी स्थान को पहले खुदवाया और बुद्धदेव की धातु तथा और जो वस्तुएँ मिलीं, उन्हें गवर्नमेंट को अर्पित किया था तथा धातु का प्रधान अंश सरकार ने स्याम के राजा को दिया।

इसी पिप्पली-कानन में मौर्य लोग अपना छोटा-सा राज्य स्वतन्त्रता से संचालित करते थे, और यह क्षत्रिय थे, जैसे कि महावंश के इस अवतरण से सिद्ध होता है, ''मोरियानं खतियानं वंसजातं सिरीधर। चन्द्रगुप्तो सिपंज्जतं चाणक्को ब्राह्मणोततो।'' हिन्दू नाटककार विशाखदत्त ने चन्द्रगुप्त को प्राय: वृषल कहकर सम्बोधित कराया है, इससे उक्त हिन्दू-काल की मनोवृत्ति ही ध्वनित होती है। वस्तुतः वृषल शब्द से तो उनका क्षत्रियत्व और भी प्रमाणित होता है, क्योंकि—

शनकैस्तु क्रियालोपादिमा: क्षत्रियजातय:
वृषलत्वं गतां लोके ब्राह्मणानामदर्शनात्!

इससे यही मालूम होता है कि जो क्षत्रिय लोग वैदिक क्रियाओं से उदासीन हो जाते थे, उन्हें धार्मिक दृष्टि से वृषलत्व प्राप्त होता था। वस्तुत: वे जाति से क्षत्रिय थे। स्वयं अशोक मौर्य अपने को क्षत्रिय कहता था।

यह प्रवाद भी अधिकता से प्रचलित है कि मौर्य-वंश मुरा नाम की शूद्रा से चला है और चन्द्रगुप्त उसका पुत्र था। यह भी कहा जाता है कि चन्द्रगुप्त मौर्य शूद्रा मुरा से उत्पन्न हुआ नन्द ही का पुत्र था। किन्तु V. A. Smith लिखते हैं—"But it is perhaps more probable that the dynasties of Mouryas and Nandas were not connected by blood." तात्पर्य यह कि—यह अधिक सम्भव है कि नन्दों और मौर्यों का कोई रक्त-सम्बन्ध न था।

Mexmullar भी लिखते हैं—"The statement of Wilford that mourya meant in Sanskrit the offspring of a barber and Sudra woman has never been proved."

मुरा शूद्रा तक ही नहीं रही, एक नापित भी आ गया। मौर्य शब्द की व्याख्या करने जाकर कैसा भ्रम फैलाया गया है। मुरा से मौर और मौरेय बन सकता है, न कि मौर्य। कुछ लोगों का अनुमान है कि शुद्ध शब्द मोरिय है, उससे संस्कृत शब्द मौर्य बना है : परन्तु यह बात ठीक नहीं, क्योंकि अशोक के कुछ ही समय बाद के पतंजलि ने स्पष्ट मौर्य शब्द का उल्लेख किया है—''मोर्य्यैर्हिरण्यार्थिभिरर्चा-प्रकल्पिता:'' (भाष्य 5-3-99)। इसीलिए मौर्य शब्द अपने शुद्ध रूप में संस्कृत का है न कि कहीं से लेकर संस्कार किया गया है। तब तो यह स्पष्ट है कि मौर्य शब्द अपनी संस्कृत-व्युत्पत्ति के द्वारा मुरा का पुत्रवाला अर्थ नहीं प्रकट करता। यह वास्तव में कपोल-कल्पना है और यह भ्रम यूनानी लेखकों से प्रचारित किया गया है; जैसा कि ऊपर दिखाया जा चुका है। अर्थ-कथा में मौर्य शब्द की एक और व्याख्या मिलती है। शाक्य लोगों में आपस में बुद्ध के जीवन-काल में ही एक झगड़ा हुआ और कुछ लोग हिमवान के पिप्पली-कानन प्रदेश में अपना नगर बसाकर रहने लगे। उस नगर के सुन्दर घरों पर क्रौंच और मोर पक्षी के चित्र अंकित थे, इसलिए वहाँ के शाक्य लोग मोरिय कहलाए। कुछ सिक्के बिहार में ऐसे भी मिले हैं, जिन पर मयूर का चिह्न अंकित है। इससे अनुमान किया जाता है कि वे मौर्य-काल के सिक्के हैं। किन्तु इससे भी उनके क्षत्रिय होने का प्रमाण ही मिलता है।

हिन्दी 'मुद्राराक्षस' की भूमिका में भारतेन्दु जी लिखते हैं कि, '' महानन्द, जो कि नन्दवंश का था, उससे नौ पुत्र उत्पन्न हुए। बड़ी रानी से आठ और मुरा नाम्नी नापित-कन्या से नवाँ चन्द्रगुप्त। महानन्द से और उसके मन्त्री शकटार से वैमनस्य हो गया, इस कारण मन्त्री ने चाणक्य द्वारा महानन्द को मरवा डाला और चन्द्रगुप्त को चाणक्य ने राज्य पर बिठाया, जिसकी कथा 'मुद्राराक्षस' में

प्रसिद्ध है।'' किन्तु यह भूमिका जिसके आधार पर लिखी हुई है, वह मूल संस्कृत मुद्राराक्षस के टीकाकार का लिखा हुआ उपोद्घात है। भारतेन्दु जी ने उसे भी अविकल ठीक न मानकर 'कथा-सरित्सागर' के आधार पर उसका बहुत-सा संशोधन किया है। कहीं-कहीं उन्होंने कई कथाओं का उलट-फेर भी कर दिया है। जैसे हिरण्यगुप्त के रहस्य के बतलाने पर राजा के फिर शकटार से प्रसन्न होने की जगह विचक्षणा के उत्तर से प्रसन्न होकर शकटार को छोड़ देना तथा चाणक्य के द्वारा अभिचार से मारे जाने की जगह महानन्द का विचक्षणा के दिए हुए विष से मारा जाना इत्यादि।

ढुंढि लिखते हैं कि, ''कलि के आदि में नन्द नाम का एक राजवंश था। उसमें सर्वार्थसिद्धि मुख्य था। उसकी दो रानियाँ थीं—एक सुनन्दा, दूसरी वृषला मुरा। सुनन्दा को एक मांस-पिंड और मुरा को मौर्य उत्पन्न हुआ। मौर्य से नौ पुत्र उत्पन्न हुए। मन्त्री राक्षस ने उस मांस-पिंड को जल में नौ टुकड़े करके रखा, जिससे नौ पुत्र हुए। सर्वार्थसिद्धि अपने उन नौ लड़कों को राज्य देकर तपस्या करने चला गया। उन नौ नन्दों ने मौर्य और उसके लड़के को मार डाला। केवल एक चन्द्रगुप्त प्राण बचाकर भागा, जो चाणक्य की सहायता से नन्दों का नाश करके, मगध का राजा बना।''

कथा-सरित्सागर के कथापीठ लम्बक में चन्द्रगुप्त के विषय में एक विचित्र कथा है। उसमें लिखा है कि, ''नन्द के मर जाने पर इन्द्रदत्त (जो कि उसके पास गुरु-दक्षिणा के लिए द्रव्य माँगने गया था) ने अपनी आत्मा को योगबल से राजा के शरीर में डाला, और आप राज्य करने लगा। जब उसने अपने साथी वररुचि को एक करोड़ रुपया देने के लिए कहा, तब मन्त्री शकटार ने, जिसको राजा के मरकर फिर से जी उठने पर पहले ही से शंका थी, विरोध किया। तब उसे योगनन्द राजा ने चिढ़कर उसको कैद कर लिया और वररुचि को अपना मन्त्री बनाया। योगनन्द बहुत विलासी हुआ, उसने सब राज्य-भार मन्त्री पर छोड़ दिया। उसकी ऐसी दशा देखकर वररुचि ने शकटार को छुड़ाया और दोनों मिलकर राज्य-कार्य करने लगे। एक दिन योगनन्द की रानी के चित्र में उसकी जाँघ पर एक तिल बना देने से राजा ने वररुचि पर शंका करके शकटार को उसको मार डालने की आज्ञा दी। पर शकटार ने अपने उपकारी को छिपा रखा।

''योगनन्द के पुत्र हिरण्यगुप्त ने जंगल में अपने मित्र रीछ से विश्वासघात किया। इससे वह पागल और गूँगा हो गया। राजा ने कहा—'यदि वररुचि होता, तो इसका कुछ उपाय करता।' अनुकूल समय देखकर शकटार ने वररुचि को प्रकट किया। वररुचि ने हिरण्यगुप्त का सब रहस्य सुनाया और उसे निरोग किया। इस पर योगनन्द ने पूछा कि तुम्हें यह बात कैसे ज्ञात हुई? वररुचि ने उत्तर दिया—'योगबल-से; जैसे रानी की जाँघ का तिल।' राजा उस पर बहुत

प्रसन्न हुआ; पर वह फिर न ठहरा और जंगल में चला गया। शकटार ने समय ठीक देखकर चाणक्य द्वारा योगनन्द को मरवा डाला और चन्द्रगुप्त को राज्य दिलाया।''

ढुंढि ने भी नाटक में वृषल और मौर्य शब्द का प्रयोग देखकर चन्द्रगुप्त को मुरा का पुत्र लिखा है; पर पुराणों में कहीं भी चन्द्रगुप्त को वृषल या शूद्र नहीं लिखा है। पुराणों में जो शूद्र शब्द का प्रयोग हुआ है, वह शूद्रजात महापद्म के वंश के लिए है, यह नीचे लिखे हुए विष्णु-पुराण के उद्धृत अंश पर ध्यान देने से स्पष्ट हो जाएगा— ठ्य

ततोमहानन्दी 18 इत्येक शैशुनाकाभूपालास्त्रिवर्षशतानि द्विषष्ठ्यधिकानि भविष्यन्ति 19 महानन्दिनस्ततः शूद्रागर्भोद्‌भवोतिलुब्धोतिवली महापद्मनाम नन्दः परशुराम इवापरोऽखिलक्षत्रियनाशकारी भविष्यति20 ततः प्रभृति शूद्र भूपालाः भविष्यन्ति 21 स एकच्छत्रामनुल्लंघित शासनो महापद्म : पृथ्वी भोक्ष्यते 22 तस्याप्यष्टौ सुताः सुमाल्यादयः भवितारः 23 तस्य महापद्मस्थानु पृथिवीं भोक्ष्यन्ति 24 महापद्मपुत्राश्चैकैकः वर्षशतमवनीपतयो भविष्यन्ति 25 ततश्च नव चैतान्नन्दान् कौटिल्यं ब्राह्मणः समुद्धरिष्यति 26 तेषामभावं मौर्यः पृथिवीं भोक्ष्यन्ति 27 कौटिल्य एव चन्द्रगुप्तमुत्पन्नं राज्येऽभिषेक्ष्यति 28

इससे यह मालूम होता है कि महानन्द के पुत्र महापद्म ने जो शूद्राजात था—अपने पिता के बाद राज्य किया और उसके बाद सुमाल्य आदि आठ लड़कों ने राज्य किया और इन सबने मिलकर महानन्द के बाद 100 वर्ष राज्य किया। इनके बाद चन्द्रगुप्त को राज्य मिला।

अब यह देखना चाहिए कि चन्द्रगुप्त को जो लोग महानन्द का पुत्र बताते हैं; उन्हें कितना भ्रम है; क्योंकि उन लोगों ने लिखा है कि—''महानन्द को मारकर चन्द्रगुप्त ने राज्य किया।'' पर ऊपर लिखी हुई वंशावली से यह प्रकट हो जाता है कि महानन्द के बाद 100 वर्ष तक महापद्म और उसके लड़कों ने राज्य किया। तब चन्द्रगुप्त की कितनी आयु मानी जाए कि महानन्द के बाद महापद्मादि के 100 वर्ष राज्य कर लेने पर भी उसने 24 वर्ष शासन किया!

यह एक विलक्षण बात होगी यदि 'नन्दान्तं क्षत्रियकुलम्' के अनुसार शूद्राजात महापद्म और उसके लड़के तो क्षत्रिय मान लिए जाएँ और—'अतः परं शूद्राः पृथिवीं भोक्ष्यन्ति' के अनुसार शूद्रता चन्द्रगुप्त से आरम्भ की जाए। महानन्द को जब शूद्रा से एक ही लड़का महापद्म था, तब दूसरा चन्द्रगुप्त कहाँ से आया? पुराणों में चन्द्रगुप्त को कहीं भी महानन्द का पुत्र नहीं लिखा है। यदि सचमुच अन्तिम नन्द ही का नाम ग्रीकों ने Zandrames रखा था, तो अवश्य ही हम कहेंगे कि विष्णु-पुराण की महापद्म वाली कथा ठीक ग्रीकों से मिल जाती है।

यह अनुमान होता है कि महापद्म वाली कथा, पीछे से बौद्ध-द्वेषी लोगों के द्वारा चन्द्रगुप्त की कथा में जोड़ी गई है, क्योंकि उसी का पौत्र अशोक बौद्धधर्म का प्रधान प्रचारक था।

ढुंढि के उपोद्घात से एक बात का और पता लगता है कि चन्द्रगुप्त महानन्द का पुत्र नहीं, किन्तु मौर्य-सेनापति का पुत्र था। महापद्मादि शूद्रागर्भोद्भव होने पर भी नन्दवंशी कहाए, तब चन्द्रगुप्त मुरा के गर्भ से उत्पन्न होने के कारण नन्दवंशी होने से क्यों वंचित किया जाता है? इसलिए मानना पड़ेगा कि नन्द वंश और मौर्य वंश भिन्न हैं। मौर्य वंश अपना स्वतन्त्र अस्तित्व रखता है; जिसका उल्लेख पुराण, वृहत्कथा, कामन्दकी इत्यादि में मिलता है और पिछले काल के चित्तौर आदि के शिलालेखों में भी इसका उल्लेख है। इसी मौर्य वंश में चन्द्रगुप्त उत्पन्न हुआ।

चन्द्रगुप्त का बाल्य-जीवन

अर्थकथा, स्थविरावली, कथा-सरित्सागर और ढुंढि के आधार पर चन्द्रगुप्त के जीवन की प्राथमिक घटनाओं का पता चलता है।

मगध की राजधानी पाटलिपुत्र, शोण और गंगा के संगम पर थी। राज-मन्दिर, दुर्ग, लम्बी-चौड़ी पण्य-वीथिका, प्रशस्त राज-मार्ग इत्यादि राजधानी में किसी उपयोगी वस्तु का अभाव न था। खाईं, सेना, रणतरी इत्यादि से वह सुरक्षित भी थी। उस समय महापद्म का वहाँ राज्य था।

पुराण में वर्णित अखिल क्षत्रिय-निधनकारी महापद्म नन्द, या कालाशोक के लड़कों में सबसे बड़ा पुत्र एक नीच स्त्री से उत्पन्न हुआ था, जो मगध छोड़कर किसी अन्य प्रदेश में रहता था। उस समय किसी डाकू से उससे भेंट हो गई और वह अपने अपमान का प्रतिशोध लेने के लिए उन्हीं डाकुओं के दल में मिल गया। जब उनका सरदार चढ़ाई पर मारा गया, तो वही राजकुमार उन सबों का नेता बन गया और उसने पाटलिपुत्र पर चढ़ाई की। उग्रसेन के नाम से उसने थोड़े दिनों के लिए पाटलिपुत्र का अधिकार छीन लिया, इसके बाद उसके आठ भाइयों ने कई वर्षों तक राज्य किया।

नवें नन्द का नाम धननन्द था। उसने गंगा के घाट बनवाए और उसके प्रवाह को कुछ दिन के लिए हटाकर उसी जगह अपना भारी खजाना गाड़ दिया। उसे लोग धननन्द कहने लगे। धननन्द के अन्न क्षेत्र में एक दिन तक्षशिला-निवासी चाणक्य ब्राह्मण आया और सबसे उच्च आसन पर बैठ गया, जिसे देखकर धननन्द चिढ़ गया और उसे अपमानित करके निकाल दिया। चाणक्य ने धननन्द का नाश करने की प्रतिज्ञा की।

कहते हैं कि जब नन्द बहुत विलासी हुआ, तो उसकी क्रूरता और भी बढ़ गई। प्राचीन मन्त्री शकटार को बन्दी करके उसने वररुचि नामक ब्राह्मण को अपना मन्त्री बनाया। मगध-निवासी उपवर्ष के दो शिष्य थे, जिनमें से पाणिनि तक्षशिला में विद्याभ्यास करने गया था, किन्तु वररुचि, जिसकी राक्षस से मैत्री थी, नन्द का मन्त्री बना। शकटार जब बन्दी हुआ तब वररुचि ने उसे छुड़ाया और एक दिन वही दशा मन्त्री वररुचि की भी हुई। इनका नाम कात्यायन भी था। बौद्ध लोग इन्हें 'मगधदेशीय ब्रह्मबन्धु' लिखते हैं और पाणिनि के सूत्रों के यही वार्तिककार कात्यायन हैं। (कितने लोगों का मत है कि कात्यायन और वररुचि भिन्न-भिन्न व्यक्ति थे।)

शकटार ने अपने वैर का समय पाया, और वह विष-प्रयोग द्वारा तथा एक-दूसरे को लड़ाकर नन्दों में आन्तरिक द्वेष फैलाकर एक के बाद दूसरे को राजा बनाने लगा। धीरे-धीरे नन्दवंश का नाश हुआ, और केवल अन्तिम नन्द बचा। उसने सावधानी से अपना राज्य सँभाला और वररुचि को फिर मन्त्री बनाया। शकटार ने प्रसिद्ध चाणक्य को, जो कि नीति-शास्त्र-विशारद होकर गार्हस्थ्य जीवन में प्रवेश करने के लिए राजधानी में आया था, नन्द का विरोधी बना दिया। वह क्रुद्ध ब्राह्मण अपनी प्रतिहिंसा पूरी करने के लिए सहायक ढूँढ़ने लगा।

पाटलिपुत्र के नगर-प्रान्त में पिप्पली-कानन के मौर्य-सेनापति का एक विभवहीन गृह था। महापद्म नन्द के और उनके पुत्रों के अत्याचार से मगध काँप रहा था। मौर्य-सेनापति के बन्दी हो जाने के कारण उनके कुटुम्ब का जीवन किसी प्रकार कष्ट से बीत रहा था।

एक बालक उसी घर के सामने खेल रहा था। कई लड़के उसकी प्रजा बने थे और वह था उनका राजा। उन्हीं लड़कों में से वह किसी को घोड़ा और किसी को हाथी बनाकर चढ़ता और दंड तथा पुरस्कार आदि देने का राजकीय अभिनय कर रहा था। उसी ओर से चाणक्य जा रहे थे। उन्होंने उस बालक की राज-क्रीड़ा बड़े ध्यान से देखी। उनके मन में कुतूहल हुआ और कुछ विनोद भी। उन्होंने ठीक-ठीक ब्राह्मण की तरह उस बालक राजा के पास जाकर याचना की—"राजन्, मुझे दूध पीने के लिए गऊ चाहिए।" बालक ने राजोचित उदारता का अभिनय करते हुए सामने चरती हुई गौओं को दिखलाकर कहा—"इनमें से जितनी इच्छा हो, तुम ले लो।"

ब्राह्मण ने हँसकर कहा—"राजन्, यह जिसकी गायें हैं, वह मारने लगे तो?"

बालक ने सगर्व छाती फुलाकर कहा—"किसका साहस है जो मेरे शासन को न माने? जब मैं राजा हूँ, तब मेरी आज्ञा अवश्य मानी जाएगी।"

ब्राह्मण ने आश्चर्यपूर्वक बालक से पूछा—"राजन्, आपका शुभ नाम क्या है?"

तब तक बालक की माँ वहाँ आ गई, और ब्राह्मण से हाथ जोड़कर बोली—"महाराज, यह बड़ा धृष्ट लड़का है, इसके किसी अपराध पर ध्यान न दीजिएगा।"

चाणक्य ने कहा—"कोई चिन्ता नहीं, यह बड़ा होनहार बालक है। इसकी मानसिक उन्नति के लिए तुम इसे किसी प्रकार राजकुल में भेजा करो।"

उसकी माँ रोने लगी। बोली—"हम लोगों पर राजकोप है, और हमारे पति राजा की आज्ञा से बन्दी किए गए हैं"

ब्राह्मण ने कहा—"बालक का कुछ अनिष्ट न होगा, तुम इसे अवश्य राजकुल में ले जाओ!"

इतना कह, बालक को आशीर्वाद देकर चाणक्य चले गए।

बालक की माँ बहुत डरते-डरते एक दिन, अपने चंचल और साहसी लड़के को लेकर राज-सभा में पहुँची।

नन्द एक निष्ठुर, मूर्ख और त्रासजनक राजा था। उसकी राज-सभा बड़े-बड़े चापलूस मूर्खों से भरी रहती थी।

पहले के राजा लोग एक-दूसरे के बल, बुद्धि और वैभव की परीक्षा लिया करते थे और इसके लिए वे तरह-तरह के उपाय रचते थे। जब बालक माँ के साथ राज-सभा में पहुँचा, उसी समय किसी राजा के यहाँ से नन्द की राज-सभा की बुद्धि का अनुमान करने के लिए, लोहे के बन्द पिंजड़े में मोम का सिंह बनाकर भेजा गया था और उसके साथ यह कहलाया गया था कि पिंजड़े को खोले बिना ही सिंह को निकाल लीजिए।

सारी राज-सभा इस पर विचार करने लगी; पर उन चाटुकार मूर्ख सभासदों को कोई उपाय न सूझा। अपनी माता के साथ वह बालक यह लीला देख रहा था। वह भला कब माननेवाला! उसने कहा—"मैं निकाल दूँगा।"

सब लोग हँस पड़े। बालक की ढिठाई भी कम न थी। राजा को भी आश्चर्य हुआ।

नन्द ने कहा—"यह कौन है?"

मालूम हुआ कि राजबन्दी मौर्य-सेनापति का यह लड़का है। फिर क्या, नन्द की मूर्खता की अग्नि में एक और आहुति पड़ी। क्रोधित होकर वह बोला—"यदि तू इसे न निकाल सका, तो तू भी इस पिंजड़े में बन्द कर दिया जाएगा।"

उसकी माता ने देखा कि यह भी कहाँ से विपत्ति आई; परन्तु बालक निर्भीकता से आगे बढ़ा और पिंजड़े के पास जाकर उसको भलीभाँति देखा। फिर

लोहे की शलाकाओं को गरम करके उस सिंह को गलाकर पिंजड़े को खाली कर दिया।[1]

सब लोग चकित रह गए।

राजा ने पूछा—"तुम्हारा नाम क्या है?"

बालक ने कहा—"चन्द्रगुप्त।"

ऊपर के विवरण से पता चलता है कि चन्द्रगुप्त किशोरावस्था में नन्दों की सभा में रहता था। वहाँ उसने अपनी विलक्षण बुद्धि का परिचय दिया।

पिप्पली-कानन के मौर्य लोग नन्दों के क्षत्रिय-नाशकारी शासन से पीड़ित थे, प्रायः सब दबाए जा चुके थे। उस समय यह क्षत्रिय राजकुल नन्दों की प्रधान शक्ति से आक्रान्त थे। मौर्य भी नन्दों की विशाल वाहिनी में सेनापति का काम करते थे। सम्भवतः वे किसी कारण से राज-कोप में पड़े थे और उनका पुत्र चन्द्रगुप्त नन्दों की राज-सभा में अपना समय बिताता था। उसके हृदय में नन्दों के प्रति घृणा का होना स्वाभाविक था। जस्टिनस ने लिखा है—

When by his insolent behaviour he has offended Nandas, and was ordered by king to be put to death, be sought safety by a speedy flight (Justinus : X.V.)

चन्द्रगुप्त ने किसी वाद-विवाद या अनबन के कारण नन्द को क्रुद्ध कर दिया और इस बात में बौद्ध लोगों का विवरण, ढुंढि का उपोद्घात तथा ग्रीक इतिहास-लेखक सभी सहमत हैं कि उसे राज-क्रोध के कारण पाटलिपुत्र छोड़ना पड़ा।

शकटार और वररुचि के सम्बन्ध की कथाएँ जो कथा-सरित्सागर में मिलती हैं, इस बात का संकेत करती हैं कि महापद्म के पुत्र बड़े उच्छृंखल और क्रूर शासक थे। गुप्त-षड्यन्त्रों से मगध पीड़ित था। राजकुल में भी नित्य नए उपद्रव, विरोध और द्वन्द्व चला करते थे, उन्हीं कारणों से चन्द्रगुप्त की भी कोई स्वतन्त्र परिस्थिति उसे भावी नियति की ओर अग्रसर कर रही थी। चाणक्य की प्रेरणा से चन्द्रगुप्त ने सीमाप्रान्त की ओर प्रस्थान किया।

महावंश के अनुसार बुद्ध-निर्वाण के 140 वर्ष बाद अन्तिम नन्द को राज्य मिला, जिसने 22 वर्ष राज्य किया। इसके बाद चन्द्रगुप्त को राज्य मिला। यदि बुद्ध का निर्वाण 543 ई. पूर्व में मान लिया जाए, तो उसमें से नन्द-राज्य तक का समय 162 वर्ष घटा देने से 381 ई. पूर्व में चन्द्रगुप्त के राज्यारोहण की तिथि मानी

---

1. "मधूच्छिष्टमयं धातु जीवन्तमिव पंजरे। सिंहमादाय नन्देभ्यः प्राहिणोत्सिंहलाधिपः। यो द्रावयेदियं क्रूरं द्वारमनुद्घाटय पंजरं। सर्वोऽस्ति-कश्चित्सु-मतिरित्येवं संदिदेशच। चन्द्रगुप्तस्तु मेधावी तप्तायसशलाकया। व्यलापयत्पंजरस्थं व्यस्मयन्त ततोऽखिलाः।"

जाएगी। पर यह सर्वथा भ्रमात्मक है, क्योंकि ग्रीक-इतिहास-लेखकों ने लिखा है कि, "तक्षशिला में जब 326 ई. पूर्व में सिकन्दर से चन्द्रगुप्त ने भेंट की थी, तब वह युवक राजकुमार था। अस्तु, यदि हम उसकी अवस्था उस समय 20 वर्ष के लगभग मान लें, जो कि असंगत न होगी, तो उसका जन्म-समय 346 ई. पूर्व के लगभग हुआ होगा। मगध के राज-विद्रोह-काल में वह 19 या 20 वर्ष का रहा होगा।"

मगध से चन्द्रगुप्त के निकलने की तिथि ई. पूर्व 327 व 328 निर्धारित की जा सकती है, क्योंकि 326 में तो वह सिकन्दर से तक्षशिला में मिला ही था। उसके प्रवास की कथा बड़ी रोचक है। सिकन्दर जिस समय भारतवर्ष में पदार्पण कर रहा था और भारतीय जनता के सर्वनाश का उपक्रम तक्षशिलाधीश्वर ने करना विचार लिया था—वह समय भारत के इतिहास में स्मरणीय है, तक्षशिला नगरी अपनी उन्नति की पराकाष्ठा पर पहुँच चुकी थी। यहाँ का विश्वविद्यालय पाणिनि और जीवक ऐसे छात्रों का शिक्षक हो चुका था—वही तक्षशिला अपनी स्वतन्त्रता पद-दलित कराने की आकांक्षा में आकुल थी और उसका उपक्रम भी हो चुका था। कूटनीति-चतुर सिकन्दर ने, जैसा कि ग्रीक लोग कहते हैं, 1,000 टेलेंट (प्राय: 38,00,000-अड़तीस लाख रुपया) देकर लोलुप देशद्रोही तक्षशिलाधीश को अपना मित्र बनाया। उसने प्रसन्न मन से अपनी कायरता का मार्ग खोल दिया और बिना बाधा सिकन्दर को भारत में आने दिया। ग्रीक ग्रन्थकारों के द्वारा हम यह पता पाते हैं कि (ई. पूर्व 326 में) उसी समय चन्द्रगुप्त शत्रुओं से बदला लेने के उद्योग में अनेक प्रकार के कष्ट, मार्ग में झेलते-झेलते भारत की अर्गला तक्षशिला नगरी में पहुँचा था। तक्षशिला के राजा ने भी महाराज पुरु से अपना बदला लेने के लिए सिकन्दर के लिए भारत का द्वार मुक्त कर दिया था। उन्हीं ग्रीक-ग्रन्थकारों के द्वारा यह पता चलता है कि चन्द्रगुप्त ने एक सप्ताह भी अपने को परमुखापेक्षी नहीं बना रखा और वह क्रुद्ध होकर वहाँ से चला आया। जस्टिनस लिखता है कि उसने अपनी असहनशीलता के कारण सिकन्दर को असन्तुष्ट किया। वह सिकन्दर का पूरा विरोधी बन गया :

For having offended Alexander by his impertinent Language he was ordered to be put to death, and escaped only by flight.

(JUSTINUS)

In History of A. S. Literature

सिकन्दर और चन्द्रगुप्त पंजाब में

सिकन्दर ने तक्षशिलाधीश की सहायता से जेहलम को पार करके पोरस के साथ युद्ध किया। उस युद्ध में क्षत्रिय महाराज पुरु (पर्वतेश्वर) किस तरह लड़े और

वह कैसा भयंकर युद्ध हुआ, यह केवल इससे ज्ञात होता है कि स्वयं जगद्विजयी सिकन्दर को कहना पड़ा—"आज हमको अपनी बराबरी का भीम-पराक्रम शत्रु मिला और यूनानियों को तुल्य-बल से आज ही युद्ध करना पड़ा।" इतना ही नहीं, सिकन्दर का प्रसिद्ध अश्व 'बूकाफेलस' इसी युद्ध में हत हुआ और सिकन्दर स्वयं भी आहत हुआ।

यह अनिश्चित है कि सिकन्दर को मगध पर आक्रमण करने को उत्तेजित करने के लिए ही चन्द्रगुप्त उसके पास गया था, अथवा ग्रीक-युद्ध की शिक्षा-पद्धति सीखने के लिए वहाँ गया था। उसने सिकन्दर से तक्षशिला में अवश्य भेंट की। यद्यपि उसका कोई कार्य वहाँ नहीं हुआ, पर उसे ग्रीकवाहिनी-रण-चर्या अवश्य ज्ञात हुई; जिससे कि उसने पार्वतीय-सेना से मगध-राज्य का ध्वंस किया।

क्रमशः वितस्ता, चन्द्रभागा, इरावती के प्रदेशों को विजय करता हुआ सिकन्दर विपाशा-तट तक आया और फिर मगध राज्य का प्रचंड प्रताप सुनकर उसने दिग्विजय की इच्छा को त्याग दिया और 325 ई. पू. में फिलिप नामक पुरुष को क्षत्रप बनाकर आप काबुल की ओर गया। दो वर्षों के बीच में चन्द्रगुप्त भी उसी प्रान्त में घूमता रहा और जब वह सिकन्दर का विरोधी बन गया था, तो उसी ने पार्वत्य जातियों को सिकन्दर से लड़ने के लिए उत्तेजित किया और जिनके कारण सिकन्दर को इरावती से पाटल तक पहुँचने में दस मास का समय लग गया और इस बीच में इन आक्रमणकारियों से सिकन्दर की बहुत क्षति हुई। इस मार्ग में सिकन्दर को मालव-जाति से युद्ध करने में बड़ी हानि उठानी पड़ी। एक दुर्ग के युद्ध में तो उसे ऐसा अस्त्राघात मिला कि वह महीनों तक कड़ी बीमारी झेलता रहा। जल-मार्ग से जानेवाले सिपाहियों को निश्चय हो गया था कि सिकन्दर मर गया। किसी-किसी का मत है कि सिकन्दर की मृत्यु का कारण यही घाव था।

सिकन्दर भारतवर्ष लूटने आया, पर जाते समय उसकी यह अवस्था हुई कि अर्थाभाव से अपने सेक्रेटरी यू डोमिनिस से उसने कुछ द्रव्य माँगा और न पाने पर उसका कैम्प फुँकवा दिया। सिकन्दर के भारतवर्ष में रहने के समय में ही चन्द्रगुप्त द्वारा प्रचारित सिकन्दर-द्रोह पूर्ण रूप से फैल गया था और इसी समय कुछ पार्वत्य राजा चन्द्रगुप्त के विशेष अनुगत हो गए थे। उनको रण-चतुर बनाकर चन्द्रगुप्त ने एक अच्छी शिक्षित सेना प्रस्तुत कर ली थी और जिसकी परीक्षा प्रथमतः ग्रीक सैनिकों ने ली। इसी गड़बड़ी में फिलिप मारा गया[1] और उस प्रदेश के लोग पूर्णरूप से स्वतन्त्र बन गए। चन्द्रगुप्त को पर्वतीय सैनिकों से बड़ी सहायता मिली और

1. सिकन्दर के चले जाने पर इसी फिलिप ने षड्यन्त्र करके पोरस को मरवा डाला, जिससे बिगड़कर उसकी हत्या हुई।

वे उसके मित्र बन गए। विदेशी शत्रुओं के साथ भारतवासियों का युद्ध देखकर चन्द्रगुप्त एक रण-चतुर नेता बन गया। धीरे-धीरे उसने सीमावासी पर्वतीय लोगों को एक में मिला लिया। चन्द्रगुप्त और पर्वतेश्वर विजय के हिस्सेदार हुए और सम्मिलित शक्ति से मगध-राज्य-विजय करने के लिए चल पड़े। अब यह देखना चाहिए कि चन्द्रगुप्त और चाणक्य की सहायक सेना में कौन-कौन देश की सेनाएँ थीं और वे कब पंजाब से चले।

बहुत-से विद्वानों का मत है कि जो सेना चन्द्रगुप्त के साथ थी, वह ग्रीकों की थी। यह बात बिलकुल असंगत नहीं प्रतीत होती। जब फिलिप तक्षशिला के समीप मारा गया, तो सम्भव है कि बिना सरदार की सेना में से किसी प्रकार पर्वतेश्वर ने कुछ ग्रीकों की सेना को अपनी ओर मिला लिया हो जो कि केवल धन के लालच से ग्रीक छोड़कर भारत-भूमि तक आए थे। उस सम्मिलित आक्रमणकारी सेना में कुछ ग्रीकों का होना असम्भव नहीं है, क्योंकि मुद्राराक्षस के टीकाकार ढुंढि लिखते हैं—

नन्दराज्यार्धपणनात्समुत्थाप्य महाबलम्।
पर्वतेन्द्रो म्लेच्छबलं न्यरुन्धत्कुसुमं पुरम्।।

तैलंग महाशय लिखते हैं कि—"The Yavanas referred in our play Mudrarakshasa were probably some of frontier tribes." कुछ तो उस समय सम्मिलित सेना के नीचे लिखे हुए नाम हैं, जिन्हें कि महाशय तैलंग ने लिखा है।

मुद्राराक्षस	**तैलंग**
शक	सीदियन
यवन (ग्रीक?)	अफगान
किरात	सेवेज़ ट्राइब
पारसीक	परशियन
वाल्हीक	बैक्ट्रियन

इस सूची को देखने से ज्ञात होता है कि यह सब जातियाँ प्रायः भारत की उत्तर-पश्चिम की सीमा में स्थित हैं। इस सेना में उपर्युक्त जातियाँ प्रायः सम्मिलित रही हों तो असम्भव नहीं है। चन्द्रगुप्त ने असभ्य सेनाओं को ग्रीक-प्रणाली से शिक्षित करके उन्हें अपने कार्य योग्य बनाया। मेरा अनुमान है कि यह घटना 323 ई. पू. में हुई, क्योंकि वही समय सिकन्दर के मरने का है। उसी समय यूडेमिस नामक ग्रीक कर्मचारी और तक्षशिलाधीश के कुचक्र से फिलिप के द्वारा पुरु (पर्वतेश्वर) की हत्या हुई थी। अस्तु, पंजाब प्रान्त एक प्रकार से अराजक हो गया और 322 ई. पू. में इन सबों को स्वतन्त्र बनाते हुए 321 ई. पू. में मगध-राजधानी पाटलिपुत्र को चन्द्रगुप्त ने जा घेरा।

मगध में चन्द्रगुप्त

अपमानित चन्द्रगुप्त बदला लेने के लिए खड़ा था; मगध राज्य की दशा बड़ी शोचनीय थी। नन्द आन्तरिक विग्रह के कारण जर्जरित हो गया था, चाणक्य-चालित म्लेच्छ सेना कुसुमपुर को चारों ओर से घेरे थी। चन्द्रगुप्त अपनी शिक्षित सेना को बराबर उत्साहित करता हुआ सुचतुर रण-सेनापति का कार्य करने लगा।

पन्द्रह दिनों तक कुसुमपुर को बराबर घेरे रहने के कारण और बार-बार खंड-युद्धों में विजयी होने के कारण चन्द्रगुप्त एक प्रकार से मगध विजयी हो गया। नन्द ने, जो कि पूर्वकृत पापों से भयभीत और आतुर हो गया था, नगर से निकलकर चले जाने की आज्ञा माँगी। चन्द्रगुप्त इस बात से सहमत हो गया कि धननन्द अपने साथ जो कुछ ले जा सके, ले जाए, पर चाणक्य की एक चाल यह भी थी, क्योंकि उसे मगध की प्रजा पर शासन करना था। इसलिए यदि धननन्द मारा जाता तो प्रजा के और विद्रोह करने की सम्भावना थी। इसमें स्थविरावली तथा ढुंढि के विवरण से मतभेद है, क्योंकि स्थविरावलीकार लिखते हैं कि चाणक्य ने धननन्द को चले जाने की आज्ञा दी, पर ढुंढि कहते हैं, चाणक्य के द्वारा शस्त्र से धननन्द निहत हुआ। मुद्राराक्षस से जाना जाता है कि वह विष-प्रयोग से मारा गया। पर यह बात पहले नन्दों के लिए सम्भव प्रतीत होती है।[1] चाणक्य की नीति की ओर दृष्टि डालने से यही ज्ञात होता है कि जान-बूझकर नन्द को अवसर दिया गया, और इसके बाद किसी गुप्त प्रकार से उसकी हत्या हुई।

कई लोगों का मत है कि पर्वतेश्वर की हत्या बिना अपराध चाणक्य ने की। पर जहाँ तक सम्भव है, पर्वतेश्वर को कात्यायन के साथ मिला हुआ जानकर ही चाणक्य के द्वारा विषकन्या पर्वतेश्वर को मिली और यही मत भारतेन्दु जी का भी है। मुद्राराक्षस को देखने से यही ज्ञात होता है कि राक्षस पीछे पर्वतेश्वर के पुत्र मलयकेतु से मिल गया था। सम्भव है कि उसका पिता भी वररुचि की ओर पहले मिल गया हो और इसी बात को जान लेने पर चन्द्रगुप्त की हानि की सम्भावना देखकर किसी उपाय से पर्वतेश्वर की हत्या हुई हो।

तात्कालिक स्फुट विवरणों से ज्ञात होता है कि मगध की प्रजा और समीपवर्ती जातियाँ चन्द्रगुप्त के प्रतिपक्ष में खड़ी हुईं। उस लड़ाई में भी अपनी कूटनीति के द्वारा चाणक्य ने आपस में भेद करा दिया। प्रबल उत्साह के कारण, अविराम

---

1. Justinus says :
Sandrocottus gave liberty to India after Alexander's retreat but soon converted the name of liberty into servitude after his success, subjecting these whome he had rescued from foriegn domination to his own authority. —H. of A.S. Lit.
However Mysterious the nine Nandas may be if indeed they really were nine, there is no doubt that the last of them was deposed and slain by Chandragupta.
—V. A. Smith, E. H. of India.

परिश्रम और अध्यवसाय से, अपने बाहुबल और चाणक्य के बुद्धिबल से, सामान्य भू-स्वामी चन्द्रगुप्त, मगध साम्राज्य के सिंहासन पर बैठा।

बौद्धों की पहली सभा कालाशोक या महापद्म के समय में हुई। बुद्ध के 90 वर्ष बाद यह गद्दी पर बैठा और इसके राज्य के 10 वर्ष बाद सभा हुई; उसके बाद उसने 18 वर्ष राज किया। यह 118 वर्ष का समय, बुद्ध के निर्वाण से कालाशोक के राजत्व-काल तक है। कालाशोक का पुत्र 22 वर्ष तक राज्य करता रहा, उसके बाद 22 वर्ष तक नन्द; उसके बाद चन्द्रगुप्त को राज्य मिला (118+22+22) बुद्ध-निर्वाण के 162 वर्ष बाद चन्द्रगुप्त को राज्य मिला। बुद्ध का समय यदि 543 ई. पू. माना जाए, तब तो (543-162)=381 ई. पू. में ही चन्द्रगुप्त का राज्यारोहण निर्धारित होता है। दूसरा मत मैक्समूलर आदि विद्वानों का है कि बुद्ध-निर्वाण 477 ई.पू. में हुआ! इस प्रकार उक्त राज्यारोहण का समय 315 ई. पू. निकलता है। इससे ग्रीक-समय का मिलान करने से एक तो 40 वर्ष बढ़ जाता है, दूसरा 5 या 6 वर्ष घट जाता है।

महावीर स्वामी के निर्वाण के 155 वर्ष बाद, चन्द्रगुप्त जैनियों के मत से, राज्य पर बैठा, ऐसा मालूम होता है। आर्य-विद्या-सुधाकर के अनुसार 470 विक्रम पू. में महावीर स्वामी का वर्तमान होना पाया जाता है। इससे यदि 520 ई. पू. में महावीर स्वामी का निर्वाण मान लें, तो उसमें से 115 घटा देने से 365 ई.पू. में चन्द्रगुप्त के राज्यारोहण का समय होता है जो सर्वथा असम्भव है। यह मत भी बहुत भ्रमपूर्ण है।

पं. रामचन्द्रजी शुक्ल ने मेगास्थनीज की भूमिका में लिखा है कि 316 ई.पू. में चन्द्रगुप्त गद्दी पर बैठा और 292 ई. पू. तक उसने 24 वर्ष राज्य किया।

पंडित जी ने जो पाश्चात्य लेखकों के आधार पर चन्द्रगुप्त का राज्यारोहण-समय लिखा है, वह भी भ्रम से रहित नहीं है, क्योंकि स्ट्राबो के मतानुसार 296 में Deimachos का मिशन बिन्दुसार के समय में आया था। यदि 292 तक चन्द्रगुप्त का राज्य-काल मान लिया जाए, तो डिमाकस, चन्द्रगुप्त के राजत्व-काल ही में आया था, ऐसा प्रतीत हो गया, क्योंकि शुक्ल जी के मत में 316 ई. पू. से 292 ई. पू. तक चन्द्रगुप्त का राजत्व-काल है; डिमाकस के मिशन का समय 296 ई. पू. जिसके अन्तर्गत हो जाता है। यदि हम चन्द्रगुप्त का राज्यारोहण 321 ई. पू. में मानें, तो उसमें से उसका राजत्व-काल 24 वर्ष घटा देने से 297 ई. पू. तक उसका राजत्व-काल और 296 ई. पू. में बिन्दुसार का राज्यारोहण और डिमाकस के मिशन का समय ठीक हो जाता है। ऐतिहासिकों का अनुमान है कि 25 वर्ष की अवस्था में चन्द्रगुप्त गद्दी पर बैठा, वह भी ठीक हो जाता है। क्योंकि पूर्व-निर्धारित चन्द्रगुप्त के जन्म-समय 346 ई. पू. में 25 वर्ष घटा देने से भी 321 ई. पू. ही बचता है, जिससे यह सिद्ध होता है कि चन्द्रगुप्त पाटलिपुत्र में मगध-राज्य के सिंहासन पर 321 ई. पू. में आसीन हुआ।

विजय

उस समय गंगा के तट पर दो विस्तृत राज्य थे जैसा कि मेगास्थनीज लिखता है, एक प्राच्य (Prassi) और दूसरा गंगरिडीज़ (Gangarideas) । प्राच्य राज्य में अवन्ती, कोसल, मगध, वाराणसी, बिहार आदि देश थे और दूसरा गंगरिडीज़ गंगा के उस भाग के तट पर था, जो कि समुद्र के समीप में था। वह बंगाल था। गंगरिडीज़ और गौड़ एक ही देश का नाम प्रतीत होता है। गौड़ राज्य का राजा, नन्द के अधीन था। अवन्ती में भी एक मध्य प्रदेश की राजधानी थी, वह भी नन्दाधीन थी। बौद्धों के विवरण से ज्ञात होता है कि ताम्रलिप्ति[1] जिसे अब तामलूक कहते हैं, मिदनापुर जिले में उस समय समुद्र-तट पर अवस्थित गंगरिडीज़ के प्रसिद्ध नगरों में था।

प्राच्य देश की राजधानी पालीवोथा थी, जिसे पाटलिपुत्र कहना असंगत न होगा। मेगास्थनीज लिखता है कि गंगरिडीज़ की राजधानी पर्थिलीस थी। डॉ. श्यानवक का मत है कि सम्भवत: यह वर्धमान ही था, जिसे ग्रीक लोग पार्थिलीस कहते थे, इसमें विवाद करने का अवसर नहीं है, क्योंकि वर्धमान गौड़-देश के प्राचीन नगरों में है और यह राजधानी के योग्य भूमि पर बसा हुआ है।

केवल नन्द को ही पराजित करने से, चन्द्रगुप्त को एक बड़ा विस्तृत राज्य मिला, जो आसाम से लेकर भारत के मध्य प्रदेश तक व्याप्त था।

अशोक के जीवनीकार लिखते हैं कि अशोक का राज्य चार प्रादेशिक शासकों से शासित होता था। तक्षशिला, पंजाब और अफगानिस्तान की राजधानी थी; तोषाली कलिंग की, अवन्ती मध्य प्रदेश की और स्वर्णगिरि—भारतवर्ष के दक्षिण भाग की राजधानी थी। अशोक की जीवनी से ज्ञात होता है कि उसने केवल कलिंग ही विजय किया था। बिन्दुसार की विजयों की गाथा कहीं भी नहीं मिलती। मि. स्मिथ ने लिखा है कि—"It is more probable that the conquest of the south was the work of Bindusar." परन्तु इसका कोई प्रमाण नहीं है।

प्रायद्वीप खंड को जीतकर चन्द्रगुप्त ने स्वर्णगिरि में उसका शासक रखा और सम्भवत: यह घटना उस समय की है, जब विजेता सिल्यूकस एक विशाल साम्राज्य की नींव सीरिया प्रदेश में डाल रहा था। वह घटना 316 ई. पू. में हुई।

इस समय चन्द्रगुप्त का शासन भारतवर्ष में प्रधान था और छोटे-छोटे राज्य यद्यपि स्वतन्त्र थे; पर वे भी चन्द्रगुप्त के शासन से सदा भयभीत होकर मित्रभाव

---

1. अस्तीह नगरी लोके ताम्रलिप्तीति विश्रुता। तत: सत त्पिता तेन तनयेन समं ययौ। द्वीपान्तरं स्नुषाहेतोर्वाणिज्यव्यपदेशत: 68। (कथापीठ लम्बक, 5 तरंग)
इससे ज्ञात होता है कि ताम्रलिप्ति समुद्र-तट पर अवस्थित थी, जहाँ से द्वीपान्तर जाने में लोगों को सुविधा होती थी। —Vincent A. Smith : Life of Ashoka.

का बर्ताव रखते थे। उसका राज्य पांडुचेर और कनानूर से हिमालय की तराई तक तथा सतलज से आसाम तक था। केवल कुछ राज्य दक्षिण में; जैसे—केरल इत्यादि और पंजाब में वे प्रदेश, जिन्हें सिकन्दर ने विजय किया था, स्वतन्त्र थे; किन्तु चन्द्रगुप्त पर ईश्वर की अपार कृपा थी, जिसने उसे ऐसा सुयोग दिया कि वह भी ग्रीस इत्यादि विदेशों में अपना आतंक फैलावे।

सिकन्दर के मर जाने के बाद ग्रीक जनरलों में बड़ी स्वतन्त्रता-अराजकता फैली। ई. पू. 323 में सिकन्दर मरा। उसके प्रतिनिधि-स्वरूप पर्दिकस शासन करने लगा; किन्तु इससे भी असन्तोष हुआ, सब जनरलों और प्रधान कर्मचारियों ने मिलकर एक सभा की। ई. पू. 321 में सभा हुई और सिल्यूकस को बेबीलोन की गद्दी पर बैठाया गया। टालेमी आदि मिस्र के राजा समझे जाने लगे; पर आंटिगोनस, जो कि पूर्वी एशिया का क्षत्रप था, अपने बल को बढ़ाने लगा और इसी कारण सब जनरल उसके विरुद्ध हो गए, यहाँ तक कि ग्रीक-साम्राज्य से अलग होकर सिल्यूकस ने 312 ई. पू. में अपना स्वाधीन राज्य स्थापित किया। बहुत-सी लड़ाइयों के बाद सन्धि हुई और सीरिया इत्यादि प्रदेशों का आंटिगोनस स्वतन्त्र राजा हुआ। थ्रेस के लिसिमकास, मिस्र के टालेमी और बेबीलोन के समीप के प्रदेश में सिल्यूकस का आधिपत्य रहा। यह सन्धि 319 ई. पूर्व में हुई। सिल्यूकस ने उधर के विग्रहों को कुछ शान्त करके भारत की ओर देखा।

इसे भी वह ग्रीक साम्राज्य का एक अंश समझता था। आराकोसिया, बैक्ट्रिया, जेडोसिया आदि विजय करते हुए उसने 306 ई. पू. में भारत पर आक्रमण किया। चन्द्रगुप्त उसी समय दिग्विजय करता हुआ पंजाब की ओर आ रहा था और उसने जब सुना कि ग्रीक लोग फिर भारत पर चढ़ाई कर रहे हैं, तब वह भी उन्हीं की ओर चल पड़ा। इस यात्रा में ग्रीक लोग लिखते हैं कि उसके पास 6,00,000 सैनिक थे, जिसमें 30,000 घोड़े और 9,000 हाथी, बाकी पैदल थे।[1] इतिहासों से पता चलता है कि सिन्धु-तट पर यह युद्ध हुआ।

सिल्यूकस सिन्धु के उसी तीर पर आ गया, मौर्य-सम्राट इस आक्रमण से अनभिज्ञ था। उसके प्रादेशिक शासक, जो कि उत्तर-पश्चिम प्रान्त के थे, बराबर सिल्यूकस का गतिरोध करने के लिए प्रस्तुत रहते थे; पर अनेक उद्योग करने पर भी कपिशा आदि दुर्ग सिल्यूकस के हस्तगत हो ही गए। चन्द्रगुप्त, जो कि सतलज के समीप से उसी ओर बराबर बढ़ रहा था, सिल्यूकस की क्षुद्र विजयों से घबड़ाकर बहुत शीघ्रता से तक्षशिला की ओर चल पड़ा। चन्द्रगुप्त के बहुत

1. The same King (Chandragupta) traversed India with an army of 6,00,000 men and conquered the whole.

(Plutarch, in H. A. S. Lit.)

थोड़े समय पहले ही सिल्यूकस सिन्धु के इस पार उतर आया और तक्षशिला के दुर्ग पर चढ़ाई करने के उद्योग में था। तक्षशिला की सूबेदारी बहुत बड़ी थी। उस पर विजय कर लेना सहज कार्य न था। सिल्यूकस अपनी रक्षा के लिए मिट्टी की खाईं बनवाने लगा।

चन्द्रगुप्त अपनी विजयिनी सेना लेकर तक्षशिला में पहुँचा और मौर्य-पताका तक्षशिला-दुर्ग पर फहराकर महाराज चन्द्रगुप्त के आगमन की सूचना देने लगा। मौर्य-सेना ने आक्रमण करके ग्रीकों की मिट्टी की परिखा और उनका ब्यूह नष्ट-भ्रष्ट कर डाला। मौर्यों का वह भयानक आक्रमण उन लोगों ने बड़ी वीरता से सहन किया, ग्रीकों का कृत्रिम दुर्ग उनकी रक्षा कर रहा था; पर कब तक? चारों ओर से असंख्य मौर्य-सेना उस दुर्ग को घेरे थी। आपातत: उन्हें कृत्रिम दुर्ग छोड़ना पड़ा। इस बार भयानक लड़ाई आरम्भ हुई। मौर्य-सेना का चन्द्रगुप्त स्वयं नायक था। असीम उत्साह से मौर्यों ने आक्रमण करके ग्रीक-सेना को छिन्न-भिन्न कर दिया। लौटने की राह में बड़ी बाधा-स्वरूप सिन्धु नदी थी, इसलिए अपनी टूटी हुई सेना को एक जगह उन्हें एकत्र करना पड़ा। चन्द्रगुप्त की विजय हुई। इसी समय ग्रीक जनरलों में फिर खलबली मची हुई थी। इसी कारण सिल्यूकस को शीघ्र उस ओर लौटना था। किसी ऐतिहासिक का मत है कि इसी से सिल्यूकस शीघ्र ही सन्धि कर लेने पर बाध्य हुआ। इस सन्धि में ग्रीक लोगों को चन्द्रगुप्त और चाणक्य से सब ओर से दबना पड़ा।

इस सन्धि के समय में कुछ मतभेद है। किसी का मत है कि यह सन्धि 305 ई. पू. में हुई और कुछ लोग कहते हैं कि 303 ई. पू. में। सिल्यूकस ने जो ग्रीक-सन्धि की थी, वह 311 ई. पू. में हुई; उसके बाद ही वह युद्ध-यात्रा के लिए चल पड़ा। अस्तु आराकोसिया, जेडोसिया और बैक्ट्रिया आदि विजय करते हुए भारत तक आने में 5 वर्ष से विशेष समय नहीं लग सकता और इसी से उस युद्ध का समय, जो चन्द्रगुप्त से उससे हुआ था, 306 ई. पू. माना गया। तब 305 ई. पू. सन्धि का होना ठीक-सा जँचता है। सन्धि में चन्द्रगुप्त भारतीय प्रदेशों के स्वामी हुए। अफगानिस्तान और मकराना भी चन्द्रगुप्त को मिला और उसके साथ ही-साथ कुल पंजाब और सौराष्ट्र पर चन्द्रगुप्त का अधिकार हो गया। सिल्यूकस बहुत शीघ्र लौटने वाला था। 301 ई. पू. में होनेवाले युद्ध के लिए, उसे तैयार होना था, जिसमें कि Ipsus के मैदान में उसने अपने चिरशत्रु आंटिगोनस को मारा था। चन्द्रगुप्त को इस ग्रीक-विप्लव ने बहुत सहायता दी और उसने इसी कारण मनमाने नियमों से सन्धि करने के लिए सिल्यूकस को बाध्य किया।[1]

1. हिरात, कन्धार, काबुल, मकराना भी भारत में और प्रदेशों के साथ सिल्यूकस ने चन्द्रगुप्त को दिया। —V. A. Smith : E. H. of india.
मेगास्थनीज हिरात के क्षत्रप साइवर्टियस के पास रहा करता था।

पाटल आदि बन्दर भी चन्द्रगुप्त के अधीन हुए तथा काबुल में सिल्यूकस की ओर से एक राजपूत का रहना स्थिर हुआ। मेगास्थनीज[1] ही प्रथम राजदूत नियत हुआ। यह तो सब हुआ, पर नीति-चतुर सिल्यूकस ने एक और बुद्धिमानी का कार्य यह किया कि चन्द्रगुप्त से अपनी सुन्दरी कन्या का पाणिग्रहण कर दिया, जिसे चन्द्रगुप्त ने स्वीकार कर लिया और दोनों राज्य एक सम्बन्ध-सूत्र में बँध गए जिस पर सन्तुष्ट होकर वीर चन्द्रगुप्त ने 500 हाथियों की एक सेना सिल्यूकस को दी और अब चन्द्रगुप्त का राज्य भारतवर्ष में सर्वत्र हो गया। रुद्रदामा के लेख से ज्ञात होता है कि पुष्पगुप्त[2] उस प्रदेश का शासक नियत किया गया था जो सौराष्ट्र और सिन्ध तथा राजपूताना तक था। अब चन्द्रगुप्त के अधीन दो प्रादेशिक शासक और हुए, एक तक्षशिला में दूसरा सौराष्ट्र में। इस तरह से अध्यवसाय का अवतार चन्द्रगुप्त प्रबल पराक्रान्त राजा माना जाने लगा और ग्रीस, मिस्र, सीरिया इत्यादि के नरेश उसकी मित्रता में अपना गौरव समझते थे।

उत्तर में हिन्दुकुश, दक्षिण में पाण्डुचेरी और कनानूर, पूर्व में आसाम और पश्चिम में सौराष्ट्र, समुद्र तथा वाल्हीक तक, चन्द्रगुप्त के राज्य की सीमा निर्धारित की जा सकती है।

चन्द्रगुप्त का शासन

गंगा और शोण के तट पर मौर्य-राजधानी पाटलिपुत्र बसा था। दुर्ग पत्थर, ईंट तथा लकड़ी के बने हुए सुदृढ़ प्राचीर से परिवेष्ठित था। नगर 80 स्टेडिया लम्बा और 30 स्टेडिया चौड़ा था। दुर्ग में 64 द्वार तथा 570 बुर्ज थे। सौध-श्रेणी, राज-मार्ग, सुविस्तृत पण्यवीथिका से नगर पूर्ण था और व्यापारियों की दुकानें अच्छे प्रकार से सुशोभित और सज्जित रहती थीं। भारतवर्ष की केन्द्र-नगरी कुसुमपुरी वास्तव में कुसुमपूर्ण रहती थी। सुसज्जित तुरंग पर धनाढ्य लोग प्रायः राज-मार्ग में यातायात किया करते थे। गंगा के कूल में बने हुए सुन्दर राज-मन्दिर में चन्द्रगुप्त रहता था और केवल तीन कामों के लिए महल के बाहर आता—

पहला, प्रजाओं का आवेदन सुनना, जिसके लिए प्रतिदिन एक बार चन्द्रगुप्त को विचारक का आसन ग्रहण करना पड़ता था। उस समय प्रायः तुरंग पर , जो आभूषणों से सजा हुआ रहता था, चन्द्रगुप्त आरोहण करता और प्रतिदिन न्याय से प्रजा का शासन करता था।

---

1. पुष्पगुप्त ने ही उस पहाड़ी नदी का बाँध महाराज चन्द्रगुप्त की आज्ञा से इसलिए बनाया कि खेती को बहुत लाभ होगा और उस बड़ी झील का नाम सुदर्शन रखा।

दूसरा, धर्मानुष्ठान बलि प्रदान करने के लिए, जो पर्व और उत्सव के उपलक्ष्यों पर होते थे। मुक्तागुच्छ-शोभित कारु-कार्य खचित शिविका पर (जो कि सम्भवतः खुली हुई होती थी) चन्द्रगुप्त आरोहण करता था। इससे ज्ञात होता है कि चन्द्रगुप्त वैदिक धर्मावलम्बी[1] था; क्योंकि बौद्ध और जैन ये ही धर्म उस समय वैदिक धर्म के प्रतिकूल प्रचलित थे। बलिप्रदानादिक कर्म वैदिक ही होता रहा होगा।

तीसरा, मृगया खेलने के समय कुंजर पर सवारी निकलती उस समय चन्द्रगुप्त स्त्री-गण से घिरा रहता था, जो धनुर्बाण आदि लिए उसके शरीर की रक्षा करती थीं।

उस समय राज-मार्ग डोरी से घिरा रहता था और कोई उसके भीतर नहीं जाने पाता था।

चन्द्रगुप्त राज-सभा में बैठता तो चार सेवक आबनूस के बेलने से उसका अंग-संवाहन करते थे। यद्यपि चन्द्रगुप्त प्रबल प्रतापी राजा था, पर वह षड्यन्त्रों से शंकित होकर एक स्थान पर सदा नहीं रहता था, जिसका कि मुद्राराक्षस में कुछ आभास मिलता है, और यह मेगास्थनीज ने भी लिखा है।

हाथी, पहलवान, मेढ़ा और गैंडों की लड़ाई भी होती थी, जिसे राजा और प्रजा दोनों बड़े चाव से देखते थे। बहुत-से उत्सव भी नगर में हुआ करते थे।

प्रहरी स्त्रियाँ, जो कि मोल ली जाती थीं, राजा के शरीर की सदा रक्षा करती

---

1. मैसूर में मुद्रित अर्थशास्त्र चाणक्य ही का बनाया है और वह चन्द्रगुप्त के ही लिए बनाया गया है, यह एक प्रकार से सिद्ध हो चुका। उसका उल्लेख प्रायः दशकुमारचरित, कादम्बरी तथा कामन्दकीय आदि में मिलता है। उसमें भी लिखा है कि, ''सर्वशास्त्राण्यनुक्रम्य प्रयोगमुपलभ्य च। कोटिल्येन नरेन्द्रार्थे शासनाय विधि कृतः।'' (75 पृष्ठ, अर्थशास्त्र) यह नरेन्द्र शब्द चन्द्रगुप्त के ही लिए प्रयोग किया गया है; उसमें चन्द्रगुप्त के क्षत्रिय होने के तथा वेदधर्मावलम्बी होने के बहुत-से प्रमाण मिलते हैं।

   (तृतीय स्नानं भोजनं च सेवेत, स्वाध्यायं च कुर्वीत) 37 पृष्ठ
   (प्रतिष्ठितेहनि सन्ध्यामुपासीत) 68 पृष्ठ, अर्थशास्त्र।

   स्वाध्याय' और 'सन्ध्या' से ज्ञात होता है कि चन्द्रगुप्त वेदधर्मावलम्बी था और यहाँ पर वह मुरा शूद्रावाली कल्पना भी कट जाती है, क्योंकि चाणक्य, जिसने लिखा है कि, ''शूद्रस्य द्विजातिशुश्रूषा'' (अर्थशास्त्र) वही यदि चन्द्रगुप्त शूद्र होता तो उसके लिए 'स्वाध्याय' और 'सन्ध्या' का उपदेश न देता।

   अस्तु, जहाँ तक देखा जाता है, चन्द्रगुप्त वैदिक धर्मावलम्बी ही था और यह भी प्रसिद्ध है कि अशोक ही ने बौद्ध धर्म को State Religion बनाया।

   अर्थशास्त्र में वर्षा होने के लिए इन्द्र की विशेष, पूजा का उल्लेख है तथा शिव, स्कन्द, कुबेर इत्यादि की पूजा प्रचलित थी, इनके देवालय नगर के मध्य में रखना आवश्यक समझा जाता था।
   —अर्थशास्त्र, पृ. 206-55

   R. C. Dutt का भी मत है कि चन्द्रगुप्त और उसका पुत्र बिन्दुसार बौद्ध नहीं था।

थीं। वे रथों, घोड़ों और हाथियों पर राजा के साथ चलती थीं, राजदरबार बहुत आडम्बर से सजा रहता था, जो कि दर्शनीय रहता था, मेगास्थनीज इत्यादि ने इसका विवरण विस्तृत रूप से लिखा है।[1] पाटलिपुत्र नगर मौर्य-राजधानी होने से बहुत उन्नत अवस्था में थी।

राजधानी में नगर क़ा शासन-प्रबन्ध भी छह विभागों में विभक्त था और उनके द्वारा पूर्णरूप से नगर का प्रबन्ध होता था। मेगास्थनीज लिखता है कि प्रथम विभाग उन कर्मचारियों का था, जो विक्रेय वस्तुओं का मूल्य-निर्धारण और श्रम-जीवियों का वेतन तथा शिल्पियों का शुल्क-निर्धारण तथा निरीक्षण करता था। किसी शिल्पी के अंग-भंग करने से ही विभाग उन लोगों को दंड देता था। सम्भवत: यह विभाग म्युनिसिपेलिटी के बराबर था, जो कि पाँच सदस्यों से कार्य-निर्वाह करता था।

द्वितीय विभाग विदेशियों के व्यवहार पर ध्यान रखता था। पीड़ित विदेशियों की सेवा करता था, उनके जाने के लिए वाहन आदि का आयोजन करना, उनके मरने

---

1. The district possesses special interest, both for Historian and Archaeologist. Patna City has been identified with Patliputra (see Plibothra of Megasthanes), which is supposed to have been founded six hundred years before the Christian era by Raja Ajatshatru, a contemporary of Gautam the founder of the Buddhist religion.

(Imp. Gaz. of India, vol. XI. P. 24)

त्रिकांड शेष और हेमचन्द्र-अभिधान में तथा मुद्राराक्षस में पाटलिपुत्र के दो और नाम पाए जाते हैं, एक कुसुमपुर और दूसरा पुष्पपुर। चीनी यात्री भी इन नामों से परिचित था। The pilgrimage of Fa Hien में इसका विवरण है। हितोपदेश में लिखा है कि, ''अस्ति भागीरथीतीरे पाटलिपुत्रं नाम नगरम्।'' पर ग्रीक लोगों ने उसे गंगा और हिरण्यवाह के तट पर होना लिखा है। इधर मुद्राराक्षस के ''शोणं सिन्दूरशोणा मम गजपतय: पास्यन्ति शतश:'' से ज्ञात होता है कि वह शोण और गंगा के संगम पर था। पाटलिपुत्र कब बसा, इसका ठीक पता नहीं चलता। कथा-सरित्सागर के मत से इसे पुत्रक नामक ब्राह्मणकुमार और पाटलि नाम्नी राजकुमारी ने अपने नामों से बसाया था; पर इसके लिए जो कथा है, वह विश्वास के योग्य नहीं है।

बौद्ध लोग लिखते हैं कि राजा अजातशत्रु के मन्त्री वर्षकार ने पाटलि ग्राम में एक दुर्ग बनवाया था, जिसे देखकर महात्मा बुद्ध ने कहा था कि यह कुछ दिनों में एक प्रधान नगर हो जाएगा। इधर वायुपुराण में लिखा है कि अजातशत्रु के पुत्र उदयाश्व ने यह नगर बसाया है—

स वै पुरवरं राजा पृथिव्यां कुसुमाह्वयं।
गंगाया दक्षिणे कोणे चतुर्थाब्दे करिष्यति।।

अजातशत्रु और बुद्ध समकालीन थे। बुद्ध का निर्वाण 550 ई. पू. में मान लें तो सम्भव है कि पाटलि-दुर्ग 50 वर्ष के बाद नगर-रूप में परिणत हो गया हो। अनुमान किया जाता है कि 500 ई. पू. में पाटलिपुत्र बसा था।

पर उनकी सम्पत्ति की व्यवस्था करना और उन्हें जो हानि पहुँचाए, उनको कठोर दंड से दंडित करना उसका कार्य था। इससे ज्ञात होता है कि व्यापार अथवा अन्य कार्यों के लिए बहुत-से विदेशी कुसुमपुर में आया करते थे।

तृतीय विभाग प्रजाओं के मरण और जन्म की गणना करता था और उन पर कर निर्धारित करता था।

चतुर्थ विभाग व्यापार करता था और तुला तथा नाप का प्रबन्ध करता था।

पंचम विभाग राजकीय कोष का था; जहाँ द्रव्य बनाए जाते और रक्षित रहते थे।

छठा विभाग राजकीय कर का था; जिसमें व्यापारियों के लाभ से दशमांश लिया जाता था और उन्हें खूब सावधानी से कार्य करना होता था। जो उस कर को न देता, वह कठोर दंड से दंडित होता था।

राज्य के कर्मचारी लोग भूमि की नाप और उस पर कर-निर्धारण करते थे और जल की नहरों का समुचित प्रबन्ध करते थे; जिससे सब कृषकों को सरलता होती थी। रुद्रदामा के गिरनारवाले लेख से प्रतीत होता है कि सुदर्शन ह्रद महाराज चन्द्रगुप्त के राजत्व-काल में बना था। इससे ज्ञात होता है कि राज्य में सर्वत्र जल का प्रबन्ध रहता था तथा कृषकों के लाभ पर विशेष ध्यान रहता था।

राज्य के प्रत्येक प्रान्त में समाचार संग्रह करनेवाले थे, जो सत्य समाचार चन्द्रगुप्त को देते थे। चाणक्य-सा बुद्धिमान मन्त्री चन्द्रगुप्त को बड़े भाग्य से मिला था और उसकी विद्वत्ता ऊपर लिखित प्रबन्धों से ज्ञात होती है। युद्धादि के समय में भी भूमि बराबर जोती जाती थी, उसके लिए कोई बाधा नहीं थी।

राजकीय सेना में, जिसे राजा अपने व्यय से रखते थे, रणतरी 2000 थी।[1] 8000 रथ, जो चार घोड़ों से जुते रहते थे, जिस पर एक रथी और दो योद्धा रहते थे। 4,00,000 पैदल असिचर्मधारी, धनुर्बाणधारी थे। 30,000 अश्वारोही। 90,000 रणकुंजर थे, जिन पर महावत को लेकर 4 योद्धा रहते थे और युद्ध के भारवाही, अश्व के सेवक तथा अन्यान्य सामग्री ढोनेवालों को मिलाकर 6,00,000 मनुष्यों की भीड़भाड़ उस सेना में थी और उस सेना-विभाग के प्रत्येक 6 विभागों ; सदस्य रहते थे।

प्रथम विभाग नौसेना का था। दूसरा विभाग युद्ध-सम्बन्धी भोजन, वस्त्र, छकड़े, बाजा, सेवक और जानवरों के चारे का प्रबन्ध करता था। तीसरे वर्ग के अधीन पैदल सैनिक रहते थे। चौथा विभाग अश्वारोहियों का था। पाँचवाँ, युद्धरथों की देखभाल करता था। छठा युद्ध के हाथियों का प्रबन्ध करता था।

---

1. ''नदीपर्वतदुर्गीयाभ्यां नदीदुर्गीयात् भूमि लाभः श्रेयान् नदी दुर्गे हि हस्तिस्तम्भसंक्रमसेतुबन्धू नौभिस्साध्यम्''
—अर्थशास्त्र 294.
''नावध्यक्षः समुद्रसंयाननदीमुखतर प्रचारान् देवसरोविसरोनदीतरांश्च स्थानीयादिष्ववेक्षेत''
—अर्थशास्त्र, प्रकरण 45.

इस प्रकार सुरक्षित सेना और अत्युत्तम प्रबन्ध से चन्द्रगुप्त ने 24 वर्ष तक भारत-भूमि पर शासन किया। भारतवर्ष के इतिहास में मौर्य-युग का एक स्मरणीय समय छोड़कर 297 ई. पू. में मानव लीला संवरण करके चन्द्रगुप्त ने अपने सुयोग्य पुत्र के हाथ में राज-सिंहासन दिया।

सम्राट चन्द्रगुप्त दृढ़ शासक, विनीत, व्यवहार-चतुर, मेधावी, उदार, नैतिक, सद्गुण-सम्पन्न तथा भारत-भूमि के सपूतों में से एक रत्न था। बौद्ध-ग्रन्थ, अर्थकथा और वायुपुराण से चन्द्रगुप्त का शासन 24 वर्षों का ज्ञात होता है जो 321 ई. पू. से 297 ई. पू. तक ठीक प्रतीत होता है।

चन्द्रगुप्त के समय का भारतवर्ष

भारत-भूमि अतीव उर्वरा थी; कृत्रिम जल-स्त्रोत जो कि राजकीय प्रबन्ध से बने थे, खेती के लिए बहुत लाभदायक थे। बड़ी-बड़ी प्राकृतिक नदियाँ अपने तट के भू-भाग को सदैव उर्वर बनाती थीं। 1 वर्ष में दो बार अन्न काटे जाते थे। यदि किसी कारण से एक फसल ठीक न हुई, तो दूसरी अवश्य इतनी होती कि भारतवर्ष को अकाल का सामना नहीं करना पड़ता था। कृषक लोग बहुत शान्तिप्रिय होते थे। युद्ध आदि के समय में भी कृषक लोग आनन्द से हल चलाते थे। उत्पन्न हुए अन्न का चतुर्थांश राजकोष में जाता था। खेती की उन्नति की ओर राजा का भी विशेष ध्यान रहता था। कृषक लोग आनन्द में अपना जीवन व्यतीत करते थे।

दलदलों में अथवा नदियों के तटस्थ भू-भाग में, फल-फूल भी बहुतायत से उगते थे और वे सुस्वादु तथा गुणदायक होते थे।

जानवर भी यहाँ अनेक प्रकार के यूनानियों ने देखे थे। वे कहते हैं कि चौपाये यहाँ जितने सुन्दर और बलिष्ठ होते थे, वैसे अन्यत्र नहीं। यहाँ के सुन्दर बैलों को सिकन्दर ने यूनान भी भेजा था। जानवरों में जंगली और पालतू सब प्रकार के जानवर यहाँ मिलते थे। पक्षी भी भिन्न-भिन्न प्रदेशों में बहुत प्रकार के थे, जो अपने घोंसलों में बैठकर भारत के सुस्वादु फल खाकर कमनीय कण्ठ से उसकी जय मनाते थे। धातु भी यहाँ प्रायः सब उत्पन्न होते थे। सोना, चाँदी, ताँबा, लोहा और जस्ता इत्यादि यहाँ की खानों में से निकलते और उनसे अनेक प्रकार के उपयोगी अस्त्र-शस्त्र, साज-आभूषण इत्यादि प्रस्तुत होते थे। शिल्प यहाँ का बहुत उन्नत अवस्था में था; क्योंकि उसके व्यवसायी सब प्रकार के कर से मुक्त होते थे। यही नहीं, उनको राजा से सहायता भी मिलती थी जिससे कि वे स्वच्छन्द होकर अपना कार्य करें। क्या विधि-विडम्बना है, उसी भारत के शिल्प की, जहाँ के बनाए आडम्बर तथा शिल्प की वस्तुओं को देखकर यूनानियों ने कहा था, ''भारत की राजधानी पाटलिपुत्र को देखकर फारस की राजधानी कुछ भी नहीं प्रतीत होती।''

शिल्पकार राज-कर से मुक्त होने के कारण राजा और प्रजा दोनों के हितकारी यन्त्र बनाता था; जिससे कार्यों में सुगमता होती थी।

प्लिनी कहता है कि, ''भारतवर्ष में मनुष्य पाँच वर्ग के हैं—एक, जो लोग राज-सभा में कार्य करते हैं, दूसरे सिपाही, तीसरे व्यापारी, चौथे कृषक और एक पाँचवाँ वर्ग भी है जो कि दार्शनिक कहलाता है।''

पहले वर्ग के लोग सम्भवतः ब्राह्मण थे जो नीतिज्ञ होकर राज-सभा में धर्माधिकार का कार्य करते थे। और सिपाही लोग अवश्य क्षत्रिय ही थे। व्यापारियों का वणिक सम्प्रदाय था। कृषक लोग शूद्र अथवा दास थे; पर वह दासत्व सुसभ्य लोगों की गुलामी नहीं थी।

पाँचवाँ वर्ग उन ब्राह्मणों का था, जो संसार से एक प्रकार से अलग होकर ईश्वराराधना में अपना दिन बिताते तथा सदुपदेश देकर संसारी लोगों को आनन्दित करते थे। वे स्वयं यज्ञ करते थे

और दूसरे का यज्ञ कराते थे; सम्भवतः वे ही मनुष्यों का भविष्य कहते थे और यदि उनका भविष्य कहना सत्य न होता तो वे फिर उस सम्मान की दृष्टि से नहीं देखे जाते थे।

भारतवासियों का व्यवहार बहुत सरल था। यज्ञ को छोड़कर वे मदिरा और कभी नहीं पीते थे। लोगों का व्यय इतना परिमित था कि वे सूद पर ऋण कभी नहीं लेते थे। भोजन वे लोग नियत समय में तथा अकेले ही करते थे। व्यवहार के वे लोग बहुत सच्चे होते थे, झूठ से उन लोगों को घृणा थी। बारीक मलमल के कामदार कपड़े पहनकर वे चलते थे। उन्हें सौन्दर्य का इतना ध्यान रहता था कि नौकर उन्हें छाता लगाकर चलता था। आपस में मुकदमे बहुत कम होते थे।

विवाह एक जोड़ी बैल देकर होता था और विशेष उत्सव में वे आडम्बर से कार्य करते थे। तात्पर्य यह है कि महाराज चक्रवर्ती चन्द्रगुप्त के शासन में प्रजा शान्तिपूर्वक निवास करती थी और सब लोग आनन्द से अपना जीवन व्यतीत करते थे।

शिल्प-वाणिज्य की अच्छी उन्नति थी। राजा और प्रजा में विशेष सद्भाव था, राजा अपनी प्रजा के हित-साधन में सदैव तत्पर रहता था। प्रजा भी अपनी भक्ति से राजा को सन्तुष्ट रखती थी। चक्रवर्ती चन्द्रगुप्त का शासनकाल भारत का स्वर्णयुग था।

चाणक्य

इनके बहुत-से नाम मिलते हैं। विष्णुगुप्त, कौटिल्य, चाणक्य, वात्स्यायन, द्रुमिल इत्यादि इनके प्रसिद्ध नाम हैं। भारतीय पर्यटक इन्हें दक्षिणदेशीय कोंकणस्थ

ब्राह्मण लिखते हैं और इसके प्रमाण में वे लिखते हैं कि दक्षिणदेशीय ब्राह्मण प्रायः कूटनीतिपटु होते हैं। चाणक्य की कथाओं में मिलता है कि वह श्यामवर्ण के पुरुष तथा कुरूप थे, क्योंकि इसी कारण से वह नन्द की सभा से श्राद्ध के समय उठाये गए। जैनियों के मत से चाणक्य गोल्ल-ग्रामवासी थे और जैन धर्मावलम्बी थे। वह नन्द द्वारा अपमानित होने पर नन्दवंश का नाश करने की प्रतिज्ञा करके बाहर निकल पड़े और चन्द्रगुप्त से मिलकर उसे कौशल से नन्द-राज्य का स्वामी बना दिया।

बौद्ध लोग उन्हें तक्षशिला-निवासी ब्राह्मण बतलाते हैं और कहते हैं कि धननन्द को मारकर चाणक्य ने ही चन्द्रगुप्त को राज्य दिया। पुराणों में मिलता है, ''कौटिल्यो नाम ब्राह्मणः समुद्धरिष्यति।'' अस्तु; सबकी कथाओं का अनुमान करने से जाना जाता है कि चाणक्य ही चन्द्रगुप्त की उन्नति के मूल हैं।

कामन्दकीय नीतिसार में लिखा है---

यस्याभिचारवज्रेण वज्रज्वलनतेजसः।
पपात मूलतः श्रीमान्सुपर्वानन्दपर्वतः।।
एकाकी मन्त्रशक्त्या यः शक्तः शक्तिधरोपमः।
आजहार नृचन्द्राय चन्द्रगुप्ताय मेदिनीम् ।।
नीतिशास्त्रामृतं धीमानर्थशास्त्रमहोदधेः।
य उद्दधे नमस्तस्मै विष्णुगुप्ताय वधसे।।

चन्द्रगुप्त का प्रधान सहायक मन्त्री चाणक्य ही था। पर यह ठीक नहीं ज्ञात होता कि वह कहाँ का रहनेवाला था। जैनियों के इतिहास से बौद्धों के इतिहास को लोग प्रामाणिक मानते हैं। हेमचन्द्र ने जिस भाव से चाणक्य का चित्र अंकित किया है, वह प्रायः अस्वाभाविक घटनाओं से पूर्ण है।

जैन-ग्रन्थों और प्रबन्धों में प्रायः सभी को जैन-धर्म में किसी-न-किसी प्रकार आश्रय लेते हुए दिखाया गया है। यही बात चन्द्रगुप्त के सम्बन्ध में भी है। श्रवण बोलगोलावाले लेख के द्वारा जो किसी जैनमुनि का है, चन्द्रगुप्त को राज छोड़कर यति-धर्म ग्रहण करने का प्रमाण दिया जाता है। अनेकों ने तो यहाँ तक कह डाला है कि उसका साथी चाणक्य भी जैन था।

अर्थशास्त्र के मंगलाचरण का प्रमाण देकर यह कहा जाता है कि (नमः शुक्र-बृहस्पतिभ्यां) ऐसा मंगलाचरण आचार्यों के प्रति कृतज्ञतासूचक वैदिक हिन्दुओं का नहीं हो सकता; क्योंकि वे प्रायः ईश्वर को नमस्कार करते हैं। किन्तु कामसूत्र के मंगलाचरण के सम्बन्ध में क्या होगा, जिसका मंगलाचरण है 'नमो धर्मार्थकामेभ्यो।' इनमें भी तो ईश्वर की वन्दना नहीं की गई है। तो क्या वात्स्यायन भी जैन थे। इसलिए यह सब बातें व्यर्थ हैं। जैनों के अतिरिक्त जिन लोगों

का चरित्र उन लोगों ने लिखा है, उसे अद्भुत, कुत्सित और अप्रासंगिक बना डाला है। स्पष्ट प्रतीत होता है कि कुछ भारतीय चरित्रों को जैन ढाँचे में ढालने का जैन-संस्कृत-साहित्य द्वारा असफल प्रयत्न किया गया है। यहाँ तक उन लोगों ने लिख डाला है कि चन्द्रगुप्त को भूख लगी तो चाणक्य ने एक ब्राह्मण के पेट से गुलगुले निकालकर खिलाए। ऐसी अनेक आश्चर्यजनक कपोल-कल्पनाओं के आधार पर चन्द्रगुप्त और चाणक्य को जैन बनाने का प्रयत्न किया जाता है।

इसलिए बौद्धों के विवरण की ओर ही ध्यान आकर्षित होता है। बौद्ध लोग कहते हैं कि, 'चाणक्य तक्षशिला निवासी थे', और इधर हम देखते हैं कि तक्षशिला[1] में उस समय विद्यालय था जहाँ कि पाणिनि, जीवक आदि पढ़ चुके थे। अस्तु, सम्भवत: चाणक्य, जैसा कि बौद्ध लोग कहते हैं, कि तक्षशिला में रहते या पढ़ाते थे। जब हम चन्द्रगुप्त की सहायक सेना की ओर ध्यान देते हैं, तो यह प्रत्यक्ष ज्ञात होता है कि चाणक्य का तक्षशिला से अवश्य सम्बन्ध था; क्योंकि चाणक्य अवश्य उनसे परिचित थे। नहीं तो वे लोग चन्द्रगुप्त को क्या जानते! हमारा यही अनुमान है कि चाणक्य मगध के ब्राह्मण थे। क्योंकि मगध में नन्द की सभा में वे अपमानित हुए थे। उनकी जन्म-भूमि पाटलिपुत्र ही थी।

पाटलिपुत्र इस समय प्रधान नगरी थी, चाणक्य तक्षशिला में विद्याध्ययन करके वहाँ से लौट आए। किसी कारणवश वह राजा पर कुपित हो गए, जिसके बारे में प्राय: सब विवरण मिलते-जुलते हैं। वह ब्राह्मण भी प्रतिज्ञा करके उठा कि आज से, जब तक नन्दवंश का नाश न कर लूँगा, शिखा न बाँधूँगा और फिर चन्द्रगुप्त को मिलाकर जो-जो कार्य उन्होंने किए, वह पाठकों को ज्ञात ही है।

जहाँ तक ज्ञात होता है, चाणक्य वेदधर्मावलम्बी, कुटनीतिज्ञ, प्रखर प्रतिभावान और हठी थे।

उनकी नीति अनोखी होती थी और उनमें अलौकिक क्षमता थी। नीतिशास्त्र के आचार्यों में उनकी गणना है। उनके बनाए नीचे लिखे हुए ग्रन्थ बतलाए जाते हैं—चाणक्य नीति, अर्थशास्त्र, कामसूत्र और न्यायभाष्य।

---

1. कनिगहम साहब वर्तमान शाह देहरी के समीप में तक्षशिला का होना मानते हैं। रामचन्द्र के भाई भरत के दो पुत्रों के नाम से उसी ओर दो नगरियाँ बसाई गई थीं, तक्ष के नाम से तक्षशिला और पुष्कल के नाम से पुष्कलावती। तक्षशिला का विद्यालय उस समय भारत के प्रसिद्ध विद्यालयों में से एक था।

यह अवश्य कहना होगा कि वह मनुष्य बड़ा प्रतिभाशाली था जिसके बुद्धिबल द्वारा, प्रशंसित राज-कार्य-क्रम से चन्द्रगुप्त ने भारत का साम्राज्य स्थापित करके उस पर राज्य किया।

अर्थशास्त्र में स्वयं चाणक्य ने लिखा है—

येन शस्त्रं च शास्त्रं च नन्दराजागता च भूः।
अमर्षेणोद्धृतान्याशु तेन शास्त्रमिदं कृतम्।।

काशी
सं. 1966

—जयशंकर प्रसाद

चन्द्रगुप्त

ऐतिहासिक नाटक

पात्र-परिचय

पुरुष-पात्र

चाणक्य (विष्णुगुप्त)	:	मौर्य साम्राज्य का निर्माता
चन्द्रगुप्त	:	मौर्य-सम्राट
नन्द	:	मगध-सम्राट
राक्षस	:	मगध का अमात्य
वररुचि (कात्यायन)	:	मगध का अमात्य
शकटार	:	मगध का मन्त्री
आम्भीक	:	तक्षशिला का राजकुमार
सिंहरण	:	मालव गण-मुख्य का कुमार
पर्वतेश्वर	:	पंजाब का राजा (पोरस)
सिकन्दर	:	ग्रीक-विजेता
फिलिप्स	:	सिकन्दर का क्षत्रप
मौर्य-सेनापति	:	चन्द्रगुप्त का पिता
एनीजाक्रीटीज़	:	सिकन्दर का सहचर
देवदल, नागदत्त, गण-मुख्य	:	मालव-गणतन्त्र के पदाधिकारी
साइवर्टियस, मेगास्थनीज	:	यवन-दूत
गान्धार-नरेश	:	आम्भीक का पिता
सिल्यूकस	:	सिकन्दर का सेनापति
दांड्यायन	:	एक तपस्वी।

स्त्री-पात्र

अलका	:	तक्षशिला की राजकुमारी
सुवासिनी	:	शकटार की कन्या
कल्याणी	:	मगध-राजकुमारी
नीला, लीला	:	कल्याणी की सहेलियाँ
मालविका	:	सिन्धु-देश की कुमारी
कार्नेलिया	:	सिल्यूकस की कन्या
मौर्य-पत्नी	:	चन्द्रगुप्त की माता
एलिस	:	कार्नेलिया की सहेली।

प्रथम अंक

प्रथम दृश्य

[स्थान—तक्षशिला के गुरुकुल का मठ]

(चाणक्य और सिंहरण)

चाणक्य : सौम्य कुलपति ने मुझे गृहस्थ-जीवन में प्रवेश करने की आज्ञा दे दी। केवल तुम्हीं लोगों को अर्थशास्त्र पढ़ाने के लिए ठहरा था; क्योंकि इस वर्ष के भावी स्नातकों को अर्थशास्त्र का पाठ पढ़ाकर मुझ अकिंचन को गुरु-दक्षिणा चुका देनी थी।

सिंहरण : आर्य, मालवों को अर्थशास्त्र की उतनी आवश्यकता नहीं, जितनी अस्त्रशास्त्र की। इसीलिए मैं पाठ में पिछड़ा रहा, क्षमाप्रार्थी हूँ।

चाणक्य : अच्छा, अब तुम मालव जाकर क्या करोगे ?

सिंहरण : अभी तो मैं मालव नहीं जाता। मुझे तक्षशिला की राजनीति पर दृष्टि रखने की आज्ञा मिली है।

चाणक्य : मुझे प्रसन्नता होती है कि तुम्हारा अर्थशास्त्र पढ़ना सफल होगा। क्या तुम जानते हो कि यवनों के दूत यहाँ क्यों आए हैं ?

सिंहरण : मैं उसे जानने की चेष्टा कर रहा हूँ। आर्यावर्त्त का भविष्य लिखने के लिए कुचक्र और प्रतारणा की लेखनी और मसि प्रस्तुत हो रही है। उत्तरापथ के खंड राज-द्वेष से जर्जर हैं। शीघ्र भयानक विस्फोट होगा।

[सहसा आम्भीक और अलका का प्रवेश]

आम्भीक : कैसा विस्फोट? युवक, तुम कौन हो?

सिंहरण : एक मालव।

आम्भीक : नहीं, विशेष परिचय की आवश्यकता है।

सिंहरण : तक्षशिला गुरुकुल का एक छात्र।

आम्भीक : देखता हूँ कि तुम दुर्विनीत भी हो।

सिंहरण : कदापि नहीं राजकुमार! विनम्रता के साथ निर्भीक होना मालवों का वंशानुगत चरित्र है, और मुझे तो तक्षशिला की शिक्षा का भी गर्व है।

आम्भीक : परन्तु तुम किसी विस्फोट की बातें अभी कर रहे थे। और चाणक्य, क्या तुम्हारा भी इसमें कुछ हाथ है?

[चाणक्य चुप रहता है]

आम्भीक : *(क्रोध से)*—बोलो ब्राह्मण, मेरे राज्य में रहकर, मेरे अन्न से पलकर, मेरे ही विरुद्ध कुचक्रों का सृजन!

चाणक्य : राजकुमार, ब्राह्मण न किसी के राज्य में रहता है और न किसी के अन्न से पलता है; स्वराज्य में विचरता है और अमृत होकर जीता है। यह तुम्हारा मिथ्या गर्व है। ब्राह्मण सब कुछ सामर्थ्य रखने पर भी, स्वेच्छा से इन माया-स्तूपों को ठुकरा देता है, प्रकृति के कल्याण के लिए अपने ज्ञान का दान देता है।

आम्भीक : वह काल्पनिक महत्त्व माया-जाल है; तुम्हारे प्रत्यक्ष नीच कर्म उस पर पर्दा नहीं डाल सकते।

चाणक्य : सो कैसे होगा अविश्वासी क्षत्रिय! इसी से दस्यु और म्लेच्छ साम्राज्य बना रहे हैं और आर्य-जाति पतन के कगार पर खड़ी एक धक्के की राह देख रही है।

आम्भीक : और तुम धक्का देने का कुचक्र विद्यार्थियों को सिखा रहे हो!

सिंहरण : विद्यार्थी और कुचक्र! असम्भव। यह तो वे ही कर सकते हैं, जिनके हाथ में अधिकार हो—जिनका स्वार्थ समुद्र से भी विशाल और सुमेरु से भी कठोर हो, जो यवनों की मित्रता के लिए स्वयं वाल्हीक तक...

आम्भीक : बस-बस, दुर्धर्ष युवक! बता, तेरा अभिप्राय क्या है?

सिंहरण : कुछ नहीं।

आम्भीक : नहीं, बताना होगा। मेरी आज्ञा है।

सिंहरण : गुरुकुल में केवल आचार्य की आज्ञा शिरोधार्य होती है; अन्य आज्ञाएँ, अवज्ञा के कान से सुनी जाती है राजकुमार!

अलका : भाई! इस वन्य निर्झर के समान स्वच्छ और स्वच्छन्द हृदय में कितना बलवान वेग है! यह अवज्ञा भी स्पृहणीय है। जाने दो।

आम्भीक : चुप रहो अलका, यह ऐसी बात नहीं है, जो यों ही उड़ा दी जाए। इसमें कुछ रहस्य है।

[चाणक्य चुपचाप मुस्कराता है]

सिंहरण : हाँ-हाँ, रहस्य है! यवन आक्रमणकारियों के पुष्कल-स्वर्ण से पुलकित होकर, आर्यावर्त्त की सुख-रजनी की शान्ति-निद्रा में, उत्तरापथ की अर्गला धीरे से खोल देने का रहस्य है। क्यों राजकुमार! सम्भवत: तक्षशिलाधीश वाल्हीक तक इसी रहस्य का उद्‌घाटन करने गए थे?

आम्भीक : *(पैर पटककर)* ओह, असह्य! युवक, तुम बन्दी हो।

सिंहरण : कदापि नहीं; मालव कदापि बन्दी नहीं हो सकता।

[आम्भीक तलवार खींचता है]

चन्द्रगुप्त : *(सहसा प्रवेश करके)* ठीक है, प्रत्येक निरपराध आर्य स्वतन्त्र है, उसे कोई बन्दी नहीं बना सकता। यह क्या राजकुमार! खड्‌ग को कोश में स्थान नहीं है क्या?

सिंहरण : *(व्यंग्य से)* वह तो स्वर्ण से भर गया है!

आम्भीक : तो तुम सब कुचक्र में लिप्त हो। और इस मालव को तो मेरा अपमान करने का प्रतिफल—मृत्यु-दंड अवश्य भोगना पड़ेगा।

चन्द्रगुप्त : क्यों, वह क्या एक निस्सहाय छात्र तुम्हारे राज्य में शिक्षा पाता है और तुम एक राजकुमार हो—बस इसीलिए?

[आम्भीक तलवार चलाता है। चन्द्रगुप्त अपनी तलवार पर उसे रोकता है; आम्भीक की तलवार छूट जाती है। वह निस्सहाय होकर चन्द्रगुप्त के आक्रमण की प्रतीक्षा करता है। बीच में अलका आ जाती है।]

सिंहरण : वीर चन्द्रगुप्त, बस। जाओ राजकुमार, यहाँ कोई कुचक्र नहीं है, अपने कुचक्रों से अपनी रक्षा स्वयं करो।

चाणक्य : राजकुमारी, मैं गुरुकुल का अधिकारी हूँ। मैं आज्ञा देता हूँ कि तुम क्रोधाभिभूत कुमार को लिवा जाओ। गुरुकुल में शस्त्रों का प्रयोग शिक्षा के लिए होता है, द्वन्द्व-युद्ध के लिए नहीं। विश्वास रखना, इस दुर्व्यवहार का समाचार महाराज के कानों तक न पहुँचेगा।

अलका : ऐसा ही हो। चलो भाई!

[क्षुब्ध आम्भीक उसके साथ जाता है]

चाणक्य : *(चन्द्रगुप्त से)* तुम्हारा पाठ समाप्त हो चुका है और आज का यह कांड असाधारण है। मेरी सम्मति है कि तुम शीघ्र तक्षशिला का परित्याग कर दो। और सिंहरण, तुम भी।

चन्द्रगुप्त : आर्य, हम मागध हैं और यह मालव। अच्छा होता कि यहीं गुरुकुल में हम लोग शस्त्र की परीक्षा भी देते।

चाणक्य : क्या यही मेरी शिक्षा है? बालकों की-सी चपलता दिखलाने का यह स्थल नहीं। तुम लोगों को समय पर शस्त्र का प्रयोग करना पड़ेगा। परन्तु अकारण रक्तपात नीति-विरुद्ध है।

चन्द्रगुप्त : आर्य! संसार-भर की नीति और शिक्षा का अर्थ मैंने यही समझा है कि आत्म-सम्मान के लिए मर-मिटना ही दिव्य जीवन है। सिंहरण मेरा आत्मीय है, मित्र है, उसका मान मेरा ही मान है।

चाणक्य : देखूँगा कि इस आत्म-सम्मान की भविष्य-परीक्षा में तुम कहाँ तक उत्तीर्ण होते हो!

सिंहरण : आपके आशीर्वाद से हम लोग अवश्य सफल होंगे।

चाणक्य : तुम मालव हो और यह मागध, यही तुम्हारे मान का अवसान है न? परन्तु आत्म-सम्मान इतने ही से सन्तुष्ट नहीं होगा। मालव और मागध को भूलकर जब तुम आर्यावर्त्त का नाम लोगे, तभी वह मिलेगा। क्या तुम नहीं देखते हो कि आगामी दिवसों में, आर्यावर्त्त के सब स्वतन्त्र राष्ट्र एक के अनन्तर दूसरे विदेशी विजेता से पददलित होंगे? आज जिस व्यंग्य को लेकर इतनी घटना हो गई है, वह बात भावी गान्धार-नरेश आम्भीक के हृदय में शल्य के समान चुभ गई है। पंचनद-नरेश पर्वतेश्वर के विरोध के कारण यह क्षुद्र-हृदय आम्भीक यवनों का स्वागत करेगा और आर्यावर्त्त का सर्वनाश होगा।

चन्द्रगुप्त : गुरुदेव, विश्वास रखिए; यह सब कुछ नहीं होने पावेगा। यह चन्द्रगुप्त आपके चरणों की शपथपूर्वक प्रतिज्ञा करता है, कि यवन यहाँ कुछ न कर सकेंगे।

चाणक्य : तुम्हारी प्रतिज्ञा अचल हो। परन्तु इसके लिए पहले तुम मगध जाकर साधन-सम्पन्न बनो। यहाँ समय बिताने का प्रयोजन नहीं। मैं भी पंचनद-नरेश से मिलता हुआ मगध आऊँगा और सिंहरण, तुम भी सावधान!

सिंहरण : आर्य, आपका आशीर्वाद ही मेरा रक्षक है।

[चन्द्रगुप्त और चाणक्य का प्रस्थान]

सिंहरण : एक अग्निमय गन्धक का स्रोत आर्यावर्त्त के लौह-अस्त्रागार में घुसकर विस्फोट करेगा। चंचला रण-लक्ष्मी इन्द्रधनुष-सी विजय-माला हाथ में लिये उस सुन्दर नील-लोहित प्रलय-जलद में विचरण करेगी और वीर-हृदय-मयूर-से नाचेंगे। तब आओ देवि! स्वागत!!

[अलका का प्रवेश]

अलका : मालव वीर, अभी तुमने तक्षशिला का परित्याग नहीं किया?

सिंहरण : क्यों देवि! क्या मैं यहाँ रहने के उपयुक्त नहीं हूँ?

अलका : नहीं, मैं तुम्हारी सुख-शान्ति के लिए चिन्तित हूँ? भाई ने तुम्हारा अपमान किया है, पर वह अकारण न था; जिसका जो मार्ग है उस पर वह चलेगा। तुमने अनधिकार चेष्टा की थी! देखती हूँ कि प्रायः मनुष्य, दूसरों को अपने मार्ग पर चलाने के लिए रुक जाता है, और अपना चलना बन्द कर देता है।

सिंहरण : परन्तु भद्रे, जीवन-काल में भिन्न-भिन्न मार्गों की परीक्षा करते हुए जो ठहरता हुआ चलता है, वह दूसरों को लाभ ही पहुँचाता है। यह कष्टदायक तो है; परन्तु निष्फल नहीं।

अलका : किन्तु मनुष्य को अपने जीवन और सुख का भी ध्यान रखना चाहिए।

सिंहरण : मानव कब दानव से भी दुर्दान्त, पशु से भी बर्बर और पत्थर से भी कठोर, करुणा के लिए निरवकाश हृदयवाला हो जाएगा, नहीं जाना जा सकता। अतीत सुखों के लिए सोच क्यों, अनागत भविष्य के लिए भय क्यों और वर्तमान को मैं अपने अनुकूल बना ही लूँगा; फिर चिन्ता किस बात की?

अलका : मालव, तुम्हारे देश के लिए तुम्हारा जीवन अमूल्य है, और वही यहाँ आपत्ति में है।

सिंहरण : राजकुमारी, इस अनुकम्पा के लिए कृतज्ञ हुआ। परन्तु मेरा देश मालव ही नहीं, गान्धार भी है। यही क्या, समग्र आर्यावर्त्त है, इसलिए मैं...

अलका : *(आश्चर्य से)*—क्या कहते हो?

सिंहरण : गान्धार आर्यावर्त्त से भिन्न नहीं है, इसीलिए उसके पतन को मैं अपना अपमान समझता हूँ।

अलका : *(निःश्वास लेकर)*—इसका मैं अनुभव कर रही हूँ। परन्तु जिस देश में ऐसे वीर युवक हों, उसका पतन असम्भव है। मालव वीर, तुम्हारे मनोबल में स्वतन्त्रता है और तुम्हारी दृढ़ भुजाओं में आर्यावर्त्त के रक्षण की शक्ति है; तुम्हें सुरक्षित रहना ही चाहिए। मैं भी आर्यावर्त्त की बालिका हूँ—तुमसे अनुरोध करती हूँ कि तुम शीघ्र गान्धार छोड़ दो। मैं आम्भीक को शक्ति भर, पतन से रोकूँगी; परन्तु उनके न मानने पर तुम्हारी आवश्यकता होगी। जाओ वीर!

सिंहरण : अच्छा राजकुमारी, तुम्हारे स्नेहानुरोध से मैं जाने के लिए बाध्य हो रहा हूँ! शीघ्र ही चला जाऊँगा देवि! किन्तु यदि किसी प्रकार सिन्धु की प्रखर धारा को यवन-सेना न पार कर सकती...।

अलका : मैं चेष्टा करूँगी वीर, तुम्हारा नाम?

सिंहरण : मालवगण के राष्ट्रपति का पुत्र सिंहरण।

अलका : अच्छा, फिर कभी।

[दोनों एक-दूसरे को देखते हुए प्रस्थान करते हैं।]

द्वितीय दृश्य

[मगध-सम्राट का विलास-कानन]

[विलासी युवक और युवतियों का विहार]

नन्द : *(प्रवेश करके)* आज बसन्त-उत्सव है क्या?

एक युवक : जय हो देव! आपकी आज्ञा से कुसुमपुर के नागरिकों ने आयोजन किया है!

नन्द : परन्तु मदिरा का तो तुम्हारे समाज में अभाव है, फिर आमोद कैसा? *(एक युवती से)*—देखो-देखो। तुम सुन्दरी हो; परन्तु तुम्हारे यौवन का विभ्रम अभी संकोच की अर्गला से जकड़ा हुआ है! तुम्हारी आँखों में काम का

सुकुमार संकेत नहीं, अनुराग की लाली नहीं! फिर कैसा प्रमोद!

एक युवती : हम लोग तो निमन्त्रित नागरिक हैं देव! इसका दायित्व तो निमन्त्रण देनेवाले पर है।

नन्द : वाह, यह अच्छा उलाहना रहा! *(अनुचर से)*—मूर्ख! अभी और कुछ सुनावेगा? तू नहीं जानता कि मैं ब्रह्मास्त्र से अधिक इन सुन्दरियों के कुटिल कटाक्षों से डरता हूँ! ले आ—शीघ्र ले आ—नागरिकों पर तो मैं राज्य करता हूँ; परन्तु मेरी मगध की नागरिकाओं का शासन मेरे ऊपर है। श्रीमती, सबसे कह दो—नागरिक नन्द, कुसुमपुर के कमनीय कुसुमों से अपराध के लिए क्षमा माँगता है और आज के दिन वह तुम लोगों का कृतज्ञ सहचर-मात्र है।

[अनुचर लोग प्रत्येक कुंज में मदिरा-कलश और चषक पहुँचाते हैं। राक्षस और सुवासिनी का प्रवेश, पीछे-पीछे कुछ नागरिक]

राक्षस : सुवासिनी! एक पात्र और; चलो इस कुंज में।

सुवासिनी : नहीं, अब मैं न सँभल सकूँगी।

राक्षस : फिर इन लोगों से कैसे पीछा छूटेगा?

सुवासिनी : मेरी एक इच्छा है।

एक नागरिक : क्या इच्छा है सुवासिनी, हम लोग अनुचर हैं। केवल एक सुन्दर अलाप की, एक कोमल मूर्च्छना की लालसा है।

सुवासिनी : अच्छा तो अभिनय के साथ।

सब : *(उल्लास से)*—सुन्दरियों की रानी सुवासिनी की जय!

सुवासिनी : परन्तु राक्षस को कच का अभिनय करना पड़ेगा।

एक नागरिक : और तुम देवयानी, क्यों? यही न? राक्षस सचमुच राक्षस होगा, यदि इसमें आनाकानी करे तो...चलो राक्षस!

दूसरा : नहीं मूर्ख! आर्य राक्षस कह, इतने बड़े कला-कुशल विद्वान को किस प्रकार सम्बोधित करना चाहिए, तू इतना भी नहीं जानता। आर्य राक्षस! इन नागरिकों की प्रार्थना से इस कष्ट को स्वीकार कीजिए!

[राक्षस उपयुक्त स्थान ग्रहण करता है। कुछ मूक अभिनय, फिर उसके बाद सुवासिनी का भाव-सहित गान]

तुम कनक किरण के अन्तराल में
लुक-छिप कर चलते हो क्यों?

नत मस्तक गर्व वहन करते
यौवन के घन, रस कन ढरते।
हे लाज भरे सौन्दर्य!
बता दो मौन बने रहते हो क्यों?
अधरों के मधुर कगारों में
कल-कल ध्वनि की गुंजारों में!
मधुसरिता-सी यह हँसी तरल
अपनी पीते रहते हो क्यों?
बेला विभ्रम की बीत चली
रजनीगन्धा की कली खिली—
अब सान्ध्य-मलय-आकुलित
दुकूल कलित हो, यों छिपते हो क्यों?

['साधु-साधु' की ध्वनि]

नन्द : उस अभिनेत्री को यहाँ बुलाओ।

[सुवासिनी नन्द के समीप आकर प्रणत होती है]

नन्द : तुम्हारा अभिनय तो अभिनय नहीं हुआ!

नागरिक : अपितु वास्तविक घटना, जैसी देखने में आवे, वैसी ही।

नन्द : तुम बड़े कुशल हो। ठीक कहा।

सुवासिनी : तो मुझे दंड मिले। आज्ञा कीजिए देव!

नन्द : मेरे साथ एक पात्र।

सुवासिनी : परन्तु देव, एक बड़ी भूल होगी।

नन्द : वह क्या?

सुवासिनी : आर्य राक्षस का अभिनयपूर्ण गान नहीं हुआ।

नन्द : राक्षस!

नागरिक : यही है, देव!

[राक्षस आकर प्रणाम करता है]

नन्द : बसन्तोत्सव की रानी की आज्ञा से तुम्हें गाना होगा।

राक्षस : उसका मूल्य होगा एक पात्र कादम्ब।

[सुवासिनी पात्र भरकर देती है]

(सुवासिनी मान का मूक अभिनय करती है, राक्षस सुवासिनी के सम्मुख अभिनय सहित गाता है।)

निकल मत बाहर दुर्बल आह।

लगेगा तुझे हँसी का शीत
शरद नीरद माला के बीच
तड़प ले चपला-सी भयभीत
पड़ रहे पावन प्रेम-फुहार
जलन कुछ-कुछ है मीठी पीर
सँभाले चल कितनी है दूर
प्रलय तक व्याकुल हो न अधीर
अश्रुमय सुन्दर विरह निशीथ
भरे तारे न ढुलकते आह!
न उफना दे आँसू हैं भरे
इन्हीं आँखों में उनकी चाह
काकली-सी बनने की तुम्हें
लगन लग जाए न हे भगवान
पपीहा का पी सुनता कभी!
अरे कोकिल की देख दशा न;
हृदय है पास, साँस की राह
चले आना-जाना चुपचाप
अरे छाया बन, छू मत उसे
भरा है तुझमें भीषण ताप
हिला कर धड़कन से अविनीत
जगा मत, सोया है सुकुमार
देखता है स्मृतियों का स्वप्न,
हृदय पर मत कर अत्याचार?

कई नागरिक : स्वर्गीय अमात्य वक्रनास के कुल की जय!

नन्द : क्या कहा, वक्रनास का कुल?

नागरिक : हाँ देव, आर्य राक्षस उन्हीं के भ्रातुष्पुत्र हैं।

नन्द : राक्षस! आज से तुम मेरे अमात्यवर्ग में नियुक्त हुए। तुम तो कुसुमपुर के एक रत्न हो।

[उसे माला पहनाता है और शस्त्र देता है]

सब : सम्राट की जय हो! अमात्य राक्षस की जय हो!

नन्द : और सुवासिनी, तुम मेरी अभिनयशाला की रानी!

[सब हर्ष प्रकट करते हुए जाते हैं]

तृतीय दृश्य

[पाटलिपुत्र में एक भग्न कुटीर]

चाणक्य : *(प्रवेश करके)* झोंपड़ी ही तो थी, पिता जी यहीं मुझे गोद में बिठाकर राज-मन्दिर का सुख अनुभव करते थे। ब्राह्मण थे, ऋत और अमृत जीविका से सन्तुष्ट थे, पर वे भी न रहे! कहाँ गए, कोई नहीं जानता। मुझे भी कोई नहीं पहचानता। यही तो मगध का राष्ट्र है। प्रजा की खोज है किसे? वृद्ध दरिद्र ब्राह्मण कहीं ठोकरें खाता होगा या मर गया होगा!

[एक प्रतिवेशी का प्रवेश]

प्रतिवेशी : *(देखकर)* कौन हो जी तुम? इधर के घरों को बड़ी देर से क्या घूर रहे हो?

चाणक्य : यह घर हैं, जिन्हें पशु की खोह कहने में भी संकोच होता है? यहाँ कोई स्वर्ण-रत्नों का ढेर नहीं, जो लूटने का भय हो?

प्रतिवेशी : युवक, क्या तुम किसी को खोज रहे हो?

चाणक्य : हाँ, खोज रहा हूँ, यहीं झोंपडी में रहनेवाले वृद्ध ब्राह्मण चणक को। आजकल वे कहाँ हैं, बता सकते हो?

प्रतिवेशी : *(सोचकर)* ओहो, कई बरस हुए वह तो राजा की आज्ञा से निर्वासित कर दिया गया है। *(हँसकर)*—वह ब्राह्मण भी बड़ा हठी था। उसने राजा नन्द के विरुद्ध प्रचार करना आरम्भ किया था। सो भी क्यों, एक मन्त्री शकटार के लिए। उसने सुना कि राजा ने शकटार का बन्दीगृह में वध करवा डाला। ब्राह्मण ने नगर में इस अन्याय के विरुद्ध आतंक फैलाया। सबसे कहने लगा कि, ''यह महापद्म का जारज पुत्र नन्द महापद्म का हत्याकारी नन्द-मगध में राक्षसी राज्य कर रहा है। नागरिकों, सावधान!''

चाणक्य : अच्छा, तब क्या हुआ?

प्रतिवेशी : वह पकड़ा गया। सो भी कब, जब एक दिन अहेर की यात्रा करते हुए नन्द के लिए राजपथ में मुक्तकंठ से नागरिकों ने अनादर के वाक्य कहे। नन्द ने ब्राह्मण को समझाया। यह भी कहा कि तेरा मित्र शक़टार बन्दी है,

मारा नहीं गया। पर वह बड़ा हठी था, उसने न माना, न ही माना। नन्द ने भी चिढ़कर उसका ब्राह्मस्व बौद्ध-विहार में दे दिया और उसे मगध से निर्वासित कर दिया। यही तो उसकी झोंपड़ी है।

[जाता है]

चाणक्य : *(उसे बुलाकर)*—अच्छा एक बात और बताओ।

प्रतिवेशी : क्या पूछते हो जी, तुम इतना जान लो कि नन्द को ब्राह्मणों से घोर शत्रुता है और वह बौद्ध धर्मानुयायी हो गया है।

चाणक्य : होने दो; परन्तु यह तो बताओ—शकटार का कुटुम्ब कहाँ है?

प्रतिवेशी : कैसे मनुष्य हो? अरे राज-कोपानल में वे सब जल मरे। इतनी-सी बात के लिए मुझे लौटाया था—छिः!

[जाना चाहता है]

चाणक्य : हे भगवान! एक बात दया करके और बता दो—शकटार की कन्या सुवासिनी कहाँ है?

प्रतिवेशी : *(जोर से हँसता है)* युवक! वह बौद्ध-विहार में चली गई थी, परन्तु वहाँ भी न रह सकी। पहले तो अभिनय करती फिरती थी, आजकल कहाँ है, नहीं जानता।

[जाता है]

चाणक्य : पिता का पता नहीं, झोंपड़ी भी न रह गई। सुवासिनी अभिनेत्री हो गई—सम्भवतः पेट की ज्वाला से। एक साथ दो-दो कुटुम्बों का सर्वनाश और कुसुमपुर फूलों की सेज में ऊँघ रहा है! क्या इसीलिए राष्ट्र की शीतल छाया का संगठन मनुष्य ने किया था! मगध! मगध! सावधान! इतना अत्याचार! सहना असम्भव है। तुझे उलट दूँगा! नया बनाऊँगा, नहीं तो नाश ही करूँगा! *(ठहरकर)* एक बार चलूँ, नन्द से कहूँ। नहीं, परन्तु मेरी भूमि, मेरी वृत्ति, वही मिल जाए, मैं शास्त्र-व्यवसायी न रहूँगा, मैं कृषक बनूँगा। मुझे राष्ट्र की भलाई-बुराई से क्या। तो चलूँ। *(देखकर)* यह एक लकड़ी का स्तम्भ अभी उसी झोंपड़ी का खड़ा है, इसके साथ मेरे बाल्यकाल की सहस्रों भाँवरियाँ लिपटी हुई हैं, जिन पर मेरी धवल मधुर हँसी

का आवरण चढ़ा रहता था! शैशव की स्निग्ध स्मृति! विलीन हो जा!

[खम्भा खींचकर गिराता हुआ चला जाता है]

चतुर्थ दृश्य

[कुसुमपुर के सरस्वती-मन्दिर के उपवन का पथ]

राक्षस : सुवासिनी! हठ न करो।

सुवासिनी : नहीं, उस ब्राह्मण को दंड दिए बिना सुवासिनी जी नहीं सकती अमात्य, तुमको करना होगा। मैं बौद्ध-स्तूप की पूजा करके आ रही थी, उसने व्यंग्य किया और वह बड़ा कठोर था, राक्षस! उसने कहा, "वेश्याओं के लिए भी एक धर्म की आवश्यकता थी, चलो अच्छा ही हुआ। ऐसे धर्म के अनुगत पतितों की भी कमी नहीं।"

राक्षस : यह उसका अन्याय था।

सुवासिनी : परन्तु अन्याय का प्रतिकार भी है। नहीं तो मैं समझूँगी कि तुम भी वैसे ही एक कठोर ब्राह्मण हो।

राक्षस : मैं वैसा हूँ कि नहीं, यह पीछे मालूम होगा। परन्तु सुवासिनी, मैं स्वयं हृदय से बौद्धमत का समर्थक हूँ, केवल उसकी दार्शनिक सीमा तक—इतना ही कि संसार दुःखमय है।

सुवासिनी : इसके बाद?

राक्षस : मैं इस क्षणिक जीवन की घड़ियों को सुखी बनाने का पक्षपाती हूँ। और तुम जानती हो कि मैंने ब्याह नहीं किया, परन्तु भिक्षु भी न बन सका।

सुवासिनी : तब आज से मेरे कारण तुमको राजचक्र में बौद्धमत का समर्थन करना होगा।

राक्षस : मैं प्रस्तुत हूँ।

सुवासिनी : फिर लो, मैं तुम्हारी हूँ। मुझे विश्वास है कि दुराचारी सदाचार के द्वारा शुद्ध हो सकता है, और बौद्धमत इसका समर्थन करता है; सबको शरण देता है। हम दोनों उपासक होकर सुखी बनेंगे।

राक्षस : इतना बड़ा सुख-स्वप्न का जाल आँखों में न फैलाओ।

सुवासिनी : नहीं प्रिय! मैं तुम्हारी अनुचरी हूँ। मैं नन्द की विलास-लीला का क्षुद्र उपकरण बनकर नहीं रहना चाहती।

[जाती है]

राक्षस : एक परदा उठ रहा है, या गिर रहा है, समझ में नहीं आता—*(आँख मींचकर)*—सुवासिनी! कुसुमपुर का स्वर्गीय कुसुम मैं हस्तगत कर लूँ? नहीं, राजकोप होगा! परन्तु जीवन वृथा है। मेरी विद्या, मेरा परिष्कृत विचार सब व्यर्थ है। सुवासिनी एक लालसा है, एक प्यास है। वह अमृत है, उसे पाने के लिए सौ बार मरूँगा।

[नेपथ्य से—हटो, मार्ग छोड़ दो]

राक्षस : कोई राजकुल की सवारी है? तो चलूँ।

[जाता है]

[रक्षियों के साथ शिविका पर राजकुमारी कल्याणी का प्रवेश]

कल्याणी : *(शिविका से उतरती हुई लीला से)*—शिविका उद्यान के बाहर ले जाने के लिए कहो और रक्षी लोग भी वहीं ठहरें।

[शिविका लेकर रक्षक जाते हैं]

कल्याणी : *(देखकर)*—आज सरस्वती मन्दिर में कोई समाज है क्या? जा तो नीला, देख आ।

[नीला जाती है]

लीला : राजकुमारी, चलिए इस श्वेत शिला पर बैठिए। यहाँ अशोक की छाया बड़ी मनोहर है। अभी तीसरे पहर का सूर्य कोमल होने पर भी स्पृहणीय नहीं।

कल्याणी : चल।

[दोनों जाकर बैठती हैं, नीला आती है]

नीला : राजकुमारी, आज तक्षशिला से लौटे हुए स्नातक लोग सरस्वती-दर्शन के लिए आए हैं।

कल्याणी : क्या सब लौट आए हैं?

नीला : यह तो न जान सकी।

कल्याणी : अच्छा, तू भी बैठ। देख, कैसी सुन्दर माधवी लता फैल रही है। महाराज के उद्यान में भी लताएँ ऐसी हरी-भरी नहीं, जैसे राज-आतंक से वे भी डरी हुई हों। सच नीला, मैं देखती हूँ कि महाराज से कोई स्नेह नहीं करता, डरते भले ही हों।

नीला : सखी, मुझ पर उनका कन्या-सा ही स्नेह है; परन्तु मुझे डर लगता है।

कल्याणी : मुझे इसका बड़ा दु:ख है। देखती हूँ कि समस्त प्रजा उनसे त्रस्त और भयभीत रहती है, प्रचंड शासन करने के कारण उनका बड़ा दुर्नाम है।

नीला : परन्तु इसका उपाय क्या है? देख लीला, वे दो कौन इधर आ रहे हैं? चल, हम लोग छिप जाएँ।

[सब कुंज में चली जाती हैं; दो ब्रह्मचारियों का प्रवेश]

एक ब्रह्मचारी : धर्मपालित, मगध को उन्माद हो गया है। वह जनसाधारण के अधिकार अत्याचारियों के हाथ में देकर विलासिता का स्वप्न देख रहा है। तुम तो गए नहीं, मैं अभी उत्तरापथ से आ रहा हूँ । गणतन्त्रों में सब प्रजा वन्यवीरुध के समान स्वच्छन्द फल-फूल रही हैं। इधर उन्मत्त मगध, साम्राज्य की कल्पना में निमग्न हैं।

दूसरा : स्नातक, तुम ठीक कह रहे हो। महापद्म का जारज-पुत्र नन्द केवल शस्त्र-बल और कूटनीति के द्वारा सदाचारों के सिर पर तांडव-नृत्य कर रहा है। वह सिद्धान्त विहीन, नृशंस, कभी बौद्धों का पक्षपाती, कभी वैदिकों का अनुयायी बनकर दोनों में भेदनीति चलाकर बल-संचय करता रहता है। मूर्ख जनता धर्म की ओट में नचाई जा रही है। परन्तु तुम देश-विदेश देखकर आए हो, आज मेरे घर पर तुम्हारा निमन्त्रण है, वहाँ सबको तुम्हारी यात्रा का विवरण सुनने का अवसर मिलेगा।

पहला : चलो। *(दोनों जाते हैं, कल्याणी बाहर आती है)*

कल्याणी : सुनकर हृदय की गति रुकने लगती है। इतना कदर्थित राजपद! जिसे साधारण नागरिक भी घृणा की दृष्टि से देखता है—कितने मूल्य का है लीला?

नेपथ्य से : भागो-भागो! यह राजा का अहेरी चीता पिंजरे से निकल भागा है, भागो-भागो!

(तीनों डरती हुई कुंज में छिपने लगती हैं। चीता आता है। दूर से तीर आकर उसका सिर भेद कर निकल जाता है। धनुष लिए हुए चन्द्रगुप्त का प्रवेश)

चन्द्रगुप्त : कौन यहाँ है? किधर से स्त्रियों का क्रन्दन सुनाई पड़ा था! *(देखकर)*—अरे, यहाँ तो तीन सुकुमारियाँ हैं। भद्रे, पशु ने कुछ चोट तो नहीं पहुँचाई?

लीला : साधु! वीर! राजकुमारी की प्राण-रक्षा के लिए तुम्हें अवश्य पुरस्कार मिलेगा!

चन्द्रगुप्त : कौन राजकुमारी, कल्याणी देवी?

लीला : हाँ, यही न हैं? भय से मुख विवर्ण हो गया है।

चन्द्रगुप्त : राजकुमारी, मौर्य-सेनापति का पुत्र चन्द्रगुप्त प्रणाम करता है।

कल्याणी : *(स्वस्थ होकर, सलल्ज)*—नमस्कार, चन्द्रगुप्त, मैं कृतज्ञ हुई। तुम भी स्नातक होकर लौटे हो?

चन्द्रगुप्त : हाँ देवि, तक्षशिला में पाँच वर्ष रहने के कारण यहाँ के लोगों को पहचानने में विलम्ब होता है। जिन्हें किशोर छोड़कर गया था, अब वे तरुण दिखाई पड़ते हैं। मैं अपने कई बाल-सहचरों को भी पहचान न सका।

कल्याणी : परन्तु मुझे आशा थी कि तुम मुझे भूल न जाओगे।

चन्द्रगुप्त : देवि, यह अनुचर सेवा के उपयुक्त अवसर पर ही पहुँचा। चलिए, शिविका तक पहुँचा दूँ। *(सब जाते हैं)*

पंचम दृश्य

[मगध में नन्द की राज-सभा]

[राक्षस और सभासदों के साथ नन्द]

नन्द : तब?

राक्षस : दूत लौट आए और उन्होंने कहा कि पंचनद-नरेश को यह सम्बन्ध स्वीकार नहीं।

नन्द : क्यों?

राक्षस : प्राच्य-देश के बौद्ध और शूद्र राजा की कन्या से वे परिणय नहीं कर सकते।

नन्द : इतना गर्व!

राक्षस : यह उसका गर्व नहीं, यह धर्म का दम्भ है, व्यंग्य है। मैं इसका फल दूँगा। मगध-जैसे शक्तिशाली राष्ट्र का

अपमान करके कोई यों ही नहीं बच जाएगा। ब्राह्मणों का यह...

[प्रतिहारी का प्रवेश]

प्रतिहारी : जय हो देव, मगध से शिक्षा के लिए गए हुए तक्षशिला के स्नातक आए हैं।

नन्द : लिवा लाओ।

(दौवारिक का प्रस्थान; चन्द्रगुप्त के साथ कई स्नातकों का प्रवेश)

स्नातक : राजाधिराज की जय हो!

नन्द : स्वागत। अमात्य वररुचि अभी नहीं आए, देखो तो!

[प्रतिहारी का प्रस्थान और वररुचि के साथ प्रवेश]

वररुचि : जय हो देव; मैं स्वयं आ रहा था।

नन्द : तक्षशिला से लौटे हुए स्नातकों की परीक्षा लीजिए।

वररुचि : राजाधिराज, जिस गुरुकुल में मैं स्वयं परीक्षा देकर स्नातक हुआ हूँ, उसके प्रमाण की भी पुन: परीक्षा, अपने गुरुजनों के प्रति अपमान करना है।

नन्द : किन्तु राजकोष का रुपया व्यर्थ ही स्नातकों को भेजने में लगता है या इसका सदुपयोग होता है, इसका निर्णय कैसे हो?

राक्षस : केवल सद्धर्म की शिक्षा ही मनुष्यों के लिए पर्याप्त है! और वह तो मगध में ही मिल सकती है।

(चाणक्य का सहसा प्रवेश; त्रस्त दौवारिक पीछे-पीछे आता है)

चाणक्य : परन्तु बौद्ध धर्म की शिक्षा मानव-व्यवहार के लिए पूर्ण नहीं हो सकती, भले ही संघ-विहार में रहनेवालों के लिए उपयुक्त हो।

नन्द : तुम अनधिकार चर्चा करनेवाले कौन हो जी?

चाणक्य : तक्षशिला से लौटा हुआ एक स्नातक ब्राह्मण।

नन्द : ब्राह्मण! ब्राह्मण!! जिधर देखो कृत्या के सामने इनकी शक्ति-ज्वाला धधक रही है।

चाणक्य : नहीं महाराज! ज्वाला कहाँ? भस्मावगुंठित अंगारे रह गए हैं!

राक्षस : तब भी इतना ताप!

चाणक्य : वह तो रहेगा ही! जिस दिन उसका अन्त होगा, उसी दिन आर्यावर्त्त का ध्वंस होगा। यदि अमात्य ने ब्राह्मण-विनाश करने का विचार किया हो तो जन्मभूमि की भलाई के लिए उसका त्याग कर दें, क्योंकि राष्ट्र का शुभ-चिन्तन केवल ब्राह्मण ही कर सकते हैं। एक जीव की हत्या से डरनेवाले तपस्वी बौद्ध, सिर पर मँडरानेवाली विपत्तियों से, रक्त-समुद्र की आँधियों से, आर्यावर्त्त की रक्षा करने में असमर्थ प्रमाणित होंगे।

नन्द : ब्राह्मण! तुम बोलना नहीं जानते हो तो चुप रहना सीखो।

चाणक्य : महाराज, उसे सीखने के लिए मैं तक्षशिला गया था और मगध का सिर ऊँचा करके उसी गुरुकुल में मैंने अध्यापन का कार्य भी किया है। इसलिए मेरा हृदय यह नहीं मान सकता कि मैं मूर्ख हूँ।

नन्द : तुम चुप रहो।

चाणक्य : एक बात कहकर महाराज!

राक्षस : क्या?

चाणक्य : यवनों की विकट वाहिनी निषध-पर्वतमाला तक पहुँच गई है। तक्षशिलाधीश की भी उसमें अभिसन्धि है। सम्भवतः समस्त आर्यावर्त्त पादाक्रान्त होगा। उत्तरापथ में बहुत-से छोटे-छोटे गणतन्त्र हैं, वे उस सम्मिलित पारसीक यवन बल को रोकने में असमर्थ होंगे। अकेले पर्वतेश्वर ने साहस किया है, इसलिए मगध को पर्वतेश्वर की सहायता करनी चाहिए।

कल्याणी : *(प्रवेश करके)*—पिता जी, मैं पर्वतेश्वर के गर्व की परीक्षा लूँगी। मैं वृषल-कन्या हूँ। उस क्षत्रिय को यह सिखा दूँगी कि राजकन्या कल्याणी किसी क्षत्राणी से कम नहीं। सेनापति को आज्ञा दीजिए कि आसन्न गान्धार-युद्ध में मगध की एक सेना अवश्य जाए और मैं स्वयं उसका संचालन करूँगी। पराजित पर्वतेश्वर को सहायता देकर उसे नीचा दिखाऊँगी।

[नन्द हँसता है]

राक्षस : राजकुमारी, राजनीति महलों में नहीं रहती, इसे हम लोगों के लिए छोड़ देना चाहिए। उद्धत पर्वतेश्वर अपने गर्व का फल भोगे, और ब्राह्मण चाणक्य! परीक्षा देकर ही

कोई साम्राज्य-नीति समझ लेने का अधिकारी नहीं हो जाता।

चाणक्य : सच है बौद्ध अमात्य; परन्तु यवन आक्रमणकारी बौद्ध और ब्राह्मण का भेद न रखेंगे।

नन्द : वाचाल ब्राह्मण! तुम अभी चले जाओ, नहीं तो प्रतिहारी तुम्हें धक्के देकर निकाल देंगे।

चाणक्य : राजाधिराज! मैं जानता हूँ कि प्रमाद में मनुष्य कठोर सत्य का भी अनुभव नहीं करता, इसीलिए मैंने प्रार्थना नहीं की—अपने अपहृत ब्राह्मस्व के लिए मैंने भिक्षा नहीं माँगी! क्यों? जानता था कि वह मुझे ब्राह्मण होने के कारण न मिलेगी! परन्तु जब राष्ट्र के लिए...

राक्षस : चुप रहो। तुम चणक के पुत्र हो न, तुम्हारे पिता भी ऐसे ही हठी थे!

नन्द : क्या उसी विद्रोही ब्राह्मण की सन्तान? निकालो इसे अभी यहाँ से!

(प्रतिहारी आगे बढ़ता है; चन्द्रगुप्त सामने आकर रोकता है)

चन्द्रगुप्त : सम्राट, मैं प्रार्थना करता हूँ कि गुरुदेव का अपमान न किया जाए। मैं भी उत्तरापथ से आ रहा हूँ। आर्य चाणक्य ने जो कुछ कहा है, वह साम्राज्य के हित की बात है। उस पर विचार किया जाए।

नन्द : कौन? सेनापति मौर्य का कुमार चन्द्रगुप्त!

चन्द्रगुप्त : हाँ देव, मैं युद्ध-नीति सीखने के लिए ही तक्षशिला भेजा गया था। मैंने अपनी आँखों गान्धार का उपप्लव देखा है, मुझे गुरुदेव के मत में पूर्ण विश्वास है। यह आगन्तुक आपत्ति पंचनद-प्रदेश तक ही न रह जाएगी।

नन्द : अबोध युवक, तो क्या इसीलिए अपमानित होने पर भी मैं पर्वतेश्वर की सहायता करूँ? असम्भव है। तुम राजाज्ञाओं में बाधा न देकर शिष्टता सीखो। प्रतिहारी, निकालो इस ब्राह्मण को! यह बड़ा ही कुचक्री मालूम पड़ता है!

चन्द्रगुप्त : राजाधिराज, ऐसा करके आप एक भारी अन्याय करेंगे और मगध के शुभचिन्तकों को शत्रु बनाएँगे।

कल्याणी : पिता जी, चन्द्रगुप्त पर ही दया कीजिए! एक बात उसकी भी मान लीजिए।

नन्द : चुप रहो, ऐसे उद्दंड को मैं कभी नहीं क्षमा करता; और सुनो चन्द्रगुप्त, तुम भी यदि इच्छा हो तो इसी ब्राह्मण के साथ जा सकते हो, अब कभी; मगध में मुँह न दिखाना।

(प्रतिहारी दोनों को निकालना चाहता है, चाणक्य रुककर कहता है)

चाणक्य : सावधान नन्द! तुम्हारी धर्मान्धता से प्रेरित राजनीति आँधी की तरह चलेगी, उसमें नन्द-वंश समूल उखड़ेगा। नियति-सुन्दरी के भावों में बल पड़ने लगा है। समय आ गया है कि शूद्र राजसिंहासन से हटाए जाएँ और सच्चे क्षत्रिय मूर्धाभिषिक्त हों।

नन्द : यह समझकर कि ब्राह्मण अवध्य है, तू मुझे भय दिखलाता है! प्रतिहारी, इसकी शिखा पकड़कर इसे बाहर करो।

(प्रतिहारी उसकी शिखा पकड़कर घसीटता है, वह निःशंक और दृढ़ता से कहता है)

चाणक्य : खींच ले ब्राह्मण की शिखा! शूद्र के अन्न से पले हुए कुत्ते! खींच ले! परन्तु यह शिखा नन्दकुल की काल-सर्पिणी है, वह तब तक न बन्धन में होगी, जब तक नन्द-कुल निःशेष न होगा।

नन्द : इसे बन्दी करो।

[चाणक्य बन्दी किया जाता है]

षष्ठम् दृश्य

[सिन्धु-तट—अलका और मालविका]

मालविका : राजकुमारी! मैं देख आई, उद्भांड में सिन्धु पर सेतु बन रहा है। युवराज स्वयं उसका निरीक्षण करते हैं और मैंने उक्त सेतु का एक मानचित्र भी प्रस्तुत किया था। यह कुछ अधूरा-सा रह गया है; पर इसके देखने से कुछ आभास मिल जाएगा।

अलका : सखी! बड़ा दुःख होता है, जब मैं यह स्मरण करती हूँ कि स्वयं महाराज का इसमें हाथ है। देखूँ तेरा मानचित्र!

(मालविका मानचित्र देती है, अलका उसे देखती है; एक

यवन-सैनिक का प्रवेश—वह मानचित्र अलका से लेना चाहता है)

अलका : दूर हो दुर्विनीत दस्यु!—*(मानचित्र अपने कंचुक में छिपा लेती है)*

यवन : यह गुप्तचर है, मैं इसे पहचानता हूँ। परन्तु सुन्दरी! तुम कौन हो, जो इसकी सहायता कर रही हो, अच्छा हो कि मुझे मानचित्र मिल जाए, और मैं इसे सप्रमाण बन्दी बनाकर महाराज के सामने ले जाऊँ।

अलका : यह असम्भव है। पहले तुम्हें बताना होगा कि तुम यहाँ किस अधिकार से यह अत्याचार किया चाहते हो?

यवन : मैं? मैं देवपुत्र विजेता अलक्षेन्द्र का नियुक्त अनुचर हूँ और तक्षशिला की मित्रता का साक्षी हूँ। यह अधिकार मुझे गान्धार-नरेश ने दिया है।

अलका : आह! यवन, गान्धार-नरेश ने तुम्हें यह अधिकार कभी नहीं दिया होगा कि तुम आर्य-ललनाओं के साथ धृष्टता का व्यवहार करो।

यवन : करना ही पड़ेगा, मुझे मानचित्र लेना ही होगा।

अलका : कदापि नहीं।

यवन : क्या वह वही मानचित्र नहीं है, जिसे इस स्त्री ने उद्भांड में बनाना चाहा था?

अलका : परन्तु यह तुम्हें नहीं मिल सकता। यदि तुम सीधे यहाँ से न टलोगे तो शान्ति-रक्षकों को बुलाऊँगी।

यवन : तब तो मेरा उपकार होगा, क्योंकि इस अँगूठी को देखकर वे मेरी ही सहायता करेंगे।—*(अँगूठी दिखाता है।)*

अलका : *(देखकर सिर पकड़ लेती है)*—ओह!

यवन : *(हँसता हुआ)*--अब ठीक पथ पर आ गई होगी बुद्धि। लाओ, मानचित्र मुझे दे दो।

[अलका निस्सहाय इधर-उधर देखती है; सिंहरण का प्रवेश।]

सिंहरण : *(चौंककर)*—हैं... कौन... राजकुमारी! और यह यवन!

अलका : महावीर! स्त्री की मर्यादा को न समझनेवाले इस यवन को तुम समझा दो कि यह चला जाए।

सिंहरण : यवन, क्या तुम्हारे देश की सभ्यता तुम्हें स्त्रियों का सम्मान करना नहीं सिखाती? क्या सचमुच तुम बर्बर हो?

यवन : मेरी उस सभ्यता ही ने मुझे रोक लिया है, नहीं तो मेरा यह कर्तव्य था कि मैं उस मानचित्र को किसी भी पुरुष के हाथ में होने से उसे जैसे बनता, ले ही लेता।

सिंहरण : तुम बड़े प्रगल्भ हो यवन! क्या तुम्हें भय नहीं कि तुम एक दूसरे राज्य में ऐसा आचरण करके अपनी मृत्यु बुला रहे हो?

यवन : उसे आमन्त्रण देने के लिए ही उतनी दूर से आया हूँ।

सिंहरण : राजकुमारी! यह मानचित्र मुझे देकर आप निरापद हो जाएँ, फिर मैं देख लूँगा।

अलका : *(मानचित्र देती हुई)* तुम्हारे ही लिए तो यह मँगाया गया था।

सिंहरण : *(उसे रखते हुए)*—ठीक है, मैं रुका भी इसीलिए था। *(यवन से)* हाँ जी कहो, अब तुम्हारी क्या इच्छा है?

यवन : *(खड्ग निकालकर)* मानचित्र हमें दे दो या प्राण देना होगा।

सिंहरण : उसके अधिकारी का निर्वाचन खड्ग करेगा। तो फिर सावधान हो जाओ। *(तलवार खींचता है)*

[यवन के साथ युद्ध—सिंहरण घायल होता है, परन्तु यवन को उसके भीषण प्रत्याक्रमण से भय होता है, वह भाग निकलता है।]

अलका : वीर! यद्यपि तुम्हें विश्राम की आवश्यकता है, परन्तु अवस्था बड़ी भयानक है। वह जाकर कुछ उत्पाद मचावेगा। पिता जी पूर्णरूप से यवनों के हाथ में आत्म-समर्पण कर चुके हैं।

सिंहरण : *(हँसता और रक्त पोंछता हुआ)* मेरा काम हो गया राजकुमारी! मेरी नौका प्रस्तुत है, मैं जाता हूँ। परन्तु बड़ा अनर्थ हुआ चाहता है। क्या गान्धार-नरेश किसी तरह न मानेंगे?

अलका : कदापि नहीं। पर्वतेश्वर से उनका बद्धमूल बैर है।

सिंहरण : अच्छा, देखा जाएगा, जो कुछ होगा। देखिए, मेरी नौका आ रही है, अब विदा माँगता हूँ।

(सिन्धु में नौका आती है, घायल सिंहरण उस पर बैठता है, सिंहरण और अलका दोनों एक-दूसरे को देखते हैं।)

अलका : मालविका भी तुम्हारे साथ जाएगी—तुम जाने योग्य इस समय नहीं हो।

सिंहरण : जैसी आज्ञा। बहुत शीघ्र फिर दर्शन करूँगा। जन्मभूमि के लिए ही यह जीवन है, फिर जब आप-सी सुकुमारियाँ इसकी सेवा में कटिबद्ध हैं, तब मैं पीछे कब रहूँगा। अच्छा, नमस्कार।

(मालविका नाव में बैठती है। अलका सतृष्ण नयनों से देखती हुई नमस्कार करती है। नाव चली जाती है।)

[चार सैनिकों के साथ यवन का प्रवेश]

यवन : निकल गया—मेरा अहेर! यह सब प्रपंच इसी रमणी का है। इसको बन्दी बनाओ।

[सैनिक अलका को देखकर सिर झुकाते हैं]

यवन : बन्दी करो सैनिक!

सैनिक : मैं नहीं कर सकता।

यवन : क्यों, गान्धार-नरेश ने तुम्हें क्या आज्ञा दी है?

सैनिक : यही कि आप जिसे कहें, उसे हम लोग बन्दी करके महाराज के पास ले चलें।

यवन : फिर विलम्ब क्यों?

[अलका संकेत से वर्जित करती है]

सैनिक : हम लोगों की इच्छा।

यवन : तुम राजद्रोही हो।

सैनिक : कदापि नहीं, पर यह काम हम लोगों से न हो सकेगा।

यवन : सावधान! तुमको इस आज्ञा-भंग का फल भोगना पड़ेगा। मैं स्वयं बन्दी बनाता हूँ।

[अलका की ओर बढ़ता है, सैनिक तलवार खींच लेते हैं।]

यवन : *(ठहरकर)*—यह क्या?

सैनिक : डरते हो क्या? कायर! स्त्रियों पर वीरता दिखाने में बड़े प्रबल हो और एक युवक के सामने भाग निकले!

यवन : तो क्या, तुम राजकीय आज्ञा का न स्वयं पालन करोगे और न करने दोगे!

सैनिक : यदि साहस हो मरने का तो आगे बढ़ो।

अलका : *(सैनिकों से)*—ठहरो। विवाद करने का समय नहीं है।

(यवन से) कहो, तुम्हारा अभिप्राय क्या है?

यवन : मैं तुम्हें बन्दी बनाना चाहता हूँ।

अलका : कहाँ ले चलोगे?

यवन : गान्धार-नरेश के पास।

अलका : मैं चलती हूँ, चलो।

[आगे अलका, पीछे यवन और सैनिक जाते हैं।]

सप्तम् दृश्य

[मगध का बन्दीगृह]

चाणक्य : समीर की गति भी अवरुद्ध है, शरीर का फिर क्या कहना! परन्तु मन में इतने संकल्प और विकल्प? एक बार निकलने पाता तो दिखा देता कि इन दुर्बल हाथों में साम्राज्य उलटने की शक्ति है और ब्राह्मण के कोमल हृदय में कर्तव्य के लिए प्रलय की आँधी चला देने की भी कठोरता है। जकड़ी हुई लौह-शृंखले! एक बार तू फलों की माला बन जा और मैं मदोन्मत्त विलासी के समान तेरी सुन्दरता को भंग कर दूँ! क्या रोने लगूँ? इस निष्ठुर यन्त्रणा की कठोरता से बिलबिलाकर दया की भिक्षा माँगूँ? माँगूँ कि मुझे भोजन के लिए एक मुट्ठी चने जो देते हो, न दो, एक बार स्वतन्त्र कर दो। नहीं, चाणक्य! ऐसा न करना। नहीं तो तू भी साधारण-सी ठोकर खाकर चूर-चूर हो जानेवाली एक बामी हो जाएगा। तब मैं आज से प्रण करता हूँ कि दया किसी से न माँगूँगा और अधिकार तथा अवसर मिलने पर किसी पर न करूँगा *(ऊपर देखकर)*—क्या कभी नहीं? हाँ, हाँ कभी किसी पर नहीं। मैं प्रलय के समान अबाध गति और कर्तव्य में इन्द्र के वज्र के समान भयानक बनूँगा।

[किवाड़ खुलता है, वररुचि और राक्षस का प्रवेश।]

राक्षस : स्नातक! अच्छे तो हो?

चाणक्य : बुरे कब थे बौद्ध अमात्य!

राक्षस : आज हम लोग एक काम से आए हैं। आशा है कि तुम अपनी हठवादिता से मेरा और अपना दोनों का अपकार न करोगे।

वररुचि : हाँ चाणक्य! अमात्य का कहना मान लो।

चाणक्य : भिक्षोपजीवी ब्राह्मण! क्या बौद्धों का संग करते-करते तुम्हें अपनी गरिमा का सम्पूर्ण विस्मरण हो गया? चाटुकारों के समान हाँ-में-हाँ मिलाकर, जीवन की कठिनाइयों से बचकर, मुझे भी कुत्ते का पाठ पढ़ाना चाहते हो! भूलो मत, यदि राक्षस देवता हो जाए तो उसका विरोध करने के लिए मुझे ब्राह्मण से दैत्य बनना पड़ेगा।

वररुचि : ब्राह्मण हो भाई! त्याग और क्षमा के प्रमाण—तपोनिधि ब्राह्मण हो। इतना—

चाणक्य : त्याग और क्षमा, तप और विद्या, तेज और सम्मान के लिए है—लोहे और सोने के सामने सिर झुकाने के लिए हम लोग ब्राह्मण नहीं बने हैं। हमारी दी हुई विभूति से हमीं को अपमानित किया जाए, ऐसा नहीं हो सकता। कात्यायन! अब केवल पाणिनि से काम न चलेगा। अर्थशास्त्र और दंड-नीति की आवश्यकता है।

वररुचि : मैं वार्तिक लिख रहा हूँ चाणक्य! उसी के लिए तुम्हें सहकारी बनाना चाहता हूँ। तुम इस बन्दीगृह से निकलो।

चाणक्य : मैं लेखक नहीं हूँ कात्यायन! शास्त्र-प्रणेता हूँ, व्यवस्थापक हूँ।

राक्षस : अच्छा, मैं आज्ञा देता हूँ कि तुम विवाद न बढ़ाकर स्पष्ट उत्तर दो। तुम तक्षशिला में मगध के गुप्त प्रणिधि बनकर जाना चाहते हो या मृत्यु चाहते हो? तुम्हीं पर विश्वास करके क्यों भेजना चाहता हूँ, यह तुम्हारी स्वीकृत मिलने पर बताऊँगा।

चाणक्य : जाना तो चाहता हूँ तक्षशिला, पर तुम्हारी सेवा के लिए नहीं। और सुनो, पर्वतेश्वर का नाश करने के लिए तो कदापि नहीं।

राक्षस : यथेष्ट है, अधिक कहने की आवश्यकता नहीं।

वररुचि : विष्णुगुप्त! मेरा वार्तिक अधूरा रह जाएगा। मान जाओ। तुमको पाणिनि के कुछ प्रयोगों का पता भी लगाना होगा

जो उस शालातुरीय वैयाकरण ने लिखे हैं। फिर से एक बार तक्षशिला जाने पर ही उनका...

चाणक्य : मेरे पास पाणिनि में सिर खपाने का समय नहीं। भाषा ठीक करने से पहले मैं मनुष्यों को ठीक करना चाहता हूँ, समझे!

वररुचि : जिसने 'श्वयुवमघोनामतद्धते' सूत्र लिखा है, वह केवल वैयाकरण ही नहीं, दार्शनिक भी था। उसकी अवहेलना!

चाणक्य : यह मेरी समझ में नहीं आता, मैं कुत्ता, साधारण युवक और इन्द्र को कभी एकसूत्र में नहीं बाँध सकता। कुत्ता, कुत्ता ही रहेगा; इन्द्र, इन्द्र! सुनो वररुचि! मैं कुत्ते को कुत्ता ही बनाना चाहता हूँ। नीचों के हाथ में इन्द्र का अधिकार चले जाने से जो सुख होता है, उसे मैं भोग रहा हूँ। तुम जाओ।

वररुचि : क्या मुक्ति भी नहीं चाहते?

चाणक्य : तुम लोगों के हाथ से वह भी नहीं।

राक्षस : अच्छा तो फिर तुम्हें अन्धकूप में जाना होगा।

(चन्द्रगुप्त का रक्तपूर्ण खड्ग लिए सहसा प्रवेश—चाणक्य का बन्धन काटता है, राक्षस प्रहरियों को बुलाना चाहता है।)

चन्द्रगुप्त : चुप रहो! अमात्य! शवों में बोलने की शक्ति नहीं, तुम्हारे प्रहरी जीवित नहीं रहे।

चाणक्य : मेरे शिष्य! वत्स चन्द्रगुप्त!

चन्द्रगुप्त : चलिए गुरुदेव!—*(खड्ग उठाकर राक्षस से)*—यदि तुमने कुछ भी कोलाहल किया तो... *(राक्षस बैठ जाता है; वररुचि गिर पड़ता है। चन्द्रगुप्त चाणक्य को लिए निकलता हुआ किवाड़ बन्द कर देता है।)*

अष्टम् दृश्य

[गान्धार-नरेश का प्रकोष्ठ]

[चिन्तायुक्त प्रवेश करते हुए राजा]

राजा : बूढ़ा हो चला, परन्तु मन बूढ़ा न हुआ। बहुत दिनों तक तृष्णा को तृप्त करता रहा, पर तृप्त नहीं होती। आम्भीक तो अभी युवक है, उसके मन में महत्त्वाकांक्षा का होना

अनिवार्य है। उसका पथ कुटिल है, गन्धर्व-नगर की-सी सफलता उसे अपने पीछे दौड़ा रही है। *(विचार कर)* हाँ, ठीक तो नहीं है; पर उन्नति के शिखर पर नाक के सीधे चढ़ाने में बड़ी कठिनता है। *(ठहरकर)* रोक दूँ! अब से भी अच्छा है, जब वे घुस आवेंगे तब तो गान्धार को भी वही कष्ट भोगना पड़ेगा, जो हम दूसरों को देना चाहते हैं।

[अलका के साथ यवन और रक्षकों का प्रवेश]

राजा : बेटी! अलका!

अलका : हाँ महाराज, अलका!

राजा : नहीं, कहो—हाँ पिता जी। अलका, कब तक तुम्हें सिखाता रहूँ!

अलका : नहीं महाराज!

राजा : फिर महाराज! पागल लड़की। कह—पिता जी।

अलका : वह कैसे महाराज! न्यायाधिकरण पिता-सम्बोधन से पक्षपाती हो जाएगा।

राजा : यह क्या?

यवन : महाराज! मुझे नहीं मालूम कि यह राजकुमारी हैं। अन्यथा, मैं इन्हें बन्दी न बनाता।

राजा : सिल्यूकस! तुम्हारा मुख कन्धे पर से बोल रहा है। यवन! यह मेरी राजकुमारी अलका है। आ बेटी—*(उसकी ओर हाथ बढ़ाता है। वह अलग हट जाती है)*

अलका : नहीं महाराज! पहले न्याय कीजिए।

यवन : उद्भांड पर बँधनेवाले पुल का मानचित्र इन्होंने एक स्त्री से बनवाया है, और जब मैं उसे माँगने लगा, तो एक युवक को देकर इन्होंने उसे हटा दिया। मैंने यह समाचार आप तक निवेदन किया और आज्ञा मिली कि वे बन्दी किए जाएँ, परन्तु वह युवक निकल गया।

राजा : क्यों बेटी! मानचित्र देखने की इच्छा हुई थी? *(सिल्यूकस से)* तो क्या चिन्ता है, जाने दो। मानचित्र तुम्हारा पुल बँधना रोक नहीं सकता।

अलका : नहीं महाराज? मानचित्र एक विशेष कार्य से बनवाया गया है—वह गान्धार की लगी हुई कालिख छुड़ाने के लिए...।

राजा : सो तो मैं जानता हूँ बेटी! तुम क्या कोई नासमझ हो!

[वेग से आम्भीक का प्रवेश]

आम्भीक : नहीं पिता जी, आपके राज्य में एक भयानक षड्यन्त्र चल रहा है और तक्षशिला का गुरुकुल उसका केन्द्र है। अलका उस रहस्यपूर्ण कुचक्र की कुंजी है।

राजा : क्यों अलका! यह बात सही है?

अलका : सत्य है। महाराज! जिस उन्नति की आशा में आम्भीक ने यह नीच कर्म किया है, उसका पहला फल यह है कि आज मैं बन्दिनी हूँ, सम्भव है कल आप होंगे और परसों गान्धार की जनता बेगार करेगी। उनका मुखिया होगा आपका वंश- उज्ज्वलकारी आम्भीक!

यवन : सन्धि के अनुसार देवपुत्र का साम्राज्य और गान्धार मित्र-राज्य हैं, व्यर्थ की बात है।

आम्भीक : सिल्यूकस! तुम विश्राम करो। हम इसको समझकर तुमसे मिलते हैं।

[यवन का प्रस्थान, रक्षकों का दूसरी ओर जाना]

राजा : परन्तु आम्भीक! राजकुमारी बन्दिनी बनाई जाए, वह भी मेरे ही सामने! उसके लिए एक यवन दंड की व्यवस्था करे, यही तो तुम्हारे उद्योगों का फल है!

अलका : महाराज! मुझे दंड दीजिए, कारागार में भेजिए, नहीं तो मैं मुक्त होने पर भी यही करूँगी। कुलपुत्रों के रक्त से आर्यावर्त्त की भूमि सिंचेगी! दानवी बनकर जननी जन्म-भूमि अपनी सन्तान को खाएगी। महाराज! आर्यावर्त्त के सब बच्चे आम्भीक-जैसे नहीं होंगे। वे इसकी मान-प्रतिष्ठा और रक्षा के लिए तिल-तिल कट जाएँगे। स्मरण रहे, यवनों की विजयवाहिनी के आक्रमण को प्रत्यावर्तन बनाने वाले यही भारत-सन्तान होंगे। तब बचे हुए क्षतांग वीर, गान्धार को—भारत के द्वार रक्षक को—विश्वासघाती के नाम से पुकारेंगे और उसमें नाम लिया जाएगा मेरे पिता का! आह! उसे सुनने के लिए मुझे जीवित न छोड़िए दंड दीजिए—मृत्युदंड!

आम्भीक : इसे उन सबों ने खूब बहकाया है। राजनीति के खेल यह क्या जाने? पिता जी, पर्वतेश्वर उद्दंड पर्वतेश्वर ने जो

मेरा अपमान किया है, उसका प्रतिशोध!

राजा : हाँ बेटी! उसने स्पष्ट कह दिया है कि, कायर आम्भीक से अपने लोक विश्रुत कुल की कुमारी का ब्याह न करूँगा। और भी, उसने वितस्ता के इस पार अपनी एक चौकी बना दी है, जो प्राचीन सन्धियों के विरुद्ध है।

अलका : तब महाराज। उस प्रतिष्ठा की रक्षा के लिए जो लड़कर मर नहीं गया वह कायर नहीं तो और क्या है।

आम्भीक : चुप रहो अलका!

राजा : तुम दोनों ही ठीक बातें कर रहे हो, फिर मैं क्या करूँ?

अलका : तो महाराज! मुझे दंड दीजिए, क्योंकि राज्य का उत्तराधिकारी आम्भीक ही उसके शुभाशुभ की कसौटी है; मैं भ्रम में हूँ।

राजा : मैं यह कैसे कहूँ?

अलका : तब मुझे आज्ञा दीजिए, मैं राज-मन्दिर छोड़कर चली जाऊँ।

राजा : कहाँ जाओगी और क्या करोगी अलका?

अलका : गान्धार में विद्रोह मचाऊँगी।

राजा : नहीं अलका, तुम ऐसा नहीं करोगी।

अलका : करूँगी महाराज, अवश्य करूँगी।

राजा : फिर मैं पागल हो जाऊँगा! मुझे तो विश्वास नहीं होता।

आम्भीक : और तब अलका, मैं अपने हाथों से तुम्हारी हत्या करूँगा।

राजा : नहीं आम्भीक! तुम चुप रहो। सावधान! अलका के शरीर पर जो हाथ उठाना चाहता है, उसे मैं द्वन्द्व-युद्ध के लिए ललकारता हूँ।

[आम्भीक सिर नीचे कर लेता है]

अलका : तो मैं जाती हूँ पिता जी।

राजा : *(अन्यमनस्क भाव से सोचता हुआ)*—जाओ।

[अलका चली जाती है]

राजा : आम्भीक।

आम्भीक : पिता जी।

राजा : लौट आओ।

आम्भीक : इस अवस्था में तो लौट आता, परन्तु वे यवन-सैनिक

छाती पर खड़े हैं। पुल बँध चुका है। नहीं तो पहले गान्धार का ही नाश होगा।

राजा : तब?—*(निःश्वास लेकर)*—जो होना हो, सो हो। पर एक बात आम्भीक! आज से मुझसे कुछ न कहना। जो उचित समझो, करो। मैं अलका को खोजने जाता हूँ। गान्धार जाने और तुम जानो!

[वेग से प्रस्थान]

नवम् दृश्य

[पर्वतेश्वर की राज-सभा]

पर्वतेश्वर : आर्य चाणक्य! आपकी बातें ठीक-ठीक नहीं समझ में आतीं।

चाणक्य : कैसे आवेंगी, मेरे पास केवल बात ही है न, अभी कुछ कर दिखाने में असमर्थ हूँ।

पर्वतेश्वर : परन्तु इस समय मुझे यवनों से युद्ध करना है, मैं अपना एक भी सैनिक मगध नहीं भेज सकता।

चाणक्य : निरुपाय हूँ। लौट जाऊँगा। नहीं तो मगध की लक्षाधिक सेना आगामी यवन-युद्ध में पौरव पर्वतेश्वर की पताका के नीचे युद्ध करती। वही मगध, जिसने सहायता माँगने पर पंचनद का तिरस्कार किया था।

पर्वतेश्वर : हाँ, तो इस मगध-विद्रोह का केन्द्र कौन होगा? नन्द के विरुद्ध कौन खड़ा होता है?

चाणक्य : मौर्य-सेनानी का पुत्र चन्द्रगुप्त—जो मेरे साथ यहाँ आया है।

पर्वतेश्वर : पिप्पली-कानन के मौर्य भी तो वैसे ही वृषल हैं; उनको राज्य सिंहासन दीजिएगा?

चाणक्य : आर्य-क्रियाओं का लोप हो जाने से इन लोगों को वृषलत्व मिला, वस्तुतः ये क्षत्रिय हैं। बौद्धों के प्रभाव में आने से इनके श्रौत-संस्कार छूट गए हैं अवश्य, परन्तु इनके क्षत्रिय होने में कोई सन्देह नहीं है। और, महाराज! धर्म के नियाम ब्राह्मण हैं, मुझे पात्र देखकर, उसका संस्कार

करने का अधिकार है। ब्राह्मणत्व एक सार्वभौम शाश्वत बुद्धि-वैभव है। वह अपनी रक्षा के लिए, पुष्टि के लिए और सेवा के लिए इतर वर्णों का संघटन कर लेगा। राजन्य संस्कृति से पूर्ण मनुष्य को मूर्धाभिषिक्त बनाने में दोष ही क्या है!

पर्वतेश्वर : *(हँसकर)*—यह आपका सुविचार नहीं है ब्रह्मन!

चाणक्य : वशिष्ठ का ब्राह्मणत्व जब पीड़ित हुआ था, तब पल्लव, दरद, काम्बोज आदि क्षत्रिय बने थे। राजन्, यह कोई बड़ी बात नहीं है।

पर्वतेश्वर : वह समर्थ ऋषियों की बात है।

चाणक्य : भविष्य इसका विचार करता है कि ऋषि किन्हें कहते हैं। क्षत्रियाभिमानी पौरव! तुम इसके निर्णायक नहीं हो सकते।

पर्वतेश्वर : शूद्र-शासित राष्ट्र में रहनेवाले ब्राह्मण के मुख से यह बात शोभा नहीं देती।

चाणक्य : तभी तो ब्राह्मण मगध को क्षत्रिय-शासन में ले आना चाहता है। पौरव! जिसके लिए कहा गया है, कि क्षत्रिय के शस्त्र धारण करने पर आर्तवाणी नहीं सुनाई पड़नी चाहिए, मौर्य चन्द्रगुप्त वैसा ही क्षत्रिय प्रमाणित होगा।

पर्वतेश्वर : कल्पना है।

चाणक्य : प्रत्यक्ष होगा। और स्मरण रखना, आसन्न यवन-युद्ध में, शौर्य-गर्व से तुम पराभूत होगे। यवनों के द्वारा समग्र आर्यावर्त्त पादाक्रान्त होगा। उस समय तुम मुझे स्मरण करोगे।

पर्वतेश्वर : केवल अभिशाप-अस्त्र लेकर ही तो ब्राह्मण लड़ते हैं। मैं इससे नहीं डरता। परन्तु डरने वाले ब्राह्मण! तुम मेरी सीमा के बाहर हो जाओ!

चाणक्य : *(ऊपर देखकर)*—रे पददलित ब्राह्मणत्व! देख, शूद्र ने निगड़-बद्ध किया, क्षत्रिय निर्वासित करता है, तब जल—एक बार अपनी ज्वाला से जल! उसकी चिनगारी से तेरे पोषक वैश्य, सेवक शूद्र और रक्षक क्षत्रिय उत्पन्न हों। जाता हूँ पौरव!

[प्रस्थान]

दशम दृश्य

[कानन-पथ में अलका]

अलका : चली जा रही हूँ। अनन्त पथ है, कहीं पान्थशाला नहीं और न तो पहुँचने का निर्दिष्ट स्थान है। शैल पर से गिरा दी गई स्रोतस्विनी के सदृश अविराम भ्रमण, ठोकरें और तिरस्कार। कानन में कहाँ चली जा रही हूँ? *(सामने देखकर)*—अरे! यवन!!

[शिकारी के वेश में सिल्यूकस का प्रवेश]

सिल्यूकस : तुम कहाँ सुन्दरी राजकुमारी!

अलका : मेरा देश है, मेरे पहाड़ हैं, मेरी नदियाँ हैं और मेरे जंगल हैं। इस भूमि के एक-एक परमाणु मेरे हैं और मेरे शरीर के एक-एक क्षुद्र अंश उन्हीं परमाणुओं के बने हैं! फिर मैं और कहाँ जाऊँगी यवन!

सिल्यूकस : यहाँ तो तुम अकेली हो सुन्दरी!

अलका : सो तो ठीक है। *(दूसरी ओर देखकर सहसा)*—परन्तु देखो वह सिंह आ रहा है!

(सिल्यूकस उधर देखता है, अलका दूसरी ओर निकल जाती है।)

सिल्यूकस : निकल गई! *(दूसरी ओर जाता है)*

[चाणक्य और चन्द्रगुप्त का प्रवेश]

चाणक्य : वत्स, तुम बहुत थक गए होगे।

चन्द्रगुप्त : आर्य! नसों ने अपने बन्धन ढीले कर दिए हैं, शरीर अवसन्न हो रहा है, प्यास भी लगी है।

चाणक्य : और कुछ दूर न चल सकोगे?

चन्द्रगुप्त : जैसी आज्ञा हो।

चाणक्य : पास ही सिन्धु लहराता होगा, उसके तट पर ही विश्राम करना ठीक होगा।

[चन्द्रगुप्त चलने के लिए पैर बढ़ाता है फिर बैठ जाता है]

चाणक्य : *(उसे पकड़कर)* सावधान, चन्द्रगुप्त?

चन्द्रगुप्त : आर्य! प्यास से कंठ सूख रहा है। चक्कर आ रहा है!

चाणक्य : तुम विश्राम करो, मैं अभी जल लेकर आता हूँ।

[प्रस्थान]

[चन्द्रगुप्त पसीने से तर लेट जाता है। एक व्याघ्र समीप आता दिखाई पड़ता है। सिल्यूकस प्रवेश करके धनुष सँभालकर तीर चलाता है। व्याघ्र मरता है। सिल्यूकस की चन्द्रगुप्त को चैतन्य करने की चेष्टा। चाणक्य का जल लिए आना।]

सिल्यूकस : थोड़ा जल, इस सत्त्वपूर्ण पथिक की रक्षा करने के लिए थोड़ा जल चाहिए।

चाणक्य : *(जल के छींटे देकर)*—आप कौन हैं?

[चन्द्रगुप्त स्वस्थ होता है]

सिल्यूकस : यवन सेनापति! तुम कौन हो!

चाणक्य : एक ब्राह्मण।

सिल्यूकस : यह तो कोई बड़ा श्रीमान् पुरुष है। ब्राह्मण! तुम इसके साथी हो?

चाणक्य : हाँ, मैं इस राजकुमार का गुरु हूँ, शिक्षक हूँ।

सिल्यूकस : कहाँ निवास है?

चाणक्य : यह चन्द्रगुप्त मगध का निर्वासित राजकुमार है।

सिल्यूकस : *(कुछ विचारकर)*—अच्छा, अभी तो मेरे शिविर में चलो, विश्राम करके फिर कहीं जाना।

चन्द्रगुप्त : यह सिंह कैसे मरा? ओह, प्यास से मैं हतचेत हो गया था—आपने मेरे प्राणों की रक्षा की, मैं कृतज्ञ हूँ। आज्ञा दीजिए, हम लोग फिर उपस्थित होंगे, निश्चय जानिए।

सिल्यूकस : जब तुम अचेत पड़े थे तब यह तुम्हारे पास बैठा था। मैंने विपद समझकर इसे मार डाला। मैं यवन सेनापति हूँ।

चन्द्रगुप्त : धन्यवाद! भारतीय कृतघ्न नहीं होते। सेनापति! मैं अपका अनुगृहीत हूँ, अवश्य आपके पास आऊँगा।

[तीनों जाते हैं, अलका का प्रवेश]

अलका : आर्य चाणक्य और चन्द्रगुप्त—ये भी यवनों के साथी! जब आँधी और करका-वृष्टि, अवर्षण और दावाग्नि का प्रकोप हो, तब देश की हरी-भरी खेती का रक्षक कौन है? शून्य व्योम प्रश्न को बिना उत्तर दिए लौटा देता है। ऐसे लोग भी आक्रमणकारियों के चंगुल में फँस रहे हों, तब रक्षा की क्या आशा! झेलम के पार सेना उतरना

चाहती है। उन्मत्त पर्वतेश्वर अपने विचारों में मग्न है। गान्धार छोड़कर चलूँ, नहीं, एक बार महात्मा दांड्यायन को नमस्कार कर लूँ, उस शान्ति-सन्देश से कुछ प्रसाद लेकर तब अन्यत्र जाऊँगी।

[जाती है]

एकादशम् दृश्य

[सिन्धु तट पर दांड्यायन का आश्रम]

दांड्यायन : पवन एक क्षण विश्राम नहीं लेता, सिन्धु की जलधारा बही जा रही है, बादलों के नीचे पक्षियों का झुंड उड़ा जा रहा है, प्रत्येक परमाणु न जाने किस आकर्षण में खिंचे चले जा रहे हैं। जैसे काल अनेक रूप में चल रहा है—यही तो...

[एनिसाक्रीटीज़ का प्रवेश]

एनिसाक्रीटीज़ : महात्मन!

दांड्यायन : चुप रहो, सब चले जा रहे हैं, तुम भी चले जाओ। अवकाश, नहीं, अवसर नहीं।

एनिसाक्रीटीज़ : आप से कुछ...

दांड्यायन : मुझसे कुछ मत कहो। कहो तो अपने आप ही कहो, जिसे आवश्यकता होगी सुन लेगा। देखते हो, कोई किसी की सुनता है? मैं कहता हूँ—सिन्धु के एक बिन्दु! धारा में न बहकर मेरी एक बात सुनने के लिए ठहर जा—वह सुनता है? ठहरता है? कदापि नहीं।

एनिसाक्रीटीज़ : परन्तु देवपुत्र ने...

दांड्यायन : देवपुत्र?

एनिसाक्रीटीज़ : देवपुत्र जगद्विजेता सिकन्दर ने आपका स्मरण किया है। आपका यश सुनकर आपसे कुछ उपदेश ग्रहण करने की उनकी बलवती इच्छा है।

दांड्यायन : *(हँसकर)*—भूमा का सुख और उसकी महत्ता का जिसका आभासमात्र हो जाता है, उसको यह नश्वर चमकीले प्रदर्शन नहीं अभिभूत कर सकते, दूत! वह

किसी बलवान की इच्छा का क्रीड़ा-कन्दुक नहीं बन सकता। तुम्हारा राजा अभी झेलम भी नहीं पार कर सका, फिर भी जगद्विजेता की उपाधि लेकर जगत को वंचित करता है। मैं लोभ से, सम्मान से या भय से किसी के पास नहीं जा सकता।

एनिसाक्रीटीज़ : महात्मन! ऐसा क्यों? यदि न जाने पर देवपुत्र दंड दें?

दांड्यायन : मेरी आवश्यकताएँ परमात्मा की विभूति प्रकृति पूरी करती है। उसके रहते दूसरों का शासन कैसा? समस्त आलोक, चैतन्य और प्राणशक्ति, प्रभु की दी हुई है। मृत्यु के द्वारा वही इसको लौटा लेता है। जिस वस्तु को मनुष्य दे नहीं सकता, उसे ले लेने की स्पर्धा से बढ़कर दूसरा दम्भ नहीं। मैं फल-मूल खाकर अंजलि से जलपान कर, तृण-शय्या पर आँख बन्द किए सो रहा हूँ। न मुझसे किसी को डर है और न मुझको डरने का कारण है। तुम ही यदि हठात मुझे ले जाना चाहो तो केवल मेरे शरीर को ले जा सकते हो, मेरी स्वतन्त्र आत्मा पर तुम्हारे देवपुत्र का भी अधिकार नहीं हो सकता।

एनिसाक्रीटीज़ : बड़े निर्भीक हो ब्राह्मण। जाता हूँ, यही कह दूँगा।

[प्रस्थान]

[एक ओर से अलका, दूसरी ओर से चाणक्य और चन्द्रगुप्त का प्रवेश। सब वन्दना करके सविनय बैठते हैं।]

अलका : देव! मैं गान्धार छोड़कर जाती हूँ।

दांड्यायन : क्यों अलके, तुम गान्धार की लक्ष्मी हो, ऐसा क्यों?

अलका : ऋषे! यवनों के हाथ स्वाधीनता बेचकर उनके दान से जीने की शक्ति मुझमें नहीं।

दांड्यायन : तुम उत्तरापथ की लक्ष्मी हो, तुम अपना प्राण बचाकर कहाँ जाओगी?—*(कुछ विचारकर)*—अच्छा जाओ देवि! तुम्हारी आवश्यकता है। मंगलमय विभु अनेक अमंगलों में कौन-कौन कल्याण छिपाए रहता है, हम सब उसे नहीं समझ सकते। परन्तु जब तुम्हारी इच्छा हो, निस्संकोच चली आना।

अलका : देव, हृदय में सन्देह है।

दांड्यायन : क्या अलका?

अलका : ये दोनों महाशय, जो आपके सम्मुख बैठे हैं—जिन पर

पहले मेरा पूर्ण विश्वास था, वे ही अब यवनों के अनुगत क्यों होना चाहते हैं?

[दांड्यायन चाणक्य की ओर देखता है और चाणक्य कुछ विचारने लगता है।]

चन्द्रगुप्त : देवि! कृतज्ञता का बन्धन अमोघ है।

चाणक्य : राजकुमारी! उस परिस्थिति पर आपने विचार नहीं किया है, आपकी शंका निर्मूल है।

दांड्यायन : सन्देह न करो अलका। कल्याणकृत को पूर्ण विश्वासी होना पड़ेगा। विश्वास सुफल देगा, दुर्गति नहीं।

[यवन सैनिक का प्रवेश]

यवन : देवपुत्र आपकी सेवा में आना चाहते हैं, क्या आज्ञा है?

दांड्यायन : मैं क्या आज्ञा दूँ सैनिक! मेरा कोई रहस्य नहीं, निभृत मन्दिर नहीं, यहाँ पर सबका प्रत्येक क्षण स्वागत है।

[सैनिक जाता है]

अलका : तो मैं जाती हूँ, आज्ञा हो।

दांड्यायन : कोई आतंक नहीं है, अलका! ठहरो तो।

चाणक्य : महात्मन, हम लोगों को आज्ञा है? किसी दूसरे समय उपस्थित हों?

दांड्यायन : चाणक्य! तुमको तो कुछ दिनों तक इस स्थान पर रहना होगा, क्योंकि सब विद्या के आचार्य होने पर भी तुम्हें उसका फल नहीं मिला—उद्वेग नहीं मिटा। अभी तक तुम्हारे हृदय में हलचल मची है, यह अवस्था सन्तोषजनक नहीं।

[सिकन्दर का सिल्यूकस, कार्नेलिया, एनिसाक्रीटीज़ इत्यादि सहचरों के साथ प्रवेश, सिकन्दर नमस्कार करता है, सब बैठते हैं।]

दांड्यायन : स्वागत अलक्षेन्द्र! तुम्हें सुबुद्धि मिले।

सिकन्दर : महात्मन! अनुगृहीत हुआ, परन्तु मुझे कुछ और आशीर्वाद चाहिए।

दांड्यायन : मैं और आशीर्वाद देने में असमर्थ हूँ। क्योंकि इसके अतिरिक्त जितने आशीर्वाद होंगे, वे अमंगलजनक होंगे।

सिकन्दर : मैं आपके मुख से जय सुनने का अभिलाषी हूँ।

दांड्यायन : जयघोष तुम्हारे चारण करेंगे, हत्या, रक्तपात और अग्निकांड के लिए उपकरण जुटाने में मुझे आनन्द नहीं।

विजय-तृष्णा का अन्त पराभव में होता है, अलक्षेन्द्र। राजसत्ता सुव्यवस्था से बढ़े तो बढ़ सकती है, केवल विजयों से नहीं। इसलिए अपनी प्रजा के कल्याण में लगो।

सिकन्दर : अच्छा—*(चन्द्रगुप्त को दिखाकर)*—यह तेजस्वी युवक कौन है?

सिल्यूकस : यह मगध का एक निर्वासित राजकुमार है!!

सिकन्दर : मैं आपका स्वागत करने के लिए अपने शिविर में निमन्त्रित करता हूँ।

चन्द्रगुप्त : अनुगृहीत हुआ। आर्य लोग किसी निमन्त्रण को अस्वीकार नहीं करते।

सिकन्दर : *(सिल्यूकस से)*—तुम्हारा इनसे कब परिचय हुआ?

सिल्यूकस : इनसे तो मैं पहले ही मिल चुका हूँ।

चन्द्रगुप्त : आपका उपकार मैं भूला नहीं हूँ। आपने व्याघ्र से मेरी रक्षा की थी, जब मैं अचेत पड़ा था।

सिकन्दर : अच्छा तो आप लोग पूर्व-परिचित हैं। तब तो सेनापति, इनके आतिथ्य का भार आप ही पर रहा।

सिल्यूकस : जैसी आज्ञा।

सिकन्दर : *(महात्मा से)*—महात्मन! लौटती बार आपका फिर दर्शन करूँगा, जब भारत-विजय कर लूँगा।

दांड्यायन : अलक्षेन्द्र, सावधान! *(चन्द्रगुप्त को दिखाकर)* देखो यह भारत का भावी सम्राट तुम्हारे सामने बैठा है।

[सब स्तब्ध होकर चन्द्रगुप्त को देखते हैं और चन्द्रगुप्त आश्चर्य से कार्नेलिया को देखने लगता है। एक दिव्य आलोक।]

[पटाक्षेप]

द्वितीय अंक

प्रथम दृश्य

[उद्भांड में सिन्धु के किनारे ग्रीक-शिविर के पास वृक्ष के नीचे कार्नेलिया]

कार्नेलिया : सिन्धु का यह मनोहर तट जैसे मेरी आँखों के सामने एक नया चित्रपट उपस्थित कर रहा है। इस वातावरण से धीरे-धीरे उठती हुई प्रशान्त स्निग्धता जैसे हृदय में घुस रही है। लम्बी यात्रा करके जैसे मैं वहीं पहुँच गई हूँ, जहाँ के लिए चली थी। यह कितना निसर्ग सुन्दर है, कितना रमणीय है! हाँ, आज वह भारतीय संगीत का पाठ देखूँ, भूल तो नहीं गई?

[गाती है]

अरुण यह मधुमय देश हमारा!
जहाँ पहुँच अनजान क्षितिज को मिलता एक सहारा।
सरस तामरस गर्भ विभा पर—नाच रही तरुशिखा मनोहर।
छिटका जीवन हरियाली पर—मंगल कुंकुम सारा!
लघु सुरधुन से पंख पसारे—शीतल मलय समीर सहारे।
उड़ते खग जिस ओर मुँह किए—समझ नीड़ निज प्यारा।
बरसाती आँखों के बादल—बनते जहाँ भरे करुणा जल।
लहरें टकरातीं अनन्त की—पाकर जहाँ किनारा।
हेम-कुम्भ ले उषा सवेरे—भरती ढुलकाती सुख मेरे।
मदिर ऊँघते रहते जब—जग कर रजनी भर तारा।

फिलिप्स : *(प्रवेश करके)* कैसा मधुर गीत है कार्नेलिया, तुमने तो भारतीय संगीत पर पूरा अधिकार कर लिया है, चाहे हम लोगों को भारत पर अधिकार करने में अभी विलम्ब हो!

कार्नेलिया : फिलिप्स! यह तुम हो! आज दारा की कन्या वाल्हीक जाएगी?

फिलिप्स : दारा की कन्या! नहीं कुमारी, सम्राज्ञी कहो।

कार्नेलिया : असम्भव है फिलिप्स! ग्रीक लोग केवल देशों को विजय करके समझ लेते हैं कि लोगों के हृदय पर भी अधिकार कर लिया। वह देवकुमारी-सी सुन्दर बालिका सम्राज्ञी कहने पर तिलमिला जाती है। उसे यह विश्वास है कि वह महान साम्राज्य की लूट में मिली हुई दासी है, प्रणय-परिणीता पत्नी नहीं।

फिलिप्स : कुमारी! प्रणय के सम्मुख क्या साम्राज्य तुच्छ है?

कार्नेलिया : यदि प्रणय हो।

फिलिप्स : प्रणय तो मेरा हृदय पहचानता है।

कार्नेलिया : *(हँसकर)* ओहो! यह तो बड़ी विचित्र बात है!

फिलिप्स : कुमारी, क्या तुम मेरे प्रेम की हँसी उड़ाती हो?

कार्नेलिया : नहीं सेनापति! तुम्हारा उत्कृष्ट प्रेम बड़ा भयानक होगा, उससे तो डरना चाहिए।

फिलिप्स : *(गम्भीर होकर)* मैं पूछने आया हूँ कि आगामी युद्धों से दूर रहने के लिए शिविर की सब स्त्रियाँ स्कन्धावार में सम्राज्ञी के साथ जा रही हैं क्या तुम भी चलोगी?

कार्नेलिया : नहीं, सम्भवत: पिता जी को यहीं रहना होगा, इसलिए मेरे जाने की आवश्यकता नहीं।

फिलिप्स : *(कुछ सोचकर)* कुमारी! न जाने फिर कब दर्शन हों, इसलिए एक बार इन कोमल करों को चूमने की आज्ञा दो।

कार्नेलिया : तुम मेरा अपमान करने का साहस न करो फिलिप्स!

फिलिप्स : प्राण देकर भी नहीं कुमारी! परन्तु प्रेम अन्धा है।

कार्नेलिया : तुम अपने अन्धेपन से दूसरे को ठुकराने का लाभ नहीं उठा सकते फिलिप्स!

फिलिप्स : *(इधर-उधर देखकर)*—यह नहीं हो सकता—

[कार्नेलिया का हाथ पकड़ना चाहता है, वह चिल्लाती है—रक्षा करो! रक्षा करो! चन्द्रगुप्त प्रवेश करके फिलिप्स की गर्दन पकड़कर दबाता है, वह गिरकर क्षमा माँगता है, चन्द्रगुप्त छोड़ देता है।]

कार्नेलिया : धन्यवाद आर्यवीर!

फिलिप्स : *(लज्जित होकर)* कुमारी, प्रार्थना करता हूँ कि इस घटना को भूल जाओ, क्षमा करो।

कार्नेलिया : क्षमा तो कर दूँगी, परन्तु भूल नहीं सकती फिलिप्स! तुम अभी चले जाओ।

[*फिलिप्स नतमस्तक हो जाता है*]

चन्द्रगुप्त : चलिए, आपको शिविर के भीतर पहुँचा दूँ।

कार्नेलिया : पिता जी कहाँ हैं? उनसे यह बात कह देनी होगी, यह घटना... नहीं, तुम्हीं कह देना।

चन्द्रगुप्त : ओह! वे मुझे बुला गए हैं, मैं जाता हूँ, उनसे कह दूँगा।

कार्नेलिया : आप चलिए; मैं आती हूँ।

[*चन्द्रगुप्त का प्रस्थान*]

कार्नेलिया : एक घटना हो गई, फिलिप्स ने विनती की उसे भूल जाने की, किन्तु उस घटना से और भी किसी का सम्बन्ध है, उसे कैसे भूल जाऊँ। उन दोनों में शृंगार और रौद्र का संगम है। वह भी आह, कितना आकर्षण है! कितना तरंग-संकुल है! इसी चन्द्रगुप्त के लिए न उस साधु ने भविष्यवाणी की है—भारत-सम्राट होने की! उसमें कितनी विनयशील वीरता है!

[*प्रस्थान*]

[*कुछ सैनिकों के साथ सिकन्दर का प्रवेश*]

सिकन्दर : विजय करने की इच्छा क्लान्ति से मिटती जा रही है। हम लोग इतने बड़े आक्रमण के समारम्भ में लगे हैं और यह देश जैसे सोया हुआ है, लड़ना जैसे इनके जीवन का उद्वेगजनक अंश नहीं। अपने ध्यान में दार्शनिक के सदृश निमग्न हैं। सुनते हैं, पौरव ने केवल झेलम के पास कुछ सेना प्रतिरोध करने के लिए या केवल देखने के लिए रख छोड़ी है। हम लोग जब पहुँच जाएँगे तब वे लड़ लेंगे!त्र: मुझे तो यह लोग आलसी मालूम पड़ते हैं।

सिकन्दर : नहीं-नहीं, यहाँ के दार्शनिक की परीक्षा तो तुम कर चुके—दांड्यायन को देखा न! थोड़ा ठहरो, यहाँ के वीरों का भी परिचय मिल जाएगा। यह अद्भुत देश है।

एनिसाक्रीटीज़ : परन्तु आम्भीक तो अपनी प्रतिज्ञा का सच्चा निकला—प्रबन्ध तो उसने अच्छा कर रखा है।

सिकन्दर : लोभी है! सुना है कि उसकी एक बहन चिढ़कर संन्यासिनी हो गई है।

एनिसाक्रीटीज़ : मुझे विश्वास नहीं होता, इसमें कोई रहस्य होगा! पर एक बात कहूँगा, ऐसे पथ में साम्राज्य की समस्या हल करना कहाँ तक ठीक है? क्यों न शिविर में ही चला जाए?

सिकन्दर : एनिसाक्रीटीज, फिर तो पलसिपोलिन का राजमहल छोड़ने की आवश्यकता न थी, यहाँ एकान्त में मुझे कुछ ऐसी बातों पर विचार करना है, जिन पर भारत अभियान का भविष्य निर्भर है। मुझे उस नंगे ब्राह्मण की बातों से बड़ी आशंका हो रही है, भविष्यवाणियाँ प्राय: सत्य होती हैं।

[एक ओर से फिलिप्स, आम्भीक, दूसरी ओर से सिल्यूकस और चन्द्रगुप्त का प्रवेश]

सिकन्दर : कहो फिलिप्स! तुम्हें क्या कहना है?

फिलिप्स : आम्भीक से पूछ लिया जाए।

आम्भीक : यहाँ एक षड्यन्त्र चल रहा है।

फिलिप्स : और उसके सहायक हैं सिल्यूकस।

सिल्यूकस : *(क्रोध और आश्चर्य से)*—इतनी नीचता! अभी उस लज्जाजनक अपराध को प्रकट करना बाकी ही रहा—उलटा अभियोग! प्रमाणित करना होगा फिलिप्स! नहीं तो खड्ग इसका न्याय करेगा।

सिकन्दर : उत्तेजित न हो सिल्यूकस!

फिलिप्स : तलवार तो कभी का न्याय कर देती, परन्तु देवपुत्र का भी जान लेना आवश्यक था। नहीं तो निर्लज्ज विद्रोही की हत्या करना पाप नहीं, पुण्य है।

[सिल्यूकस तलवार खींचता है]

सिकन्दर : तलवार खींचने से अच्छा होता कि तुम अभियोग को निर्मूल प्रमाणित करने की चेष्टा करते! बतलाओ, तुमने चन्द्रगुप्त के लिए अब क्या सोचा?

सिल्यूकस : चन्द्रगुप्त ने अभी-अभी कार्नेलिया को इस नीच फिलिप्स के हाथ से अपमानित होने से बचाया है और मैं स्वयं यह अभियोग आपके सामने उपस्थित करनेवाला था।

सिकन्दर : परन्तु साहस नहीं हुआ, क्यों सिल्यूकस!

फिलिप्स : कैसे साहस होता—इनकी कन्या दांड्यायन के आश्रम पर भारतीय दर्शन पढ़ने जाती है, भारतीय संगीत सीखती

है, वहीं पर विद्रोहकारिणी अलका भी आती है। और चन्द्रगुप्त के लिए यह जनरव फैलाया गया है कि यही भारत का भावी सम्राट होगा।

सिल्यूकस : रोक, अपनी अबाध गति से चलनेवाली जीभ रोक!

सिकन्दर : ठहरो सिल्यूकस! तुम अपने को विचाराधीन समझो। हाँ, तो चन्द्रगुप्त! मुझे तुमसे कुछ पूछना है।

चन्द्रगुप्त : क्या है?

सिकन्दर : सुना है कि मगध का वर्तमान शासक एक नीच-जन्मा जारज सन्तान है। उसकी प्रजा असन्तुष्ट है और तुम उस राज्य को हस्तगत करने का प्रयत्न कर रहे हो?

चन्द्रगुप्त : हस्तगत नहीं, उसका शासन बड़ा क्रूर हो गया है, मगध का उद्धार करना चाहता हूँ।

सिकन्दर : और उस ब्राह्मण के कहने पर अपने सम्राट होने का तुम्हें विश्वास हो गया होगा, जो परिस्थिति को देखते हुए असम्भव भी नहीं जान पड़ता!

चन्द्रगुप्त : असम्भव क्यों नहीं।

सिकन्दर : हमारी सेना इसमें सहायता करेगी, फिर भी असम्भव है?

चन्द्रगुप्त : मुझे आप से सहायता नहीं लेनी है।

सिकन्दर : *(क्रोध से)* फिर इतने दिनों तक ग्रीक-शिविर में रहने का तुम्हारा उद्देश्य?

चन्द्रगुप्त : एक सादर निमन्त्रण सिल्यूकस से उपकृत होने के कारण उनके अनुरोध की रक्षा। परन्तु मैं यवनों को अपना शासक बनने को आमन्त्रित करने नहीं आया हूँ।

सिकन्दर : परन्तु इन्हीं यवनों के द्वारा भारत जो आज तक कभी भी आक्रान्त नहीं हुआ है, विजित किया जाएगा।

चन्द्रगुप्त : वह भविष्य के गर्भ में है उसके लिए अभी से इतनी उछल-कूद मचाने की आवश्यकता नहीं।

सिकन्दर : अबोध युवक, तू गुप्तचर है!

चन्द्रगुप्त : नहीं, कदापि नहीं। अवश्य ही यहाँ रहकर यवन-रणनीति से मैं कुछ परिचित हो गया हूँ। मुझे लोभ से पराभूत गान्धार-राज आम्भीक समझने की भूल न होनी चाहिए, मैं मगध का उद्धार करना चाहता हूँ। परन्तु यवन-लुटेरों की सहायता से नहीं।

सिकन्दर : तुमको अपनी विपत्तियों से डर नहीं—ग्रीक लुटेरे हैं?

चन्द्रगुप्त : क्या यह झूठ है? लूट के लोभ से हत्या-व्यवसायियों को एकत्र करके उन्हें वीर-सेना कहना, रण-कला का उपहास करना है।

सिकन्दर : *(आश्चर्य और क्रोध से)* सिल्यूकस!

चन्द्रगुप्त : सिल्यूकस नहीं, चन्द्रगुप्त से कहने की बात चन्द्रगुप्त से कहनी चाहिए।

आम्भीक : शिष्टता से बातें करो।

चन्द्रगुप्त : स्वच्छ हृदय भीरु कायरों की-सी वंचक शिष्टता नहीं जानता। अनार्य! देशद्रोही! आम्भीक! चन्द्रगुप्त रोटियों के लालच या घृणाजनक लोभ से सिकन्दर के पास नहीं आया है।

सिकन्दर : बन्दी कर लो इसे।

(आम्भीक, फिलिप्स, एनिसाक्रीटीज़ टूट पड़ते हैं; चन्द्रगुप्त असाधारण वीरता से तीनों को घायल करता हुआ निकल जाता है।)

सिकन्दर : सिल्यूकस!

सिल्यूकस : सम्राट!

सिकन्दर : यह क्या?

सिल्यूकस : आपका अविवेक। चन्द्रगुप्त एक वीर युवक है, यह आचरण उसकी भावी श्री और पूर्ण मनुष्यता का द्योतक है सम्राट! हम लोग जिस काम से आए हैं, उसे करना चाहिए। फिलिप्स को अन्त:पुर की महिलाओं के साथ वाल्हीक जाने दीजिए।

सिकन्दर : *(सोचकर)*—अच्छा जाओ।

[प्रस्थान]

द्वितीय दृश्य

[झेलम-तट का वन-पथ]

[चाणक्य, चन्द्रगुप्त और अलका का प्रवेश।]

अलका : आर्य! अब हम लोगों का क्या कर्तव्य है?

चाणक्य : पलायन।

चन्द्रगुप्त : व्यंग्य न कीजिए गुरुदेव!

चाणक्य : दूसरा उपाय क्या है?

अलका : है क्यों नहीं?

चाणक्य : हो सकता है।—*(दूसरी ओर देखने लगता है)*

चन्द्रगुप्त : गुरुदेव!

चाणक्य : परिव्राजक होने की इच्छा है क्या? यही एक सरल उपाय है।

चन्द्रगुप्त : नहीं, कदापि नहीं! यवनों को प्रतिपद में बाधा देना मेरा कर्तव्य है और शक्ति-भर प्रयत्न करूँगा।

चाणक्य : यह तो अच्छी बात है। परन्तु सिंहरण अभी नहीं आया।

चन्द्रगुप्त : उसे समाचार मिलना चाहिए।

चाणक्य : अवश्य मिला होगा।

अलका : यदि न आ सके?

चाणक्य : जब काली घटाओं से आकाश घिरा हो, रह-रहकर बिजली चमक जाती हो, पवन स्तब्ध हो, उमस बढ़ रही हो, और आषाढ़ के आरम्भिक दिन हों, तब किस बात की सम्भावना करनी चाहिए?

अलका : जल बरसने की।

चाणक्य : ठीक उसी प्रकार जब देश में युद्ध हो, सिंहरण मालव को समाचार मिला हो, तब उसके आने की भी निश्चित आशा है।

चन्द्रगुप्त : उधर देखिए—वे दो व्यक्ति कौन आ रहे हैं?

[*सिंहरण का सहारा लिए वृद्ध गान्धार-राज का प्रवेश।*]

चाणक्य : राजन!

गान्धार-राज : विभव की छलनाओं से वंचित एक वृद्ध! जिसके पुत्र ने विश्वासघात किया हो और कन्या ने साथ छोड़ दिया हो—मैं वही, एक अभागा मनुष्य हूँ!

अलका : पिता जी!—*(गले से लिपट जाती है)*

गान्धार-राज : बेटी अलका, अरे तू कहाँ भटक रही है?

अलका : कहीं नहीं पिता जी! आपके लिए छोटी-सी झोंपड़ी बना रखी है, चलिए विश्राम कीजिए।

गान्धार-राज : नहीं, तू मुझे अबकी झोंपड़ी में बिठाकर चली जाएगी। जो महलों को छोड़ चुकी है, उसका झोंपड़ियों के लिए क्या विश्वास!

अलका : नहीं पिता जी, विश्वास कीजिए। *(सिंहरण से)*—मालव! मैं कृतज्ञ हुई।

(सिंहरण सस्मित नमस्कार करता है। पिता के साथ अलका का प्रस्थान।)

चाणक्य : सिंहरण! तुम आ गए, परन्तु...।

सिंहरण : किन्तु परन्तु नहीं आर्य! आप आज्ञा दीजिए, हम लोग कर्तव्य में लग जाएँ। विपत्तियों के बादल मँडरा रहे हैं।

चाणक्य : उसकी चिन्ता नहीं। पौधे अन्धकार में बढ़ते हैं, और मेरी नीति-लता भी उसी भाँति विपत्ति तम में लहलही होगी। हाँ, केवल शौर्य से काम नहीं चलेगा। एक बात समझ लो, चाणक्य सिद्धि देखता है, साधन चाहे कैसे ही हों। बोलो—तुम लोग प्रस्तुत हो?

सिंहरण : हम लोग प्रस्तुत हैं।

चाणक्य : तो युद्ध नहीं करना होगा।

चन्द्रगुप्त : फिर क्या?

चाणक्य : सिंहरण और अलका को नट और नटी बनना होगा; चन्द्रगुप्त बनेगा सँपेरा और मैं ब्रह्मचारी। देख रहे हो, चन्द्रगुप्त, पर्वतेश्वर की सेना में जो एक गुल्म अपनी छावनी अलग डाले हैं, वे सैनिक कहाँ के हैं?

चन्द्रगुप्त : नहीं जानता।

चाणक्य : अभी जानने की आवश्यकता भी नहीं। हम लोग उसी सेना के साथ अपने स्वाँग रखेंगे। वहीं हमारे खेल होंगे। चलो, हम लोग चलें; देखो—वह नवीन गुल्म का युवक सेनापति जा रहा है।

[सबका प्रस्थान]

[पुरुष-वेश में कल्याणी और सेनापति का प्रवेश]

कल्याणी : सेनापति! मैंने दुस्साहस करके पिता जी को चिढ़ा तो दिया, पर अब कोई मार्ग बताओ, जिससे मैं सफलता प्राप्त कर सकूँ। पर्वतेश्वर को नीचा दिखलाना ही मेरा प्रधान उद्देश्य है।

सेनापति : राजकुमारी!

कल्याणी : सावधान सेनापति!

सेनापति : क्षमा हो, अब ऐसी भूल न होगी। हाँ, तो केवल एक मार्ग है।

कल्याणी : वह क्या?

सेनापति : घायलों की शुश्रूषा का भार ले लेना है।

कल्याणी : मगध-सेनापति! तुम कायर हो।

सेनापति : तब जैसी आज्ञा हो! —*(स्वगत)* स्त्री की अधीनता वैसे ही बुरी होती है, तिस पर युद्धक्षेत्र में! भगवान ही बचावें।

कल्याणी : मेरी इच्छा है कि जब पर्वतेश्वर यवन-सेना द्वारा चारों ओर से घिर जाए; उस समय उसका उद्धार करके अपना मनोरथ पूर्ण करूँ।

सेनापति : बात तो अच्छी है।

कल्याणी : और तब तक हम लोगों की रक्षित सेना—*(रुककर देखते हुए)*—यह लो, पर्वतेश्वर इधर ही आ रहा है।

[पर्वतेश्वर का युद्ध-वेश में प्रवेश]

पर्वतेश्वर : *(दूर दिखलाकर)* वह किस गुल्म का शिविर है युवक?

कल्याणी : मगध-गुल्म का महाराज!

पर्वतेश्वर : मगध की सेना, असम्भव! उसने तो रण-निमन्त्रण ही अस्वीकृत किया था!

कल्याणी : परन्तु मगध की बड़ी सेना में से एक छोटा-सा वीर युवकों का दल इस युद्ध के लिए परम उत्साहित था। स्वेच्छा से उसने इस युद्ध में योग दिया है।

पर्वतेश्वर : प्राच्य मनुष्यों में भी इतना उत्साह!

[हँसता है]

कल्याणी : महाराज, उत्साह का निवास किसी विशेष दिशा में नहीं है!

पर्वतेश्वर : *(हँसकर)* प्रगल्भ हो युवक, परन्तु रण जब नाचने लगता है, तब भी यदि तुम्हारा उत्साह बना रहे तो मानूँगा। हाँ! तुम बड़े सुन्दर सुकुमार युवक हो, इसलिए साहस न कर बैठना। तुम मेरी रक्षित सेना के साथ रहो तो अच्छा! समझा न।

कल्याणी : जैसी आज्ञा।

[चन्द्रगुप्त, सिंहरण और अलका का वेश बदले हुए प्रवेश।]

सिंहरण : खेल देख लो, खेल! ऐसा खेल—जो कभी न देखा हो न सुना!

पर्वतेश्वर : नट! इस समय खेल देखने का अवकाश नहीं!

अलका : क्या युद्ध के पहले ही घबरा गए, सेनापति! वह भी तो वीरों का खेल ही है।

पर्वतेश्वर : बड़ी ढीठ है!

चन्द्रगुप्त : न हो तो नागों का ही दर्शन कर लो!

कल्याणी : बड़ा कौतुक है महाराज, इन नागों को यह लोग किस प्रकार वश में कर लेते हैं!

चन्द्रगुप्त : *(सम्भ्रम से)*—महाराज हैं! तब तो अवश्य पुरस्कार मिलेगा।

(सँपेरों की-सी चेष्टा करता है। पिटारी खोलकर साँप निकालता है।)

कल्याणी : आश्चर्य है, मनुष्य ऐसे कुटिल विषधरों को भी वश में कर सकता है परन्तु मनुष्य को नहीं।

पर्वतेश्वर : नट, नागों पर तुम लोगों का अधिकार कैसे हो जाता है?

चन्द्रगुप्त : मन्त्र-महौषधि के भाले से बड़े-बड़े मत्त नाग वशीभूत होते हैं।

पर्वतेश्वर : भाले से?

सिंहरण : हाँ महाराज! वैसे ही जैसे भालों से मदमत्त मातंग!

पर्वतेश्वर : तुम लोग कहाँ से आ रहे हो?

सिंहरण : ग्रीकों के शिविर से।

चन्द्रगुप्त : उनके भाले भारतीय हाथियों के लिए वज्र ही हैं।

पर्वतेश्वर : तुम लोग आम्भीक के चर तो नहीं हो?

सिंहरण : रातोंरात यवन-सेना वितस्ता के पार हो गई है—समीप है, महाराज! सचेत हो जाइए।

पर्वतेश्वर : मगधनायक! इन लोगों को बन्दी करो।

[चन्द्रगुप्त कल्याणी को ध्यान से देखता है]

अलका : उपकार का भी यह फल है!

चन्द्रगुप्त : हम लोग बन्दी ही हैं। परन्तु रण-व्यूह से सावधान होकर सैन्य परिचालन कीजिए। जाइए महाराज! यवन-रणनीति भिन्न है।

[पर्वतेश्वर उद्विग्न भाव से जाता है]

कल्याणी : *(सिंहरण से)*—चलो, हमारे शिविर में ठहरो। फिर बताया जाएगा।

चन्द्रगुप्त : मुझे कुछ कहना है।

कल्याणी : अच्छा, तुम लोग आगे चलो।

[सिंहरण इत्यादि आगे बढ़ते हैं]

चन्द्रगुप्त : इस युद्ध में पर्वतेश्वर की पराजय निश्चित है।

कल्याणी : परन्तु तुम लोग कौन हो—*(ध्यान से देखती हुई)*—मैं तुमको पहचान...

चन्द्रगुप्त : मगध का एक सँपेरा!

कल्याणी : हूँ! और भविष्यवक्ता भी!

चन्द्रगुप्त : मुझे मगध के पताका के सम्मान की...

कल्याणी : कौन! चन्द्रगुप्त तो नहीं?

चन्द्रगुप्त : अभी तो एक सँपेरा हूँ राजकुमारी कल्याणी।

कल्याणी : *(एक क्षण चुप रहकर)*—हम दोनों को चुप रहना चाहिए चलो!

[दोनों का प्रस्थान]

तृतीय दृश्य

[युद्धक्षेत्र—सैनिक के साथ पर्वतेश्वर]

पर्वतेश्वर : सेनापति, भूल हुई।

सेनापति : हाथियों ने ही ऊधम मचा रखा है और रथी सेना भी व्यर्थ-सी हो रही है।

पर्वतेश्वर : सेनापति, युद्ध में जय या मृत्यु—दो में से एक होनी चाहिए।

सेनापति : महाराज, सिकन्दर को वितस्ता पर यह अच्छी तरह विदित हो गया है कि हमारे खड्गों में कितनी धार है। स्वयं सिकन्दर का अश्व मारा गया और राजकुमार के भीषण भाले की चोट सिकन्दर न सँभाल सका।

पर्वतेश्वर : प्रशंसा का समय नहीं है। शीघ्रता करो। मेरा रणगज प्रस्तुत हो, मैं स्वयं गजसेना का संचालन करूँगा। चलो!

[सब जाते हैं]

[कल्याणी और चन्द्रगुप्त का प्रवेश।]

कल्यागी : चन्द्रगुप्त, तुम्हें यदि मगध-सेना विद्रोही जानकर बन्दी बनावे?

चन्द्रगुप्त : बन्दी सारा देश है राजकुमारी, दारुण द्वेष से सब जकड़े हैं। मुझको इसकी चिन्ता भी नहीं। परन्तु राजकुमारी का युद्धक्षेत्र में आना अनोखी बात है!

कल्याणी : केवल तुम्हें देखने के लिए! मैं जानती थी कि तुम युद्ध में अवश्य सम्मिलित होगे और मुझे भ्रम हो रहा है कि तुम्हारे निर्वासन के भीतरी कारणों में एक मैं भी हूँ!

चन्द्रगुप्त : परन्तु राजकुमारी, मेरा हृदय देश की दुर्दशा से व्याकुल है। इस ज्वाला में स्मृति-लता मुरझा गई है।

कल्याणी : चन्द्रगुप्त!

चन्द्रगुप्त : राजकुमारी! समय नहीं! देखो—वह भारतीयों के प्रतिकूल दैव ने मेघमाला का सृजन किया है। रथ बेकार होंगे और हाथियों का प्रत्यावर्तन तो और भी भयानक हो रहा है।

कल्याणी : तब! मगध-सेना तुम्हारे अधीन है, जैसा चाहो करो!

चन्द्रगुप्त : पहले उस पहाड़ी पर सेना एकत्र होनी चाहिए। शीघ्र आवश्यकता होगी। पर्वतेश्वर की पराजय को रोकने की चेष्टा कर देखूँ।

कल्याणी : चलो!

[मेघों की गड़गड़ाहट—दोनों जाते हैं]

[एक ओर से सिल्यूकस, दूसरी ओर से पर्वतेश्वर का ससैन्य प्रवेश। युद्ध]

सिल्यूकस : पर्वतेश्वर! अस्त्र रख दो!

पर्वतेश्वर : यवन! सावधान! बचाओ अपने को!

[तुमुल युद्ध। घायल होकर सिल्यूकस का हटना।]

पर्वतेश्वर : सेनापति! देखो, उन कायरों को रोको। उनसे कह दो कि आज रणभूमि में पर्वतेश्वर पर्वत के समान अचल है। जय-पराजय की चिन्ता नहीं। इन्हें बतला देना होगा कि भारतीय लड़ना जानते हैं। बादलों से पानी बरसने की जगह वज्र बरसें, सारी गज-सेना छिन्न-भिन्न हो जाए, रथी विरथ हों, रक्त के नाले धमनियों से बहें, परन्तु एक पग भी पीछे हटना पर्वतेश्वर के लिए असम्भव है। धर्मयुद्ध में प्राण-भिक्षा माँगनेवाले भिखारी हम नहीं। जाओ, उन भगोड़ों से एक बार जननी के स्तन्य की लज्जा के नाम पर रुकने के लिए कहो! कहो कि मरने का क्षण एक ही है। जाओ।

[सेनापति का प्रस्थान। सिंहरण और अलका का प्रवेश।]

सिंहरण : महाराज! यह स्थान सुरक्षित नहीं। उस पहाड़ी पर चलिए।

पर्वतेश्वर : तुम कौन हो युवक!

सिंहरण : एक मालव।

पर्वतेश्वर : मालव के मुख से ऐसा कभी नहीं सुना गया। मालव! खड्ग-क्रीड़ा देखनी हो तो खड़े रहो। डर लगता है तो पहाड़ी पर जाओ।

सिंहरण : महाराज, यवनों का एक दल आ रहा है।

पर्वतेश्वर : आने दो। तुम हट जाओ।

(सिल्यूकस और फिलिप्स का प्रवेश—सिंहरण और पर्वतेश्वर का युद्ध और लड़खड़ाकर गिरने की चेष्टा। चन्द्रगुप्त और कल्याणी का सैनिक के साथ पहुँचना; दूसरी ओर से सिकन्दर का आना। युद्ध बन्द करने के लिए सिकन्दर की आज्ञा।)

चन्द्रगुप्त : युद्ध होगा!

सिकन्दर : कौन, चन्द्रगुप्त!

चन्द्रगुप्त : हाँ देवपुत्र!

सिकन्दर : किससे युद्ध? मुमूर्षु घायल पर्वतेश्वर—वीर पर्वतेश्वर से! कदापि नहीं। आज मुझे जय-पराजय का विचार नहीं है। मैंने एक अलौकिक वीरता का स्वर्गीय दृश्य देखा है। होमर की कविता में पढ़ी हुई जिस कल्पना से मेरा हृदय भरा है, उसे यहाँ प्रत्यक्ष देखा! भारतीय वीर पर्वतेश्वर! अब मैं तुम्हारे साथ कैसा व्यवहार करूँ!

पर्वतेश्वर : *(रक्त पोंछते हुए)*—जैसा एक नरपति अन्य नरपति के साथ करता है, सिकन्दर!

सिकन्दर : मैं तुमसे मैत्री करना चाहता हूँ। विस्मय-विमुग्ध होकर तुम्हारी सराहना किए बिना मैं नहीं रह सकता—धन्य! आर्य वीर!

पर्वतेश्वर : मैं तुमसे युद्ध न करके मैत्री भी कर सकता हूँ।

चन्द्रगुप्त : पंचनद-नरेश! आप क्या कर रहे हैं! समस्त मगध-सेना आपकी प्रतीक्षा में है, युद्ध होने दीजिए!

कल्याणी : इन थोड़े-से अर्धजीव यवनों को विचलित करने के लिए पर्याप्त मगध-सेना है। महाराज! आज्ञा दीजिए।

पर्वतेश्वर : नहीं युवक! वीरता भी एक सुन्दर कला है, उस पर मुग्ध होना आश्चर्य की बात नहीं, मैंने वचन दे दिया, अब सिकन्दर चाहे हटें।

सिकन्दर : कदापि नहीं।

कल्याणी : *(शिरस्त्राण फेंककर)*—जाती हूँ क्षत्रिय पर्वतेश्वर! तुम्हारे पतन में रक्षा न कर सकी, बड़ी निराशा हुई!

पर्वतेश्वर : तुम कौन हो!

चन्द्रगुप्त : मगध की राजकुमारी कल्याणी देवी।

पर्वतेश्वर : ओह पराजय! निकृष्ट पराजय!

(चन्द्रगुप्त और कल्याणी का प्रस्थान। सिकन्दर आश्चर्य से देखता है। अलका घायल सिंहरण को उठाना चाहती हैं कि आम्भीक आकर दोनों को बन्दी करता है।)

पर्वतेश्वर : यह क्या!

आम्भीक : इनको अभी बन्दी बना रखना आवश्यक है।

पर्वतेश्वर : तो यह लोग मेरे यहाँ रहेंगे।

सिकन्दर : पंचनन्द-नरेश की जैसी इच्छा हो।

चतुर्थ दृश्य

[मालव में सिंहरण के उद्यान का एक अंश]

मालविका : *(प्रवेश करके)* फूल हँसते हुए आते हैं, फिर मकरन्द गिराकर मुरझा जाते हैं, आँसू से धरणी को भिगोकर चले जाते हैं! एक स्निग्ध समीर का झोंका आता है, निःश्वास फेंककर चला जाता है। क्या पृथ्वीतल रोने के लिए ही है? नहीं, सबके लिए एक ही नियम तो नहीं। कोई रोने के लिए है तो कोई हँसने के लिए—*(विचारती हुई)*—आजकल तो छुट्टी-सी है, परन्तु एक विचित्र विदेशियों का दल यहाँ ठहरा है, उनमें से एक को तो देखते ही डर लगता है। लो देखो—वह युवक आ गया!

[सिर झुकाकर फूल सँवारने लगती है—ऐन्द्रजालिक के वेश में चन्द्रगुप्त का प्रवेश।]

चन्द्रगुप्त : मालविका!

मालविका : क्या आज्ञा है!

चन्द्रगुप्त : तुम्हारे नागकेसर की क्यारी कैसी है!

मालविका : हरी-भरी!

चन्द्रगुप्त : आज कुछ खेल भी होगा, देखोगी!

मालविका : खेल तो नित्य देखती हूँ। न जाने कहाँ से लोग आते हैं और कुछ-न-कुछ अभिनय करते हुए चले जाते हैं। इसी उद्यान के कोने से बैठी हुई सब देखा करती हूँ।

चन्द्रगुप्त : मालविका, तुमको कुछ गाना आता है?

मालविका : आता तो है, परन्तु...

चन्द्रगुप्त : परन्तु क्या?

मालविका : युद्धकाल है। देश में रण-चर्चा छिड़ी है। आजकल मालव-स्थान में कोई गाता-बजाता नहीं।

चन्द्रगुप्त : रण-भेरी के पहले यदि मधुर मुरली की एक तान सुन लूँ, तो कोई हानि न होगी। मालविका! न जाने क्यों आज ऐसी कामना जाग पड़ी है।

मालविका : अच्छा सुनिए—

[अचानक चाणक्य का प्रवेश]

चाणक्य : छोकरियों से बातें करने का समय नहीं है मौर्य!

चन्द्रगुप्त : नहीं गुरुदेव! मैं आज ही विपाशा के तट से आया हूँ, यवनशिविर भी घूमकर देख आया हूँ।

चाणक्य : क्या देखा?

चन्द्रगुप्त : समस्त यवन-सेना शिथिल हो गई है। मगध का इन्द्रजाली जानकर मुझसे यवन-सैनिकों ने वहाँ की सेना का हाल पूछा। मैंने कहा—पंचनद के सैनिकों से भी दुर्धर्ष कई रण-कुशल योद्धा शतद्रु-तट पर तुम लोगों की प्रतीक्षा कर रहे हैं। यह सुनकर कि नन्द के पास कई लाख सेना है, उन लोगों में आतंक छा गया और एक प्रकार का विद्रोह फैल गया।

चाणक्य : हाँ! तब क्या हुआ! केलिस्थनीज़ के अनुयायियों ने क्या किया?

चन्द्रगुप्त : उनकी उत्तेजना से सैनिकों ने विपाशा को पार करना अस्वीकार कर दिया और यवन देश लौट चलने के

लिए आग्रह करने लगे। सिकन्दर के बहुत अनुरोध करने पर भी वे युद्ध के लिए सहमत नहीं हुए। इसलिए रावी के जलमार्ग से लौटने का निश्चय हुआ है। अब उनकी इच्छा युद्ध की नहीं है।

चाणक्य : और क्षुद्रकों का क्या समाचार है?

चन्द्रगुप्त : वे भी प्रस्तुत हैं। मेरी इच्छा है कि इस जगद्विजेता का ढोंग करनेवाले को एक पाठ पराजय का भी पढ़ा दिया जाए। परन्तु इस समय यहाँ सिंहरण का होना अत्यन्त आवश्यक है।

चाणक्य : अच्छा, देखा जाएगा। सम्भवतः स्कन्धावार में मालवों की युद्ध-परिषद होगी। अत्यन्त सावधानी से काम करना होगा। मालवों को मिलाने का पूरा प्रयत्न तो हमने कर लिया है।

चन्द्रगुप्त : चलिए, मैं अभी आया!

[चाणक्य का प्रस्थान]

मालविका : यह खेल तो बड़ा भयानक होगा मागध!

चन्द्रगुप्त : कुछ चिन्ता नहीं। अभी कल्याणी नहीं आई?

[एक सैनिक का प्रवेश]

चन्द्रगुप्त : क्या है?

सैनिक : सेनापति! मगध-सेना के लिए क्या आज्ञा है?

चन्द्रगुप्त : विपाशा और शतद्रु के बीच जहाँ अत्यन्त संकीर्ण भू-भाग है, वहीं अपनी सेना रखो। स्मरण रखना कि विपाशा पार करने पर मगध का साम्राज्य ध्वंस करना यवनों के लिए बड़ा साधारण काम हो जाएगा। सिकन्दर की सेना के सामने इतना विराट प्रदर्शन होना चाहिए कि वह भयभीत हो।

सैनिक : अच्छा, राजकुमारी ने पूछा है कि आप कब तक आवेंगे? उनकी इच्छा मालव में ठहरने की नहीं है।

चन्द्रगुप्त : राजकुमारी से मेरा प्रणाम कहना और कह देना कि मैं सेनापति का पुत्र हूँ, युद्ध ही हमारी आजीविका है। क्षुद्रकों की सेना का मैं सेनापति होने के लिए आमन्त्रित किया गया हूँ। इसलिए मैं यहाँ रहकर भी मगध की अच्छी सेवा कर सकूँगा।

सैनिक : जैसी आज्ञा—*(जाता है।)*

चन्द्रगुप्त : *(कुछ सोचकर)* सैनिक!

[फिर लौट आता है]

सैनिक : क्या आज्ञा है?

चन्द्रगुप्त : राजकुमारी से कह देना कि मगध जाने की उत्क़ट इच्छा होने पर भी वे सेना साथ न ले जाएँ।

सैनिक : इसका उत्तर भी लेकर आना होगा?

चन्द्रगुप्त : नहीं।

[सैनिक का प्रस्थान]

मालविका : मालव में बहुत-सी बातें मेरे देश से विपरीत हैं। इनकी युद्ध-पिपासा बलवती है। फिर युद्ध!

चन्द्रगुप्त : तो क्या तुम इस देश की नहीं हो?

मालविका : नहीं, मैं सिन्धु की रहनेवाली हूँ, आर्य! वहाँ युद्ध-विग्रह नहीं, न्यायालयों की आवश्यकता नहीं। प्रचुर स्वर्ण के रहते भी कोई उसका उपयोग नहीं। इसलिए अर्थमूलक विवाद कभी उठते ही नहीं। मनुष्य के प्राकृतिक जीवन का सुन्दर पालना मेरा सिन्धु-देश है।

चन्द्रगुप्त : तो यहाँ कैसे चली आई हो?

मालविका : मेरी इच्छा हुई कि और देशों को भी देखूँ! तक्षशिला में राजकुमारी अलका से कुछ ऐसा स्नेह हुआ कि वहीं रहने लगी। उन्होंने मुझे घायल सिंहरण के साथ यहाँ भेज दिया। कुमार सिंहरण बड़े सहृदय हैं परन्तु मागध, तुमको देखकर तो मैं चकित हो जाती हूँ! कभी इन्द्रजाली, कभी कुछ! भला इतना सुन्दर रूप तुम्हें विकृत करने की क्या आवश्यकता है?

चन्द्रगुप्त : शुभे, मैं तुम्हारी सरलता पर मुग्ध हूँ। तुम इन बातों को पूछकर क्या करोगी!

[प्रस्थान]

मालविका : स्नेह से हृदय चिकना हो जाता है। परन्तु बिछलने का भय भी होता है।—अद्भुत युवक है। देखूँ कुमार सिंहरण कब आते हैं।

[पट-परिवर्तन]

पंचम् दृश्य

[स्थल—बन्दीगृह में घायल सिंहरण और अलका]

अलका : अब तो चल-फिर सकोगे?

सिंहरण : हाँ अलका, परन्तु बन्दीगृह में चलना-फिरना व्यर्थ है।

अलका : नहीं मालव, बहुत शीघ्र स्वस्थ होने की चेष्टा करो। तुम्हारी आवश्यकता है।

सिंहरण : क्या?

अलका : सिकन्दर की सेना रावी पार हो रही है। पंचनद से सन्धि हो गई, अब यवन लोग निश्चिन्त होकर आगे बढ़ना चाहते हैं। आर्य चाणक्य का एक चर यह सन्देश सुना गया है।

सिंहरण : कैसे?

अलका : क्षपणक—वेश में गीत गाता हुआ भीख माँगता आया था, उसने संकेत से अपना तात्पर्य कह सुनाया।

सिंहरण : तो क्या आर्य चाणक्य जानते हैं कि मैं यहाँ बन्दी हूँ?

अलका : हाँ, आर्य चाणक्य इधर की सब घटनाओं को जानते हैं।

सिंहरण : तब तो मालव पर शीघ्र ही आक्रमण होगा।

अलका : कोई डरने की बात नहीं, क्योंकि चन्द्रगुप्त को साथ लेकर आर्य ने वहाँ पर एक बड़ा भारी कार्य किया है। क्षुद्रकों और मालवों में सन्धि हो गई है। चन्द्रगुप्त को उनकी सम्मिलित सेना का सेनापति बनाने का उद्योग हो रहा है।

सिंहरण : *(उठकर)*, तब तो अलका, मुझे शीघ्र पहुँचना चाहिए।

अलका : परन्तु तुम बन्दी हो।

सिंहरण : जिस तरह हो सके अलके, मुझे पहुँचाओ।

अलका : *(कुछ सोचने लगती है)*—तुम जानते हो कि मैं क्यों बन्दिनी हूँ?

सिंहरण : क्यों?

अलका : आम्भीक से पर्वतेश्वर की सन्धि हो गई है और स्वयं सिकन्दर ने विरोध मिटाने के लिए पर्वतेश्वर की भगिनी से आम्भीक का ब्याह करा दिया है; परन्तु आम्भीक ने यह जानकर भी कि मैं यहाँ बन्दिनी हूँ, मुझे छुड़ाने का प्रयत्न नहीं किया। उसकी भीतर इच्छा थी, कि पर्वतेश्वर

की कई रानियों में से एक मैं भी हो जाऊँ; परन्तु मैंने अस्वीकार कर दिया।

सिंहरण : अलका, तब क्या करना होगा?

अलका : यदि मैं पर्वतेश्वर से ब्याह करना स्वीकार करूँ; तो सम्भव है तुमको छुड़ा दूँ।

सिंहरण : मैं...अलका! मुझसे पूछती हो!

अलका : दूसरा उपाय क्या है?

सिंहरण : मेरा सिर घूम रहा है। अलका! तुम पर्वतेश्वर की प्रणयिनी बनोगी! अच्छा होता कि इसके पहले मैं ही न रह जाता।

अलका : क्यों मालव; इसमें तुम्हारी कुछ हानि है?

सिंहरण : कठिन परीक्षा न लो अलका! मैं बड़ा दुर्बल हूँ। मैंने जीवन और मरण में तुम्हारा संग न छोड़ने का प्रण किया है।

अलका : मालव, देश की स्वतन्त्रता तुम्हारी आशा में है।

सिंहरण : और तुम पंचनद की अधीश्वरी बनने की आशा में... तब मुझे रणभूमि में प्राण देने की आज्ञा दो।

अलका : *(हँसती हुई)*—चिढ़ गए। आर्य चाणक्य की आज्ञा है कि थोड़ी देर पंचनद का सूत्र-संचालन करने के लिए मैं यहाँ की रानी बन जाऊँ।

सिंहरण : यह भी कोई हँसी है।

अलका : बन्दी! जाओ सो रहो, मैं आज्ञा देती हूँ।

[सिंहरण का प्रस्थान]

अलका : सुन्दर निश्चल हृदय, तुमसे हँसी करना भी अन्याय है। परन्तु व्यथा को दबाना पड़ेगा। सिंहरण को मालव भेजने के लिए प्रणय के साथ अत्याचार करना होगा।

[गाती है]

प्रथम यौवन-मदिरा से मत्त, प्रेम करने की थी परवाह,
और किसको देना है हृदय, चीन्हने की न तनिक थी चाह।
बेच डाला था हृदय अमोल, आज वह माँग रहा था दाम,
वेदना मिली तुला पर तोल, उसे लोभी ने ली बेकाम।
उड़ रही है हृत्पथ में धूल, आ रहे हो तुम बे-परवाह,
करूँ क्या दृग-जल से छिड़काव, बनाऊँ मैं यह बिछलन राह।
सँभलते धीरे-धीरे चलो, इसी मिस तुमको लगे विलम्ब,

सफल हो जीवन की सब साध, मिले आशा को कुछ अवलम्ब।
विश्व की सुषमाओं का स्रोत, बह चलेगा आँखों की राह,
और दुर्लभ होगी पहचान, रूप-रत्नाकर भरा अथाह।

[पर्वतेश्वर का प्रवेश]

पर्वतेश्वर : सुन्दरी अलका; तुम कब तक यहाँ रहोगी?

अलका : यह तो बन्दी बनानेवाले की इच्छा पर निर्भर करता है।

पर्वतेश्वर : तुम्हें कौन बन्दी कहता है? यह तुम्हारा अन्याय है; अलका! चलो; सुसज्जित राजभवन तुम्हारी प्रत्याशा में है।

अलका : नहीं पौरव, मैं राजभवनों से डरती हूँ, क्योंकि उनके लोभ से मनुष्य आजीवन मानसिक कारावास भोगता है।

पर्वतेश्वर : इसका तात्पर्य?

अलका : कोमल शय्या पर लेटे रहने की प्रत्याशा में स्वतन्त्रता का भी विसर्जन करना पड़ता है; यही उन विलासपूर्ण राजभवनों का प्रलोभन है।

पर्वतेश्वर : व्यंग्य न करो अलका। पर्वतेश्वर ने जो कुछ किया है, वह भारत का एक-एक बच्चा जानता है। परन्तु देव प्रतिकूल हो, तब क्या किया जाए?

अलका : मैं मानती हूँ, परन्तु आपकी आत्मा इसे मानने के लिए प्रस्तुत न होगी, हम लोग जो आपके लिए, देश के लिए, प्राण देने को प्रस्तुत थे, केवल यवनों को प्रसन्न करने के लिए बन्दी किए गए।

पर्वतेश्वर : बन्दी कैसे?

अलका : बन्दी नहीं तो और क्या? सिंहरण, जो आपके साथ युद्ध करते घायल हुआ है, आज तक वह क्यों रोका गया? पंचनद-नरेश, आपका न्याय अत्यन्त सुन्दर है न!

पर्वतेश्वर : कौन कहता है सिंहरण बन्दी है? उस वीर की मैं प्रतिष्ठा करता हूँ अलका, परन्तु उससे द्वन्द्व-युद्ध करना चाहता हूँ।

अलका : क्यों?

पर्वतेश्वर : क्योंकि अलका के दो प्रेमी नहीं हो सकते।

अलका : महाराज, यदि भूपालों का-सा व्यवहार न माँगकर आप सिकन्दर से द्वन्द्व-युद्ध माँगते, तो अलका को विचार करने का अवसर मिलता।

पर्वतेश्वर : यदि मैं सिकन्दर का विपक्षी बन जाऊँ तो तुम मुझे प्यार करोगी अलका? सच कहो!

अलका : तब विचार करूँगी, पर वैसी सम्भावना नहीं।

पर्वतेश्वर : क्या प्रमाण चाहती हो अलका?

अलका : सिंहरण के देश पर यवनों का आक्रमण होनेवाला है, वहाँ तुम्हारी सेना यवनों की सहायक न बने; और सिंहरण अपनी, मालव की रक्षा के लिए मुक्त किया जाए!

पर्वतेश्वर : मुझे स्वीकार है।

अलका : तो मैं भी राजभवन में चलने के लिए प्रस्तुत हूँ, परन्तु एक नियम पर!

पर्वतेश्वर : वह क्या?

अलका : यही कि सिकन्दर के भारत में रहने तक मैं स्वतन्त्र रहूँगी। पंचनद नरेश, यह दस्यु-दल बरसाती बाढ़ के समान निकल जाएगा, विश्वास रखिए।

पर्वतेश्वर : सच कहती हो अलका! अच्छा, मैं प्रतिज्ञा करता हूँ, तुम जैसा कहोगी, वही होगा! सिंहरण के लिए रथ आवेगा और तुम्हारे लिए शिविका। देखो भूलना मत।

[चिन्तित भाव से प्रस्थान]

षष्ठम दृश्य

[मालवों के स्कन्धावार में युद्ध-परिषद]

देवबल : परिषद के सम्मुख मैं यह विज्ञप्ति उपस्थित करता हूँ कि यवन-युद्ध के लिए जो सन्धि मालव-क्षुद्रकों से हुई है, उसे सफल बनाने के लिए आवश्यक है कि दोनों गणों की एक सम्मिलित सेना बनाई जाए और उसके सेनापति क्षुद्रकों के मनोनीत सेनापति मागध चन्द्रगुप्त ही हों। उन्हीं की आज्ञा से सैन्य-संचालन हो।

[सिंहरण का प्रवेश। परिषद में हर्ष]

सब : कुमार सिंहरण की जय।

नागदत्त : मगध एक साम्राज्य है। लिच्छवि और वृजि गणतन्त्र को कुचलने वाले मगध का निवासी हमारी सेना का संचालन करे, यह अन्याय है। मैं इसका विरोध करता हूँ।

सिंहरण : मैं मालव-सेना का बलाधिकृत हूँ। मुझे सेना का अधिकार परिषद ने प्रदान किया है और साथ ही मैं सन्धि-विग्रहिक का कार्य भी करता हूँ। पंचनद की परिस्थिति मैं स्वयं देख आया हूँ और मागध चन्द्रगुप्त को भी भली-भाँति जानता हूँ। मैं चन्द्रगुप्त के आदेशानुसार युद्ध चलाने के लिए सहमत हूँ। और भी मेरी एक प्रार्थना है—उत्तरापथ के विशिष्ट राजनीतिज्ञ आर्य चाणक्य के गम्भीर राजनीतिक विचार सुनने पर आप लोग अपना कर्तव्य निश्चित करें।

गणमुख्य : आर्य चाणक्य व्यासपीठ पर आवें।

चाणक्य : *(व्यासपीठ से)* उत्तरापथ के प्रमुख गणतन्त्र मालव राष्ट्र की परिषद का मैं अनुगृहीत हूँ कि ऐसे गम्भीर अवसर पर मुझे कहने के लिए उसने आमन्त्रित किया। गणतन्त्र और एक राज्य का प्रश्न यहाँ नहीं, क्योंकि लिच्छिवि और वृजियों का अपकार करनेवाला मगध का राज्य, शीघ्र ही गणतन्त्र में परिवर्तित होनेवाला है। युद्ध-काल में एक नायक की आज्ञा माननी पड़ती है। वहाँ शलाका ग्रहण करके शस्त्र प्रहार करना असम्भव है। अतएव सेना का एक नायक तो होना ही चाहिए। और यहाँ की परिस्थिति में चन्द्रगुप्त से बढ़कर इस कार्य के लिए दूसरा व्यक्ति न होगा। वितस्ता-प्रदेश के अधीश्वर पर्वतेश्वर के यवनों से सन्धि करने पर भी चन्द्रगुप्त ही के उद्योग का यह फल है कि पर्वतेश्वर की सेना यवन-सहायता को न आवेगी। उसी के प्रयत्न से यवन-सेना में विद्रोह भी हो गया है, जिससे उनका आगे बढ़ना असम्भव हो गया है। परन्तु सिकन्दर की कूटनीति प्रत्यावर्तन में भी विजय चाहती है। वह अपनी विद्रोही सेना को स्थल-मार्ग से लौटने की आज्ञा देकर नौबल के द्वारा स्वयं सिन्धु-संगम तक के प्रदेश विजय करना चाहता है। उसमें मालवों का नाश निश्चित है। अतएव, सेनापतित्व के लिए आप लोग चन्द्रगुप्त को वरण करें तो, क्षुद्रकों का सहयोग भी आप लोगों को मिलेगा। चन्द्रगुप्त को ही उन लोगों ने भी सेनापति बनाया है।

नागदत्त : ऐसा नहीं हो सकता!

चाणक्य : प्रबल प्रतिरोध करने के लिए दोनों सैन्यों में एकाधिपत्य होना आवश्यक है। साथ ही क्षुद्रकों की सन्धि की मर्यादा भी रखनी चाहिए। प्रश्न शासन का नहीं, युद्ध का है। युद्ध में सम्मिलित होनेवाले वीरों को एकनिष्ठ होना ही लाभदायक है। फिर तो मालव और क्षुद्रक दोनों ही स्वतन्त्र संघ हैं और रहेंगे। सम्भवत: इसमें प्राच्यों का एक गणराष्ट्र आगामी दिनों में और भी आ मिलेगा।

नागदत्त : समझ गया, चन्द्रगुप्त को ही सम्मिलित सेना का सेनापति बनाना श्रेयस्कर होगा!

सिंहरण : अन्न, पान और भैषज्य सेवा करनेवाली स्त्रियों ने मालविका को अपना प्रधान बनाने की प्रार्थना की है।

गणमुख्य : यह उन लोगों की इच्छा पर है! अस्तु, महाबलाधिकृत पद के लिए चन्द्रगुप्त को वरण करने की आज्ञा परिषद देती है।

[समवेत जयघोष]

सप्तम दृश्य

[पर्वतेश्वर का प्रासाद]

अलका : सिंहरण मेरी आशा देख रहा होगा और मैं यहाँ पड़ी हूँ! आज इसका कुछ निबटारा करना होगा। अब अधिक नहीं—*(आकाश की ओर देखकर)*—तारों से भरी हुई काली रजनी का नीला आकाश—जैसे कोई विराट गणितज्ञ निभृत में रेखा-गणित की समस्या सिद्ध करने के लिए बिन्दु दे रहा है ।

[पर्वतेश्वर का प्रवेश]

पर्वतेश्वर : अलका, बड़ी द्विविधा है।

अलका : क्यों पौरव?

पर्वतेश्वर : मैं तुमसे प्रतिश्रुत हो चुका हूँ कि मालव-युद्ध में मैं भाग न लूँगा, परन्तु सिकन्दर का दूत आया है कि आठ सहस्त्र अश्वारोही लेकर रावी तट पर मिलो। साथ ही पता चला है कि कुछ यवन-सेना अपने देश को लौट रही है।

अलका : *(अन्यमनस्क होकर)* हाँ, कहते चलो!

पर्वतेश्वर : तुम क्या कहती हो अलका!

अलका : मैं सुनना चाहती हूँ!

पर्वतेश्वर : बतलाओ, मैं क्या करूँ!

अलका : जो अच्छा समझो! मुझे देखने दो ऐसी सुन्दर वेणी— फूलों से गूँथी हुई श्यामा रजनी की सुन्दर वेणी-अहा!

पर्वतेश्वर : क्या कह रही हो?

अलका : गाने की इच्छा होती है, सुनोगे?

[गाती है]

बिखरी किरन अलक व्याकुल हो विरस वदन पर चिन्ता लेख,
छायापथ में राह देखती गिनती प्रणय-अवधि की रेख।
प्रियतम के आगमन-पंथ में उड़ न रही है कोमल धूल,
कादम्बिनी उठी यह ढँकनेवाली दूर जलधि के कूल।
समय-विहग के कृष्णपक्ष में रजत चित्र-सी अंकित कौन-
तुम हो सुन्दरि तरल तारिके! बोलो कुछ, बैठो मत मौन!
मन्दाकिनी समीप भरी फिर प्यासी आँखें क्यों नादान।
रूप-निशा की ऊषा में फिर कौन सुनेगा तेरा गान।

पर्वतेश्वर : अलका! मैं पागल होता जा रहा हूँ। यह तुमने क्या कर दिया है?

अलका : मैं तो गा रही हूँ।

पर्वतेश्वर : परिहास न करो। बताओ, मैं क्या करूँ?

अलका : यदि सिकन्दर के रण-निमन्त्रण में तुम न जाओगे तो तुम्हारा राज्य चला जाएगा!

पर्वतेश्वर : बड़ी विडम्बना है!

अलका : पराधीनता से बढ़कर विडम्बना और क्या है? अब समझ गए होगे कि वह सन्धि नहीं, पराधीनता की स्वीकृति थी।

पर्वतेश्वर : मैं समझता हूँ कि एक हजार अश्वारोहियों को साथ लेकर वहाँ पहुँच जाऊँ, फिर कोई बहाना ढूँढ़ निकालूँगा।

अलका : *(मन में)*—मैं चलूँ, निकल भागने का ऐसा अवसर दूसरा न मिलेगा! *(प्रकट)* अच्छी बात है, परन्तु मैं भी साथ चलूँगी। मैं यहाँ अकेले क्या करूँगी।

[पर्वतेश्वर का प्रस्थान]

अष्टम् दृश्य

[रावी के तट पर सैनिकों के साथ मालविका और चन्द्रगुप्त, नदी में दूर पर कुछ नावें।]

मालविका : मुझे शीघ्र उत्तर दीजिए।

चन्द्रगुप्त : जैसा उचित समझो, तुम्हारी आवश्यक सामग्री तुम्हारे अधीन रहेगी। सिंहरण को कहाँ छोड़ा?

मालविका : आते ही होंगे।

चन्द्रगुप्त : *(सैनिकों से)* तुम लोग कितनी दूर तक गए थे?

सैनिक : अभी चार योजन तक यवनों का पता नहीं। परन्तु कुछ भारतीय सैनिक रावी के उस पार दिखाई दिए। मालव की पचासों हिंस्रिकाएँ वहाँ निरीक्षण कर रही हैं। उन पर धनुर्धर हैं।

सिंहरण : *(प्रवेश करके)* वह पर्वतेश्वर की सेना होगी। किन्तु मागध! आश्चर्य है।

चन्द्रगुप्त : आश्चर्य कुछ नहीं।

सिंहरण : क्षुद्रकों के केवल कुछ ही गुल्म आए हैं, और तो...

चन्द्रगुप्त : चिन्ता नहीं। कल्याणी के मागध सैनिक और क्षुद्रक अपनी घात में हैं। यवनों को इधर आ जाने दो। सिंहरण, थोड़ी-सी हिंस्रिकाओं पर मुझे साहसी वीर चाहिए।

सिंहरण : प्रस्तुत हैं। आज्ञा दीजिए।

चन्द्रगुप्त : यवनों की जलसेना पर आक्रमण करना होगा। विजय के विचार से नहीं, केवल उलझाने के लिए और उनकी सामग्री नष्ट करने के लिए।

[सिंहरण संकेत करता है। नावें जाती हैं।]

मालविका : तो मैं स्कन्धावार के पृष्ठ भाग में अपने साधन रखती हूँ। एक क्षुद्र भंडार मेरे उपवन में भी रहेगा।

चन्द्रगुप्त : *(विचार करके)*—अच्छी बात है।

[एक नाव तेजी से आती है, उस पर से अलका उतर पड़ती है।]

सिंहरण : *(आश्चर्य से)*—तुम कैसे अलका?

अलका : पर्वतेश्वर ने प्रतिज्ञा भंग की है, वह सैनिकों के साथ सिकन्दर की सहायता के लिए आया है। मालवों की नावें

घूम रही थीं। मैं जान-बूझकर पर्वतेश्वर को छोड़कर वहीं पहुँच गई। *(हँसकर)*—परन्तु मैं बन्दी होकर आई हूँ!

चन्द्रगुप्त : देवि! युद्धकाल है, नियमों को तो देखना ही पड़ेगा। मालविका! ले जाओ इन्हें उपवन में।

[मालविका और अलका का प्रस्थान]

[मालव रक्षकों के साथ एक यवन का प्रवेश]

यवन : मालव के सन्धि-विग्रहिक अमात्य से मिलना चाहता हूँ।

सिंहरण : तुम दूत हो?

यवन : हाँ!

सिंहरण : कहो, मैं यहीं हूँ।

यवन : देवपुत्र ने आज्ञा दी है कि मालव-नेता आकर मुझसे भेंट करें और मेरी जल-यात्रा की सुविधा का प्रबन्ध करें।

सिंहरण : सिकन्दर से मालवों की ऐसी कोई सन्धि नहीं हुई, जिससे वे इस कार्य के लिए बाध्य हों। हाँ, भेंट करने के लिए मालव सदैव प्रस्तुत हैं—चाहे सन्धि-परिषद में या रणभूमि में!

यवन : तो यही जाकर कह दूँ?

सिंहरण : हाँ, जाओ। *(रक्षकों से)*—इन्हें सीमा तक पहुँचा दो।

[यवन का रक्षकों के साथ प्रस्थान]

चन्द्रगुप्त : मालव; हम लोगों ने भयानक दायित्व उठाया है, इसका निर्वाह करना होगा।

सिंहरण : जीवन-मरण से खेलते हुए करेंगे, वीरवर!

चन्द्रगुप्त : परन्तु सुनो तो, यवन लोग आर्यों की रण-नीति से नहीं लड़ते। वे हमीं लोगों के युद्ध हैं, जिनमें रणभूमि के पास ही कृषक स्वच्छन्दता से हल चलाता है। यवन आतंक फैलाना जानते हैं और उसे अपनी रण-नीति का प्रधान अंग मानते हैं। निरीह साधारण प्रजा को लूटना, गाँवों को जलाना, उनके भीषण परन्तु साधारण कार्य हैं।

सिंहरण : युद्ध-सीमा के पार के लोगों को भिन्न दुर्गों में एकत्र होने की आज्ञा प्रचारित हो गई है। जो होगा, देखा जाएगा।

चन्द्रगुप्त : पर एक बात सदैव ध्यान में रखनी होगी।

सिंहरण : क्या?

चन्द्रगुप्त : यही, कि हमें आक्रमणकारी यवनों को यहाँ से हटाना है, और उन्हें जिस प्रकार हो, भारतीय सीमा के बाहर करना है। इसलिए शत्रु की ही नीति से युद्ध करना होगा।

सिंहरण : सेनापति की सब आज्ञाएँ मानी जाएँगी, चलिए!

[सब का प्रस्थान]

नवम दृश्य

[शिविर के समीप कल्याणी और चाणक्य]

कल्याणी : आर्य, अब मुझे लौटने की आज्ञा दीजिए, क्योंकि सिकन्दर ने विपाशा को अपने आक्रमण की सीमा बना ली है। अग्रसर होने की सम्भावना नहीं; और अमात्य राक्षस भी आ गए हैं, उनके साथ मेरा जाना ही उचित है।

चाणक्य : और चन्द्रगुप्त से क्या कह दिया जाए?

कल्याणी : मैं नहीं जानती।

चाणक्य : परन्तु राजकुमारी, उसका असीम प्रेमपूर्ण हृदय भग्न हो जाएगा। वह बिना पतवार की नौका के सदृश इधर-उधर बहेगा।

कल्याणी : आर्य, मैं इन बातों को नहीं सुनना चाहती, क्योंकि समय ने मुझे अव्यवस्थित बना दिया है।

[अमात्य राक्षस का प्रवेश]

राक्षस : कौन? चाणक्य?

चाणक्य : हाँ अमात्य! राजकुमारी मगध लौटना चाहती है।

राक्षस : तो उन्हें कौन रोक सकता है?

चाणक्य : क्यों? तुम रोकोगे।

राक्षस : क्या तुमने सबको मूर्ख समझ लिया है?

चाणक्य : जो होंगे वे अवश्य समझे जाएँगे। अमात्य! मगध की रक्षा अभीष्ट नहीं है क्या?

राक्षस : मगध विपन्न कहाँ है?

चाणक्य : तो मैं क्षुद्रकों से कह दूँ कि तुम लोग बाधा न दो, और यवनों से भी कह दिया जाए कि वास्तव में यह स्कन्धावार प्राच्य देश के सम्राट का नहीं है, जिससे भयभीत होकर तुम विपाशा पार नहीं होना चाहते; यह तो क्षुद्रकों की क्षुद्र सेना है, जो तुम्हारे लिए मगध तक पहुँचने का सरल पथ

छोड़ देने को प्रस्तुत है—क्यों?

राक्षस : *(विचार कर)*—आह ब्राह्मण, मैं स्वयं रहूँगा, यह तो मान लेने योग्य सम्मति है। परन्तु—

चाणक्य : फिर परन्तु लगाया। तुम स्वयं रहो और राजकुमारी भी रहें और तुम्हारे साथ जो नवीन गुल्म आए हैं, उन्हें भी रखना पड़ेगा। जब सिकन्दर रावी के अन्तिम छोर पर पहुँचेगा, तब तुम्हारी सेना का काम पड़ेगा। राक्षस! फिर भी मगध पर मेरा स्नेह है। मैं उसे उजड़ने और हत्याओं से बचाना चाहता हूँ।

[प्रस्थान]

कल्याणी : क्या इच्छा है अमात्य?

राक्षस : मैं इसका मुँह भी नहीं देखना चाहता। पर इसकी बातें मानने के लिए विवश हो रहा हूँ। राजकुमारी! यह मगध का विद्रोही अब तक बन्दी कर लिया जाता, यदि इसकी स्वतन्त्रता की आवश्यकता न होती।

कल्याणी : जैसी सम्मति हो।

[चाणक्य का पुनः प्रवेश]

चाणक्य : अमात्य! सिंह पिंजड़े में बन्द हो गया।

राक्षस : कैसे?

चाणक्य : जल-यात्रा में इतना विघ्न उपस्थित हुआ कि सिकन्दर को स्थल-मार्ग से मालवों पर आक्रमण करना पड़ा। अपनी विजयों पर फूल कर उसने ऐसा किया, परन्तु जा फँसा उनके चुंगल में। अब इधर क्षुद्रकों और मागधों की नवीन सेनाओं से उसको बाधा पहुँचानी होगी।

राक्षस : तब तुम क्या कहते हो? क्या चाहते हो?

चाणक्य : यही, कि तुम अपनी सम्पूर्ण सेना को लेकर विपाशा के तट की रक्षा करो, और क्षुद्रकों को लेकर मैं पीछे से आक्रमण करने जाता हूँ। इसमें तो डरने की कोई बात नहीं?

राक्षस : मैं स्वीकार करता हूँ।

चाणक्य : यदि न करोगे तो अपना अनिष्ट करोगे।

[प्रस्थान]

कल्याणी : विचित्र ब्राह्मण है अमात्य! मुझे तो इसको देखकर डर लगता है।

राक्षस : विकट है! राजकुमारी, एक बार उससे मेरा द्वन्द्व होना अनिवार्य है, परन्तु अभी मैं उसे बचाना चाहता हूँ।

कल्याणी : चलिए।

[कल्याणी का प्रस्थान]

चाणक्य : *(पुनः प्रवेश करके)*—राक्षस, एक बात तुम्हारे कल्याण की है, सुनोगे? मैं कहना भूल गया था।

राक्षस : क्या?

चाणक्य : नन्द को अपनी प्रेमिका सुवासिनी से तुम्हारे अनुचित सम्बन्ध का विश्वास हो गया है। अभी तुम्हारा मगध लौटना ठीक न होगा। समझे!

[चाणक्य का सवेग प्रस्थान, राक्षस सिर पकड़कर बैठ जाता है।]

दशम् दृश्य

[मालव दुर्ग का भीतरी भाग। एक शून्य परकोटा]

मालविका : अलका, इधर तो कोई भी सैनिक नहीं है! यदि शत्रु इधर से आवे तब?

अलका : दुर्ग ध्वंस करने के लिए यन्त्र लगाए जा चुके हैं, परन्तु मालव-सेना भी सुख की नींद नहीं सो रही है। सिंहरण को दुर्ग की भीतरी रक्षा का भार देकर चन्द्रगुप्त नदी-तट से यवन-सेना के पृष्ठ भाग पर आक्रमण करेंगे। आज ही युद्ध का अन्तिम निर्णय है। जिस स्थान पर यवन-सेना को ले आना अभीष्ट था, वहाँ तक पहुँच गई है।

मालविका : अच्छा, चलो, कुछ नवीन आहत आ गए हैं, उनकी सेवा का प्रबन्ध करना है।

अलका : *(देखकर)* मालविका! मेरे पास धनुष है और कटार है। इस आपत्तिकाल में एक आयुध अपने पास रखना चाहिए। तू कटार अपने पास रख ले।

मालविका : मैं डरती हूँ, घृणा करती हूँ। रक्त की प्यासी छुरी अलग करो, अलका, मैंने सेवा का व्रत लिया है।

अलका : प्राणों के भय से घृणा करती हो क्या?

मालविका : प्राण तो धरोहर है, जिसका होगा वही लेगा, मुझे भयों से इसकी रक्षा करने की आवश्यकता नहीं। मैं जाती हूँ।

अलका : अच्छी बात है, जा! परन्तु सिंहरण को शीघ्र ही भेज दे। यहाँ जब तक कोई न आ जाए, मैं नहीं हट सकती।

[*मालविका का प्रस्थान*]

अलका : सन्ध्या का नीरव निर्जन प्रदेश है। बैठूँ। *(अकस्मात बाहर से हल्ला होता है, युद्ध शब्द)* क्या चन्द्रगुप्त ने आक्रमण कर दिया? परन्तु यह स्थान... बड़ा ही अरक्षित है! *(उठती है)* अरे! वह कौन है? कोई यवन-सैनिक है क्या? तो सावधान हो जाऊँ।

(धनुष चढ़ाकर तीर मारती है। यवन-सैनिक का पतन। दूसरा फिर ऊपर आता है। उसे भी मारती है; तीसरी बार स्वयं सिकन्दर ऊपर आता है, तीर का वार बचाकर दुर्ग में कूदता है और अलका को पकड़ना चाहता है। सहसा सिंहरण का प्रवेश, युद्ध।)

सिंहरण : *(तलवार चलाते हुए)* तुमको स्वयं इतना साहस नहीं करना चाहिए सिकन्दर! तुम्हारा प्राण बहुमूल्य है!

सिकन्दर : केवल सेनाओं को आज्ञा देना नहीं जानता। बचाओ अपने को! *(भाले का वार)*

(सिंहरण इस फुरती से भाले को ढाल पर लेता है कि वह सिकन्दर के हाथ से छूट जाता है। यवनराज विवश होकर तलवार चलाता है; किन्तु सिंहरण के भयानक प्रत्याघात से घायल होकर गिरता है। तीन यवन-सैनिक कूदकर आते हैं, इधर से मालव-सैनिक पहुँचते हैं।)

सिंहरण : यवन! दुस्साहस न करो! तुम्हारे सम्राट की अवस्था शोचनीय है ले जाओ, इनकी शुश्रूषा करो!

यवन : दुर्ग-द्वार टूटता है और अभी हमारे वीर सैनिक इस दुर्ग को मटियामेट करते हैं।

सिंहरण : पीछे चन्द्रगुप्त की सेना है मूर्ख! इस दुर्ग में आकर तुम सब बन्दी होगे। ले जाओ, सिकन्दर को उठा ले जाओ; जब तक और मालवों को यह न विदित हो जाए कि यही वह सिकन्दर है।

मालव-सैनिक : सेनापति, रक्त का बदला! इस नृशंस ने निरीह जनता का अकारण वध किया। प्रतिशोध।

सिंहरण : ठहरो, मालव वीरो! ठहरो! यह भी एक प्रतिशोध है। यह भारत के ऊपर एक ऋण था! पर्वतेश्वर के प्रति उदारता दिखाने का यह प्रत्युत्तर है। यवन! जाओ, शीघ्र जाओ!

(तीनों यवन सिकन्दर को लेकर जाते हैं, घबराया हुआ एक सैनिक आता है।)

सिंहरण : क्या है?

सैनिक : दुर्ग-द्वार टूट गया, यवन-सेना भीतर आ रही है।

सिंहरण : कुछ चिन्ता नहीं। दृढ़ रहो। समस्त मालव-सेना से कह दो कि सिंहरण तुम्हारे साथ मरेगा। *(अलका से)* तुम मालविका को साथ लेकर अन्त:पुर की स्त्रियों को भूगर्भ-द्वार से रक्षित स्थान पर ले जाओ। अलका! मालव के ध्वंस पर ही आर्यों का यशो-मन्दिर ऊँचा खड़ा हो सकेगा। जाओ!

(अलका का प्रस्थान। यवन-सैनिकों का प्रवेश, दूसरी ओर से चन्द्रगुप्त का प्रवेश और युद्ध। एक यवन-सैनिक दौड़ा हुआ आता है।)

यवन : सेनापति, सिल्यूकस! क्षुद्रकों की सेना भी पीछे आ गई है! बाहर की सेना को उन लोगों ने उलझा रखा है।

चन्द्रगुप्त : यवन सेनापति, मार्ग चाहते हो या युद्ध? मुझ पर कृतज्ञता का बोझ है। तुम्हारा जीवन!

सिल्यूकस : *(कुछ सोचने लगता है)* हम दोनों के लिए प्रस्तुत हैं! किन्तु...

चन्द्रगुप्त : शान्ति! मार्ग दो! जाओ सेनापति! सिकन्दर का जीवन बच जाए तो फिर आक्रमण करना।

[यवन-सेना का प्रस्थान। चन्द्रगुप्त का जय-घोष]

[पटाक्षेप]

तृतीय अंक

प्रथम दृश्य

[विपाशा-तट का शिविर—राक्षस टहलता हुआ]

राक्षस : एक दिन चाणक्य ने कहा था कि आक्रमणकारी यवन, ब्राह्मण और बौद्धों का भेद न मानेंगे। वही बात ठीक उतरी। यदि मालव और क्षुद्रक परास्त हो जाते और यवन-सेना शतद्रु पारकर जाती, तो मगध का नाश निश्चित था। मूर्ख मगध-नरेश ने सन्देह किया है और बार-बार मेरे लौट आने की आज्ञाएँ आने लगी हैं। परन्तु...

[एक चर प्रवेश करके प्रणाम करता है]

राक्षस : क्या समाचार है?

चर : बड़ा ही आतंकजनक है अमात्य!

राक्षस : कुछ कहो भी।

चर : सुवासिनी पर आपसे मिलकर कुचक्र रचने का अभियोग है, वह कारागार में है।

राक्षस : *(क्रोध से)*—और भी कुछ?

चर : हाँ अमात्य, प्रान्त-दुर्ग पर अधिकार करके विद्रोह करने के अपराध में आपको बन्दी बनाकर ले आनेवाले के लिए पुरस्कार की घोषणा की गई है।

राक्षस : यहाँ तक! तुम सत्य कहते हो?

चर : मैं तो यहाँ तक कहने के लिए प्रस्तुत हूँ कि अपने बचने का शीघ्र उपाय कीजिए।

राक्षस : भूल थी! मेरी भूल थी! मूर्ख राक्षस! मगध की रक्षा करने चला था! जाता मगध, कटती प्रजा, लुटते नगर! नन्द! क्रूरता और मूर्खता की प्रतिमूर्ति नन्द! एक पशु! उसके

लिए क्या चिन्ता थी! सुवासिनी! मैं सुवासिनी के लिए मगध को बचाना चाहता था। कुटिल विश्वासघातिनी राज-सेवा! तुझे धिक्कार है!

[एक नायक का सैनिकों के साथ प्रवेश]

नायक : अमात्य राक्षस, मगध-सम्राट की आज्ञा से शस्त्र-त्याग कीजिए; आप बन्दी हैं।

राक्षस : *(खड्ग खींचकर)*—कौन है तू मूर्ख! इतना साहस!

नायक : यह तो बन्दीगृह बतावेगा! बल-प्रयोग करने के लिए मैं बाध्य हूँ! *(सैनिकों से)*—अच्छा! बाँध लो।

[दूसरी ओर से आठ सैनिक आकर उन पहले के सैनिकों को बन्दी बनाते हैं। राक्षस आश्चर्यचकित होकर देखता है।]

नायक : तुम सब कौन हो?

नवागत सैनिक : राक्षस के शरीर-रक्षक!

राक्षस : मेरे!

नवागत सै० : हाँ अमात्य! आर्य चाणक्य ने आज्ञा दी है कि जब तक यवनों का उपद्रव है, तब तक सबकी रक्षा होनी चाहिए, भले ही वह राक्षस क्यों न हो।

राक्षस : इसके लिए मैं चाणक्य का कृतज्ञ हूँ।

नवागत सै० : परन्तु अमात्य! कृतज्ञता प्रकट करने के लिए आपको उनके समीप तक चलना होगा।

[सैनिकों को संकेत करता है। वे बन्दियों को लेकर जाते हैं।]

राक्षस : मुझे कहाँ चलना होगा? राजकुमारी से शिविर में भेंट कर लूँ।

नवागत सै० : वहीं सबसे भेंट होगी। यह पत्र है।

[राक्षस पत्र लेकर पढ़ता है]

राक्षस : अलका का सिंहरण से ब्याह होनेवाला है, उसमें मैं भी निमन्त्रित किया गया हूँ! चाणक्य विलक्षण बुद्धि का ब्राह्मण है, उसकी प्रखर प्रतिभा कूट-राजनीति के साथ रात-दिन जैसे खिलवाड़ किया करती है।

नवागत सै० : हाँ, आपने और भी कुछ सुना है?

राक्षस : क्या?

नवागत सै० : यवनों ने मालवों से सन्धि करने का सन्देश भेजा है। सिकन्दर ने उस वीर रमणी अलका को देखने की बड़ी

इच्छा प्रकट की है, जिसने दुर्ग में सिकन्दर का प्रतिरोध किया था।

राक्षस : आश्चर्य!

चर : हाँ अमात्य! यह तो मैं कहने ही नहीं पाया था। रावी-तट पर एक विस्तृत शिविरों की रंग-भूमि बनी है, जिसमें अलका का ब्याह होगा। जब से सिकन्दर को यह विदित हुआ है कि अलका तक्षशिला-नरेश आम्भीक की बहन है, तब से उसे एक अच्छा अवसर मिल गया है। उसने उक्त शुभ अवसर पर मालवों और यवनों के एक सम्मिलित उत्सव के करने की घोषणा कर दी है। आम्भीक के पक्ष से स्वयं निमन्त्रित होकर, परिणय-सम्पादन कराने दल-बल के साथ स्वयं सिकन्दर भी आवेगा।

राक्षस : चाणक्य! तू धन्य है! मुझे ईर्ष्या होती है। चलो।

[सब जाते हैं]

द्वितीय दृश्य

[रावी-तट के उत्सव-शिविर के एक पथ में पर्वतेश्वर अकेले टहलते हुए]

पर्वतेश्वर : आह! कैसा अपमान! जिस पर्वतेश्वर ने उत्तरापथ में अनेक प्रबल शत्रुओं के रहते भी विरोधी को कुचल कर गर्व से सिर ऊँचा कर रखा था, जिसने दुर्दान्त सिकन्दर के सामने मरण को तुच्छ समझते हुए, वक्ष ऊँचा करके भाग्य से हँसी-ठट्ठा किया था, उसी का यह तिरस्कार— सो भी एक स्त्री के द्वारा! और सिकन्दर के संकेत से! प्रतिशोध! रक्त-पिशाची प्रतिहिंसा अपने दाँतों से नसों को नोच रही है! मरूँ या मार डालूँ! मारना तो असम्भव है सिंहरण और अलका, वर-वधू वेश में हैं, मालवों के चुने हुए वीरों से वे घिरे हैं। सिकन्दर उनकी प्रशंसा और आदर में लगा है। इस समय सिंहरण पर हाथ उठाना असफलता के पैरों तले गिरना है। तो फिर जी कर क्या करूँगा?

[छुरा निकाल कर आत्महत्या करना चाहता है, चाणक्य आकर हाथ पकड़ लेता है।]

पर्वतेश्वर : कौन?

चाणक्य : ब्राह्मण चाणक्य।

पर्वतेश्वर : मेरे इस अन्तिम समय में भी क्या कुछ दान चाहते हो?

चाणक्य : हाँ!

पर्वतेश्वर : मैंने अपना राज्य दिया, अब हटो।

चाणक्य : यह तो तुमने दे दिया, परन्तु इसे मैंने तुमसे माँगा न था, पौरव!

पर्वतेश्वर : फिर क्या चाहते हो?

चाणक्य : एक प्रश्न का उत्तर।

पर्वतेश्वर : तुम अपनी बात मुझे स्मरण कराने आए हो? तो ठीक है! ब्राह्मण! तुम्हारी बात सच हुई। यवनों ने आर्यावर्त्त को पददलित कर लिया। मैं गर्व में भूला था, तुम्हारी बात न मानी। अब उसी का प्रायश्चित्त करने जाता हूँ! छोड़ दो!

चाणक्य : पौरव! शान्त हो। मैं एक दूसरी बात पूछता हूँ। वृषल चन्द्रगुप्त क्षत्रिय है कि नहीं, अथवा उसे मूर्धाभिषिक्त करने में ब्राह्मण से भूल हुई?

पर्वतेश्वर : आह, ब्राह्मण! व्यंग्य न करो। चन्द्रगुप्त के क्षत्रिय होने का प्रमाण यही विराट आयोजन है। आर्य चाणक्य! मैं क्षमता रखते हुए जिस काम को न कर सका, वह कार्य निस्सहाय चन्द्रगुप्त ने किया। आर्यावर्त्त से यवनों को निकल जाने का संकेत उसके प्रचुर बल का द्योतक है। मैं विश्वस्त हृदय से कहता हूँ कि चन्द्रगुप्त आर्यावर्त्त का एक एकच्छत्र सम्राट होने के उपयुक्त है। अब मुझे छोड़ दो...

चाणक्य : पौरव! ब्राह्मण राज्य करना नहीं जानता, करना भी नहीं चाहता, हाँ, वह राजाओं का नियमन करना जानता है; राजा बनाना जानता है। इसलिए तुम्हें अभी राज्य करना होगा, और करना होगा वह कार्य—जिसमें भारतीयों का गौरव हो और तुम्हारे क्षात्र धर्म का पालन हो।

पर्वतेश्वर : *(छुरा फेंककर)*—वह क्या काम है?

चाणक्य : जिन यवनों ने तुमको लज्जित और अपमानित किया है, उनसे प्रतिशोध!

पर्वतेश्वर : असम्भव है!

चाणक्य : *(हँसकर)*—मनुष्य अपनी दुर्बलता से भली-भाँति परिचित रहता है। परन्तु उसे अपने बल से भी अवगत होना चाहिए। असम्भव कहकर किसी काम को करने से पहले कर्मक्षेत्र में काँपकर लड़खड़ाओ मत पौरव! तुम क्या हो—विचार कर देखो तो! सिकन्दर ने जो क्षत्रप नियुक्त किया है, जिन सन्धियों को वह प्रगतिशील रखना चाहता है, वे सब क्या हैं? अपनी लूट-पाट को वह साम्राज्य के रूप में देखना चाहता है! चाणक्य जीते-जी यह नहीं होने देगा! तुम राज्य करो!

पर्वतेश्वर : परन्तु आर्य, मैंने राज्य दान कर दिया है।

चाणक्य : पौरव, तामस त्याग से सात्त्विक ग्रहण उत्तम है। वह दान न था, उसमें कोई सत्य नहीं। तुम उसे ग्रहण करो।

पर्वतेश्वर : तो क्या आज्ञा है?

चाणक्य : पीछे बतलाऊँगा। इस समय मुझे केवल यही कहना है कि सिंहरण को अपना भाई समझो और अलका को बहन।

[वृद्ध गान्धार-राज का सहसा प्रवेश]

वृद्ध : अलका कहाँ है, अलका?

पर्वतेश्वर : कौन हो तुम वृद्ध?

चाणक्य : मैं इन्हें जानता हूँ—वृद्ध गान्धार-नरेश!

पर्वतेश्वर : आर्य, मैं पर्वतेश्वर प्रणाम करता हूँ।

वृद्ध : मैं प्रणाम करने योग्य नहीं, पौरव! मेरी सन्तान से देश का बड़ा अनिष्ट हुआ है। आम्भीक ने लज्जा की यवनिका में मुझे छिपा दिया है। इस देशद्रोही के प्राण केवल अलका को देखने के लिए बचे हैं उसी से कुछ आशा थी। जिसको मोल लेने में लोभ असमर्थ था, उसी अलका को देखना चाहता हूँ और प्राण दे देना चाहता हूँ। *(हाँफता है)*

चाणक्य : क्षत्रिय! तुम्हारे पाप और पुण्य दोनों जीवित हैं। स्वस्तिमती अलका आज सौभाग्यवती होने जा रही हैं, चलो कन्या-सम्प्रदान करके प्रसन्न हो जाओ।

[चाणक्य वृद्ध गान्धार-नरेश को लिवा जाता है]

पर्वतेश्वर : जाऊँ? किधर जाऊँ? चाणक्य के पीछे? *(जाता है)*

[कार्नेलिया और चन्द्रगुप्त का प्रवेश]

चन्द्रगुप्त : कुमारी, आज मुझे बड़ी प्रसन्नता हुई!

कार्नेलिया : किस बात की?

चन्द्रगुप्त : कि मैं विस्मृत नहीं हुआ।

कार्नेलिया : स्मृति कोई अच्छी वस्तु है क्या?

चन्द्रगुप्त : स्मृति जीवन का पुरस्कार है सुन्दरी।

कार्नेलिया : परन्तु मैं कितने दूर-देश की हूँ। स्मृतियाँ ऐसे अवसर पर उद्दंड हो जाती हैं। अतीत के कारागृह में बन्दिनी-स्मृतियाँ अपने करुण निःश्वास की शृंखलाओं को झनझनाकर सूचीभेद्य अन्धकार में सो जाती हैं।

चन्द्रगुप्त : ऐसा हो तो भूल जाओ शुभे! इस केन्द्रच्युत जलते हुए उल्कापिंड की कोई कक्षा नहीं। निर्वासित, अपमानित प्राणों की चिन्ता क्या?

कार्नेलिया : नहीं चन्द्रगुप्त, मुझे इस देश से जन्मभूमि के समान स्नेह होता जा रहा है। यहाँ के श्यामल-कुंज, घने जंगल, सरिताओं की माला पहने हुए शैल-श्रेणी, हरी-भरी वर्षा, गर्मी की चाँदनी, शीत-काल की धूप और भोले कृषक तथा सरल कृषक-बालिकाएँ, बाल्यकाल की सुनी हुई कहानियों की जीवित प्रतिमाएँ हैं। यह स्वप्नों का देश, यह त्याग और ज्ञान का पालना, यह प्रेम की रंगभूमि—भारत-भूमि क्या भुलाई जा सकती है? कदापि नहीं। अन्य देश मनुष्यों की जन्म-भूमि है; यह भारत मानवता की जन्मभूमि है।

चन्द्रगुप्त : शुभे, मैं यह सुनकर चकित हो गया हूँ।

कार्नेलिया : और मैं मर्माहत हो गई हूँ चन्द्रगुप्त, मुझे पूर्ण विश्वास था कि यहाँ के क्षत्रप पिता जी नियुक्त होंगे और मैं अलेग्जेंद्रिया में समीप ही रहकर भारत को देख सकूँगी। परन्तु वैसा न हुआ, सम्राट ने फिलिप्स को यहाँ का शासक नियुक्त कर दिया है।

[अकस्मात फिलिप्स का प्रवेश]

फिलिप्स : तो बुरा क्या है कुमारी! सिल्यूकस के क्षत्रप न होने पर भी कार्नेलिया यहाँ की शासिका हो सकती है। फिलिप्स अनुचर होगा—*(देखकर)*—फिर वही भारतीय युवक!

चन्द्रगुप्त : सावधान! यवन! हम लोग एक बार एक-दूसरे की परीक्षा ले चुके हैं।

फिलिप्स : ऊँह! तुमसे मेरा सम्बन्ध ही क्या है, परन्तु...

कार्नेलिया : और मुझसे भी नहीं, फिलिप्स! मैं चाहती हूँ कि तुम मुझसे न बोलो!

फिलिप्स : अच्छी बात है। किन्तु मैं चन्द्रगुप्त को भी तुमसे बातें करते हुए नहीं देख सकता। तुम्हारे प्रेम का...

कार्नेलिया : चुप रहो, मैं कहती हूँ; चुप रहो!

फिलिप्स : *(चन्द्रगुप्त से)* मैं तुमसे द्वन्द्व-युद्ध करना चाहता हूँ।

चन्द्रगुप्त : जब इच्छा हो, मैं प्रस्तुत हूँ। और सन्धि भंग करने के लिए तुम्हीं अग्रसर होगे; यह अच्छी बात होगी।

फिलिप्स : सन्धि राष्ट्र की है। यह मेरी व्यक्तिगत बात है। अच्छा, फिर कभी मैं तुम्हें आह्वान करूँगा।

चन्द्रगुप्त : आधी रात, पिछले पहर, जब तुम्हारी इच्छा हो!

[फिलिप्स का प्रस्थान]

कार्नेलिया : सिकन्दर ने भारत से युद्ध किया है और मैंने भारत का अध्ययन किया है। मैं देखती हूँ कि यह युद्ध ग्रीक और भारतीयों के अस्त्र का ही नहीं, इसमें दो बुद्धियाँ भी लड़ रही हैं। यह अरस्तू और चाणक्य की चोट है, सिकन्दर और चन्द्रगुप्त उनके अस्त्र हैं।

चन्द्रगुप्त : मैं क्या कहूँ; मैं एक निर्वासित—

कार्नेलिया : लोग चाहे जो कहें, मैं भली-भाँति जानती हूँ कि अभी तक चाणक्य की विजय है। पिता जी से और मुझसे इस विषय पर अच्छा विवाद होता है। वे अरस्तू के शिष्यों में हैं।

चन्द्रगुप्त : भविष्य के गर्भ में अभी बहुत-से रहस्य छिपे हैं।

कार्नेलिया : अच्छा, तो मैं जाती हूँ और फिर एक बार अपनी कृतज्ञता प्रकट करती हूँ। किन्तु मुझे विश्वास है कि मैं पुन: लौटकर आऊँगी?

चन्द्रगुप्त : उस समय भी मुझे भूलने की चेष्टा करोगी!

कार्नेलिया : नहीं, चन्द्रगुप्त! विदा—यवन-बेड़ा आज ही जाएगा।

[दोनों एक-दूसरे की ओर देखते हुए जाते हैं। राक्षस और कल्याणी का प्रवेश।]

कल्याणी : ऐसा विराट दृश्य तो मैंने नहीं देखा था अमात्य! मगध को किस बात का गर्व है?

राक्षस : गर्व है राजकुमारी! और उसका गर्व सत्य है। चाणक्य और चन्द्रगुप्त मगध की प्रजा हैं, जिन्होंने इतना बड़ा उलट-फेर किया है?

[चाणक्य का प्रवेश]

चाणक्य : तो तुम इसे स्वीकार करते हो अमात्य राक्षस?

राक्षस : शत्रु की उचित प्रशंसा करना मनुष्य का धर्म है। तुमने अद्‌भुत कार्य किए, इसमें भी कोई सन्देह है?

चाणक्य : अस्तु, अब तुम जा सकते हो। मगध तुम्हारा स्वागत करेगा।

राक्षस : राजकुमारी तो कल चली जाएँगी। पर, मैंने अभी तक निश्चय नहीं किया है।

चाणक्य : मेरा कार्य हो गया, राजकुमारी जा सकती हैं, परन्तु एक बात कहूँ?

राक्षस : क्या?

चाणक्य : यहाँ की कोई बात नन्द से न कहने की प्रतिज्ञा करनी होगी।

कल्याणी : मैं प्रतिश्रुत होती हूँ।

चाणक्य : राक्षस, मैं सुवासिनी से तुम्हारी भेंट भी करा देता, परन्तु वह मुझ पर विश्वास नहीं करती।

राक्षस : क्या वह भी यहीं है?

चाणक्य : कहीं होगी, तुम्हारा प्रत्यय देखकर वह आ सकती है।

राक्षस : यह लो मेरी अंगुलीय मुद्रा। चाणक्य! सुवासिनी को कारागार से मुक्त कराकर मुझसे भेंट करा दो।

चाणक्य : *(मुद्रा लेकर)* मैं चेष्टा करूँगा।

[प्रस्थान]

राक्षस : तो राजकुमारी, प्रणाम!

कल्याणी : तुमने अपना कर्तव्य भली-भाँति सोच लिया होगा। मैं जाती हूँ, और विश्वास दिलाती हूँ कि मुझसे तुम्हारा अनिष्ट न होगा।

[दोनों का प्रस्थान]

तृतीय दृश्य

[रावी का तट। सिकन्दर का बेड़ा प्रस्तुत है। चाणक्य और पर्वतेश्वर]

चाणक्य : पौरव, देखो यह नृशंसता की बाढ़ आज उतर जाएगी। चाणक्य ने जो किया, वह भला था या बुरा, अब समझ में आवेगा।

पर्वतेश्वर : मैं मानता हूँ, यह आप ही का स्तुत्य कार्य है।

चाणक्य : और चन्द्रगुप्त के बाहु-बल का, पौरव! आज फिर मैं उसी बात को दुहराना चाहता हूँ। अत्याचारी नन्द के हाथों से मगध का उद्धार करने के लिए चाणक्य ने तुम्हीं से पहले सहायता माँगी थी और अब तुम्हीं से लेगा भी, अब तो तुम्हें विश्वास होगा?

पर्वतेश्वर : मैं प्रस्तुत हूँ, आर्य!

चाणक्य : मैं विश्वस्त हुआ। अच्छा, यवनों को आज विदा करना है।

[एक ओर से सिकन्दर, सिल्यूकस, कार्नेलिया, फिलिप्स इत्यादि; और दूसरी ओर से चन्द्रगुप्त, सिंहरण, अलका, मालविका और आम्भीक इत्यादि का यवन और भारतीय रणवाद्यों के साथ प्रवेश।]

सिकन्दर : सेनापति चन्द्रगुप्त! बधाई है!

चन्द्रगुप्त : किस बात की राजन!

सिकन्दर : जिस समय तुम भारत के सम्राट होगे, उस समय मैं उपस्थित न रह सकूँगा, उसके लिए पहले से बधाई है। मुझे उस नग्न ब्राह्मण दांड्यायन की बातों का पूर्ण विश्वास हो गया।

चन्द्रगुप्त : आप वीर हैं।

सिकन्दर : आर्य वीर! मैंने भारत में हरक्यूलिस, एचिलिस की आत्माओं को भी देखा और देखा डिमास्थनीज़ को। सम्भवत: प्लेटो और अरस्तू भी होंगे। मैं भारत का अभिनन्दन करता हूँ।

सिल्यूकस : सम्राट! यही आर्य चाणक्य हैं।

सिकन्दर : धन्य हैं आप, मैं तलवार खींचे हुए भारत में आया, हृदय देकर जाता हूँ। विस्मय-विमुग्ध हूँ। जिनसे खड्ग-परीक्षा हुई थी, युद्ध में जिनसे तलवारें मिली थीं, उनसे हाथ मिलाकर-मैत्री के हाथ मिलाकर जाना चाहता हूँ।

चाणक्य : हम लोग प्रस्तुत हैं सिकन्दर! तुम वीर हो, भारतीय सदैव उत्तम गुणों की पूजा करते हैं। तुम्हारी जल-यात्रा मंगलमय हो। हम लोग युद्ध करना जानते हैं, द्वेष नहीं। *[सिकन्दर हँसता हुआ अनुचरों के साथ नौका पर आरोहण करता है। नाव चलती है।]*

चतुर्थ दृश्य

[पथ में चर और राक्षस]

चर : छल! प्रवंचना!! विश्वासघात!!!

राक्षस : क्या है, कुछ सुनूँ भी!

चर : मगध से आज मेरा सखा कुरंग आया है, उससे यह मालूम हुआ है कि महाराज नन्द का कुछ भी क्रोध आपके ऊपर नहीं, वह आपके शीघ्र मगध लौटने के लिए उत्सुक हैं।

राक्षस : और सुवासिनी?

चर : सुवासिनी सुखी और स्वतन्त्र है। मुझे चाणक्य के चर से वह धोखा हुआ था, जब मैंने आपसे वहाँ का समाचार कहा था।

राक्षस : तब क्या मैं कुचक्र में डाला गया हूँ? *(विचार कर)* चाणक्य की चाल है। ओह, मैं समझ गया। मुझे अभी निकल भागना चाहिए। सुवासिनी पर भी कोई अत्याचार—मेरी मुद्रा दिखाकर न किया जा सके, इसके लिए मुझे शीघ्र मगध पहुँचना चाहिए।

चर : क्या आपने मुद्रा भी दे दी है?

राक्षस : मेरी मूर्खता। चाणक्य, मगध में विद्रोह करना चाहता है।

चर : अभी हम लोगों को मगध-मुल्म मार्ग में मिल जाएगा, चाणक्य से बचने के लिए उसका आश्रय अच्छा होगा। दो तीव्रगामी अश्व मेरे अधिकार में हैं—शीघ्रता कीजिए।

राक्षस : तो चलो! मैं चाणक्य के हाथों का कठपुतली बनकर मगध का नाश नहीं कर सकता।

[दोनों का प्रस्थान। अलका और सिंहरण का प्रवेश]

सिंहरण : देवि! पर इसका उपाय क्या है?

अलका : उपाय जो कुछ हो, मित्र के कार्य में तुमको सहायता करनी ही चाहिए। चन्द्रगुप्त आज कह रहे थे कि 'मैं मगध जाऊँगा। देखूँ पर्वतेश्वर क्या करते हैं।'

सिंहरण : चन्द्रगुप्त के लिए यह प्राण अर्पित है अलके, मालव कृतघ्न नहीं होते। देखो, चन्द्रगुप्त और चाणक्य आ रहे हैं।

अलका : और उधर से पर्वतेश्वर भी।

[चन्द्रगुप्त, चाणक्य और पर्वतेश्वर का प्रवेश]

सिंहरण : मित्र! अभी कुछ दिन और ठहर जाते तो अच्छा था; अथवा जैसी गुरुदेव की आज्ञा।

चाणक्य : पर्वतेश्वर, तुमने मुझसे प्रतिज्ञा की है!

पर्वतेश्वर : मैं प्रस्तुत हूँ आर्य।

चाणक्य : अच्छा तो तुम्हें मेरे साथ चलना होगा। सिंहरण मालव गणराष्ट्र का एक व्यक्ति है, वह अपनी शक्ति-भर प्रयत्न कर सकता है; किन्तु सहायता बिना परिषद की अनुमति लिए असम्भव है। मैं परिषद के सामने अपना भेद खोलना नहीं चाहता। इसलिए पौरव, सहायता केवल तुम्हें करनी होगी। मालव अपने शरीर और खड्ग का स्वामी है, वह मेरे लिए प्रस्तुत है। मगध का अधिकार प्राप्त होने पर जैसा तुम कहोगे...

पर्वतेश्वर : मैं कह चुका हूँ आर्य चाणक्य! इस शरीर में या धन में, विभव में या अधिकार में, मेरी स्पृहा नहीं रह गई। मेरी सेना के महाबलाधिकृत सिंहरण और मेरा कोष आपका है।

चन्द्रगुप्त : मैं आप लोगों का कृतज्ञ होकर मित्रता को लघु नहीं बनाना चाहता। चन्द्रगुप्त सदैव आप लोगों का वही सहचर है।

चाणक्य : परन्तु तुम्हें मगध नहीं जाना होगा। अभी जो मगध से सन्देश मिले हैं, वे बड़े भयानक हैं! सेनापति, तुम्हारे पिता कारागार में हैं! और भी...

चन्द्रगुप्त : इतने पर भी आप मुझे मगध जाने से रोक रहे हैं?

चाणक्य : यह प्रश्न अभी मत करो।

(चन्द्रगुप्त सिर झुका लेता है। एक पत्र लिए मालविका का प्रवेश।)

मालविका : यह सेनापति के नाम पत्र है।

चन्द्रगुप्त : *(पढ़कर)* आर्य, मैं जा भी नहीं सकता।

चाणक्य : क्यों?

चन्द्रगुप्त : युद्ध का आह्वान है। द्वन्द्व के लिए फिलिप्स का निमन्त्रण है।

चाणक्य : तुम डरते तो नहीं?

चन्द्रगुप्त : आर्य! आप मेरा उपहास कर रहे हैं।

चाणक्य : *(हँसकर)* तब ठीक है, पौरव! तुम्हारा यहाँ रहना हानिकारक होगा। उत्तरापथ की दासता के अवशिष्ट चिह्न फिलिप्स का नाश निश्चित है। चन्द्रगुप्त उसके लिए उपयुक्त है। परन्तु यवनों से तुम्हारा फिर संघर्ष मुझे ईप्सित नहीं है। यहाँ रहने से तुम्हीं पर सन्देह होगा, इसलिए तुम मगध चलो। और सिंहरण! तुम सन्नद्ध रहना, यवन-विद्रोह तुम्हीं को शान्त करना होगा।

[सबका प्रस्थान]

पंचम दृश्य

[मगध में नन्द की रंगशाला। नन्द का प्रवेश]

नन्द : सुवासिनी।

सुवासिनी : देव!

नन्द : कहीं दो घड़ी चैन से बैठने की भी छुट्टी नहीं, तुम्हारी छाया में विश्राम करने आया हूँ!

सुवासिनी : प्रभु, क्या आज्ञा है? अभिनय देखने की इच्छा है?

नन्द : नहीं सुवासिनी, अभिनय तो नित्य देख रहा हूँ। छल, प्रतारणा, विद्रोह के अभिनय देखते-देखते आँखें जल रही हैं। सेनापति मौर्य, जिसके बल पर मैं भूला था, जिसके विश्वास पर मैं निश्चिन्त सोता था, विद्रोही-पुत्र चन्द्रगुप्त को सहायता पहुँचाता है! उसी का न्याय करना

था—आजीवन अन्धकूप का दंड देकर आ रहा हूँ। मन काँप रहा है—न्याय हुआ कि अन्याय! हृदय सन्दिग्ध है। सुवासिनी, किस पर विश्वास करूँ?

सुवासिनी : अपने परिजनों पर देव!

नन्द : अमात्य राक्षस भी नहीं, मैं तो घबरा गया हूँ।

सुवासिनी : द्राक्षासव ले आऊँ?

नन्द : ले आओ! *(सुवासिनी जाती है)* सुवासिनी कितनी सरल है! प्रेम और यवन के शीतल मेघ इस लहलही लता पर मँडरा रहे हैं। परन्तु...

[सुवासिनी का पान-पात्र लिए प्रवेश। पात्र भरकर देती है]

नन्द : सुवासिनी! कछ गाओ—वही उन्मादक गान!

[सुवासिनी गाती है]

आज इस यौवन के माधवी कुंज में कोकिल बोल रहा।
मधु पीकर पागल हुआ, करता प्रेम-प्रलाप,
शिथिल हुआ जाता हृदय, जैसे अपने आप!
लाज के बन्धन खोल रहा।
बिछल रही है चाँदनी, छवि-मतवाली रात,
कहती कम्पित अधर से, बहकाने की बात।
कौन मधु-मदिरा घोल रहा?

नन्द : सुवासिनी! जगत में और भी कुछ है—ऐसा मुझे तो नहीं प्रतीत होता! क्या उस कोकिल की पुकार केवल तुम्हीं सुनती हो? ओह! मैं इस स्वर्ग से कितनी दूर था! सुवासिनी!

[कामुक की-सी चेष्टा करता है]

सुवासिनी : भ्रम है महाराज! एक वेतन पाने वाली का यह अभिनय है।

नन्द : कभी नहीं, यह भ्रम है तो समस्त संसार मिथ्या है। तुम सच कहती हो, निर्बोध नन्द ने कभी वह पुकार नहीं सुनी। सुन्दरी! तुम मेरी प्राणेश्वरी हो।

सुवासिनी : *(सहसा चकित होकर)*—मैं दासी हूँ महाराज!

नन्द : यह प्रलोभन देकर ऐसी छलना! नन्द नहीं भूल सकता सुवासिनी! आओ—*(हाथ पकड़ता है)*

सुवासिनी : *(भयभीत होकर)* महाराज! मैं अमात्य राक्षस की धरोहर हूँ, सम्राट की भोग्या नहीं बन सकती।

नन्द : अमात्य राक्षस इस पृथ्वी पर तुम्हारा प्रणयी होकर नहीं जी सकता।

सुवासिनी : तो उसे खोजने के लिए स्वर्ग में जाऊँगी!

(नन्द उसे बलपूर्वक पकड़ लेता है। ठीक उसी समय अमात्य का प्रवेश)

नन्द : *(उसे देखते ही छोड़ता हुआ)* तुम! अमात्य, राक्षस!

राक्षस : हाँ सम्राट! एक अबला पर अत्याचार न होने देने के लिए ठीक समय पर पहुँचा।

नन्द : यह तुम्हारी अनुरक्ता है राक्षस! मैं लज्जित हूँ!

राक्षस : मैं प्रसन्न हुआ कि सम्राट अपने को परखने की चेष्टा करते हैं। अच्छा, तो इस समय जाता हूँ। चलो सुवासिनी!

[दोनों जाते हैं]

षष्ठम दृश्य

[कुसुमपुर का प्रान्त भाग—चाणक्य, मालविका और अलका]

मालविका : सुवासिनी और राक्षस स्वतन्त्र हैं! उनका परिणय शीघ्र ही होगा! इधर मौर्य कारागार में, वररुचि अपदस्थ, नागरिक लोग नन्द की उच्छृंखलताओं से असन्तुष्ट हैं।

चाणक्य : ठीक है, समय हो चला है! मालविका, तुम नर्तकी बन सकती हो?

मालविका : हाँ, मैं नृत्य-कला जानती हूँ।

चाणक्य : तो नन्द की रंगशाला में जाओ और लो यह छुरा तथा पत्र; राक्षस का विवाह होने के पहले—ठीक एक घड़ी पहले—नन्द के हाथ में देना! और पूछने पर बतला देना कि अमात्य राक्षस ने सुवासिनी को देने के लिए कहा था। परन्तु मुझसे भेंट न हो सकी, इसलिए यह उन्हें लौटा देने को लाई हूँ!

मालविका : *(स्वगत)* क्या असत्य बोलना होगा! चन्द्रगुप्त के लिए सब कुछ करूँगी। *(प्रकट)* अच्छा।

चाणक्य : मैंने सिंहरण को लिख दिया था कि चन्द्रगुप्त को शीघ्र यहाँ भेजो। तुम यवनों के सिर उठाने पर उन्हें शान्त करके आना, तब तक अलका मेरी रक्षा कर लेगी। मैं चाहता

हूँ कि सब सेना वणिकों के रूप में धीरे-धीरे कुसुमपुर में इकट्ठी हो जाए। उसी दिन राक्षस का ब्याह होगा, उसी दिन विद्रोह होगा और उसी दिन चन्द्रगुप्त राजा होगा!

अलका : परन्तु फिलिप्स के द्वन्द्व-युद्ध से चन्द्रगुप्त को लौट तो आने दीजिए, क्या जाने क्या हो!

चाणक्य : क्या हो! वही होकर रहेगा जिसे चाणक्य ने विचार करके ठीक कर लिया है। किन्तु...अवसर पर एक क्षण का विलम्ब असफलता का प्रवर्तक हो जाता है।

[मालविका जाती है]

अलका : गुरुदेव, महानगरी कुसुमपुर का ध्वंस और नन्द-पराजय इस प्रकार सम्भव है?

चाणक्य : अलके! चाणक्य अपना कार्य, अपनी बुद्धि से साधन करेगा। तुम देखती-भर रहो और मैं जो बताऊँ, करती चलो। मालविका अभी बालिका है, उसकी रक्षा आवश्यक है। उसे देखो तो।

[अलका जाती है]

चाणक्य : वह सामने कुसुमपुर है, जहाँ मेरे जीवन का प्रभात हुआ था। मेरे उस सरल हृदय में उत्कट इच्छा थी कि कोई भी सुन्दर-मन मेरा साथी हो। प्रत्येक नवीन परिचय में उत्सुकता थी और उसके लिए मन में सर्वस्व लुटा देने की सन्नद्धता थी। परन्तु संसार—कठोर संसार ने सिखा दिया है कि तुम्हें परखना होगा। समझदारी आने पर यौवन चला जाता है। जब तक माला गूँथी जाती है, तब तक फूल कुम्हला जाते हैं। जिससे मिलने के सम्भार की इतनी धूम-धाम, सजावट, बनावट होती है, उसके आने तक मनुष्य-हृदय को सुन्दर और उपयुक्त नहीं बनाए रह सकता। मनुष्य की चंचल स्थिति कब तक उस श्यामल कोमल हृदय को मरुभूमि बना देती है। यही तो विषमता है। मैं अविश्वास, कूट-चक्र और छलनाओं का कंकाल; कठोरताओं का केन्द्र! ओह! तो इस विश्व में मेरा कोई सुहृद नहीं है, मेरा संकल्प! अब मेरा आत्माभिमान ही मेरा मित्र है। और, थी एक क्षीण रेखा, वह जीवन-पट से धुल चली है। धुल जाने दूँ? सुवासिनी न-न-न, वह कोई नहीं। मैं अपनी प्रतिज्ञा पर आसक्त हूँ। भयानक

रमणीयता है। आज उस प्रतिज्ञा में जन्मभूमि के प्रति कर्तव्य का भी यौवन चमक रहा है। तृण-शय्या पर आधे पेट खाकर सो रहनेवाले के सिर पर दिव्य यश का स्वर्ण-मुकुट! और सामने सफलता का स्मृति-सौध *(आकाश की ओर देखकर)* वह, इन लाल बादलों में दिग्दाह का धूम मिल रहा है! भीषण रव से सब जैसे चाणक्य का नाम चिल्ला रहे हैं। *(देखकर)* हैं! यह कौन भूमि-सन्धि तोड़कर सर्प के समान निकल रहा है! छिपकर देखूँ।

[छिप जाता है। एक ढूह की मिट्टी गिरती है, उसमें से शकटार वनमानुष के समान निकलता है]

शकटार : *(चारों ओर देखकर आँखें बन्द कर लेता है। फिर खोलता हुआ)* आँखें नहीं सह सकतीं, इन्हीं प्रकाश-किरणों के लिए तड़प रही थीं! ओह, तीखी हैं! तो क्या मैं जीवित हूँ! कितने दिन हुए, कितने महीने, कितने वर्ष! नहीं स्मरण है। अन्धकूप की प्रधानता सर्वोपरि थी। सात लड़के भूख से तड़प कर मरे! कृतज्ञ हूँ उस अन्धकार का, जिसने उन विवर्ण मूखों को न देखने दिया। केवल उनके दम तोड़ने का क्षीण शब्द सुन सका। फिर भी जीवित रहा—सत्तू और नमक-पानी से मिलाकर, अपनी नसों से रक्त पीकर जीवित रहा! प्रतिहिंसा के लिए! पर अब शेष है, दम घुट रहा है। ओह!

[गिर पड़ता है]

(चाणक्य पास आकर कपड़ा निचोड़ कर मुँह में जल डाल सचेत करता है।)

चाणक्य : आह! तुम कोई दुखी मनुष्य हो! घबराओ मत, मैं तुम्हारी सहायता के लिए प्रस्तुत हूँ।

शकटार : *(ऊपर देखकर)* तुम! सहायता करोगे? आश्चर्य! मनुष्य मनुष्य की सहायता करेगा, वह उसे हिंस्रपशु के समान नोच न डालेगा। हाँ, यह दूसरी बात है कि वह जोंक की तरह बिना कष्ट दिए रक्त चूसे। जिसमें कोई स्वार्थ न हो, ऐसी सहायता! तुम भूखे भेड़िये!

चाणक्य : अभागे मनुष्य! सबसे चौंककर अलग न उछल! अविश्वास की चिनगारी पैरों के नीचे से हटा। तुझ जैसे

दुखी बहुत-से पड़े हैं। यदि सहायता नहीं तो परस्पर का स्वार्थ ही सही।

शकटार : दुःख! दुःख का नाम सुना होगा, या कल्पित आशंका से तुम उसका नाम लेकर चिल्ला उठते होगे। देखा है कभी सात-सात गोद के लालों को भूख से तड़प कर मरते? अन्धकार की घनी चादर में बरसों भू-गर्भ की जीवित समाधि में एक-दूसरे को, अपना आहार देकर स्वेच्छा से मरते देखा है। प्रतिंहिंसा की स्मृति को ठोकरें मार-मार कर जगाते, और प्राण-विसर्जन करते? देखा है कभी यह कष्ट उन सबों ने अपना आहार मुझे दिया और पिता होकर भी मैं पत्थर-सा जीवित रहा! उनका आहार खा डाला—उन्हें मरने दिया! जानते हो क्यों? वे सुकुमार थे, वे सुख की गोद में पले थे, वे नहीं सहन कर सकते थे, अतः सब मर जाते। मैं बच रहा प्रतिशोध के लिए! दानवी प्रतिहिंसा के लिए! ओह! उस अत्याचारी नर-राक्षस की अँतड़ियों में से खींचकर एक बार रक्त का फुहारा छोड़ता? इस पृथ्वी को उसी से रँगा देखता है!

चाणक्य : सावधान! *(शकटार को उठाता है)*

शकटार : सावधान हों वे, जो दुर्बलों पर अत्याचार करते हैं! पीड़ित पद-दलित, सब तरह लुटा हुआ! जिसने पुत्रों की हड्डियों से सुरंग खोदी है; नखों से मिट्टी हटाई है; उसके लिए सावधान रहने की आवश्यकता नहीं। मेरी वेदना अपने अन्तिम अस्त्रों से सुसज्जित है।

चाणक्य : तो भी तुमको प्रतिशोध लेना है। हम लोग एक ही पथ के पथिक हैं। घबराओ मत। क्या तुम्हारा और कोई भी इस संसार में जीवित नहीं?

शकटार : बची थी, पर न जाने कहाँ है। एक बालिका अपनी माता की स्मृति—सुवासिनी। पर अब कहाँ है, कौन जाने?

चाणक्य : क्या कहा? सुवासिनी?

शकटार : हाँ, सुवासिनी।

चाणक्य : और तुम शकटार हो?

शकटार : *(चाणक्य का गला पकड़कर)* घोंट दूँगा गला यदि फिर यह नाम तुमने लिया। मुझे नन्द से प्रतिशोध ले लेने दो, फिर चाहे डौंडी पीटना।

चाणक्य : *(उसके हाथ हटाते हुए)* वह सुवासिनी नन्द की रंगशाला में है। मुझे पहचानते हो?

शकटार : नहीं तो—*(देखता है)*

चाणक्य : तुम्हारे प्रतिवेशी, सखा ब्राह्मण चणक का पुत्र विष्णुगुप्त। तुम्हारी दिलाई हुई जिसकी ब्रह्मवृत्ति छीन ली गई, जो तुम्हारा सहकारी जानकर निर्वासित कर दिया गया, मैं उसी चणक का पुत्र चाणक्य हूँ, जिसकी शिखा पकड़कर राज-सभा में खींची गई, जो बन्दीगृह में मृत्यु की प्रतीक्षा कर रहा था! मुझ पर विश्वास करोगे?

शकटार : *(विचारता हुआ खड़ा हो जाता है)* करूँगा, जो तुम कहोगे वही करूँगा। किसी तरह प्रतिशोध चाहिए।

चाणक्य : तो चलो मेरी झोंपड़ी में, इस सुरंग को घास-फूँस से ढँक दो।

[दोनों ढँक कर जाते हैं]

सप्तम दृश्य

[नन्द के राज-मन्दिर का एक प्रकोष्ठ]

नन्द : आज क्यों मेरा मन अनायास ही शंकित हो रहा है। कुछ नहीं...होगा कुछ।

[सेनापति मौर्य की स्त्री को साथ लिए हुए वररुचि का प्रवेश।]

नन्द : कौन है यह स्त्री?

वररुचि : जय हो देव, यह सेनापति मौर्य की स्त्री है।

नन्द : क्या कहना चाहती है?

स्त्री : राजा प्रजा का पिता है। वही उसके अपराधों को क्षमा करके सुधार सकता है। चन्द्रगुप्त बालक है, सम्राट! उसके अपराध मगध से कोई सम्बन्ध नहीं रखते, तब भी वह निर्वासित है। परन्तु सेनापति पर क्या अभियोग है? मैं असहाय मगध की प्रजा श्रीचरणों में निवेदन करती हूँ—मेरा पति छोड़ दिया जाए। पति और पुत्र दोनों से न वंचित की जाऊँ।

नन्द : रमणी! राजदंड पति और पुत्र के मोहजाल से सर्वथा स्वतन्त्र है। षड्यन्त्रकारियों के लिए बहुत निष्ठुर है, निर्मम है। कठोर है! तुम लोग आग की ज्वाला से खेलने का फल भोगो। नन्द इन आँसू-भरी आँखों तथा अंचल पसारकर भिक्षा के अभिनय में नहीं भुलवाया जा सकता।

स्त्री : ठीक है, महाराज! मैं ही भ्रम में थी। सेनापति मौर्य का ही तो यह अपराध है। जब कुसुमपुर की समस्त प्रजा विरुद्ध थी, जब जारज-पुत्र के रक्त-रँगे हाथों से सम्राट महापद्म की लीला शेष हुई थी, तभी सेनापति को चेतना चाहिए थी! कृतघ्न के साथ उपकार किया है, यह उसे नहीं मालूम था।

नन्द : चुप दुष्टे! *(उसका केश पकड़कर खींचना चाहता है, वररुचि बीच में आकर रोकता है।)*

वररुचि : महाराज! सावधान! यह अबला है, स्त्री है।

नन्द : यह मैं जानता हूँ कात्यायन! हटो!

वररुचि : आप जानते हैं, पर इस समय आपको विस्मृत हो गया है।

नन्द : तो क्या मैं तुम्हें भी इस कुचक्र में लिप्त समझूँ?

वररुचि : यह महाराज की इच्छा पर निर्भर है, और किसी का दास न रहना मेरी इच्छा पर—*(छुरा रखते हुए)* मैं शस्त्र समर्पण करता हूँ!

नन्द : *(वररुचि का छुरा उठाकर)*—विद्रोह! ब्राह्मण हो न तुम, मैंने अपने को स्वयं धोखा दिया। जाओ। परन्तु ठहरो। प्रतिहार!

[प्रतिहार सामने आता है]

नन्द : इसे बन्दी करो। और इस स्त्री के साथ मौर्य के समीप पहुँचा दो।

[प्रतिहार दोनों को बन्दी करते हैं]

वररुचि : नन्द! तुम्हारे पाप का घड़ा फूटना ही चाहता है। अत्याचार की चिनगारी साम्राज्य का हरा-भरा कानन दग्ध कर देगी। न्याय का गला घोंटकर तुम उस भीषण पुकार को नहीं दबा सकोगे जो तुम तक पहुँचती है अवश्य, किन्तु चाटुकारों द्वारा और ही ढंग से।

नन्द : बस, ले जाओ।

[सबका प्रस्थान]

नन्द : *(स्वगत)* क्या अच्छा नहीं किया? परन्तु यह सब मिले हैं, जाने दो! *(एक प्रतिहार का प्रवेश)* क्या है?

[प्रतिहार जय हो देव! एक सन्दिग्ध स्त्री राज-मन्दिर में घूमती हुई पकड़ी गई है! उसके पास अमात्य राक्षस की मुद्रा और एक पत्र मिला है।]

नन्द : अभी ले आओ।

[प्रतिहार जाकर मालविका को साथ लाता है]

नन्द : तुम कौन हो?

मालविका : मैं एक स्त्री हूँ, महाराज!

नन्द : पर तुम यहाँ किसके पास आई हो?

मालविका : मैं—मैं, मुझे किसी ने शतद्रु-तट से भेजा है। मैं पथ में बीमार हो गई थी, विलम्ब हुआ।

नन्द : कैसा विलम्ब?

मालविका : इस पत्र को सुवासिनी नाम की स्त्री के पास पहुँचाने में।

नन्द : तो किसने तुम्हें भेजा है?

मालविका : मैं नाम तो नहीं जानती।

नन्द : हूँ! *(प्रतिहार से)* पत्र कहाँ है?

[प्रतिहार पत्र और मुद्रा देता है। नन्द उसे पढ़ता है]

नन्द : तुमको बतलाना पड़ेगा, किसने तुमको यह पत्र दिया है? बोलो, शीघ्र बोलो; राक्षस ने भेजा था?

मालविका : राक्षस नहीं, वह मनुष्य था।

नन्द : दुष्टे, शीघ्र बता! वह राक्षस ही रहा होगा।

मालविका : जैसा आप समझ लें।

नन्द : *(क्रोध से)* प्रतिहार! इसे भी ले जाओ उन विद्रोहियों की माँद में! ठहरो, पहले जाकर शीघ्र सुवासिनी और राक्षस को, चाहे जिस अवस्था में हों, ले आओ! *(नन्द चिन्तित भाव से दूसरी ओर टहलता है; मालविका बन्दी होती है।)*

नन्द : आज सबको एक साथ ही सूली पर चढ़ा दूँगा। नहीं— *(पैर पटककर)* हाथियों के पैरों तले कुचलवाऊँगा। यह कथा समाप्त होनी चाहिए। नन्द नीच-जन्मा है न! यह विद्रोह उसी के लिए किया जा रहा है, तो फिर उसे भी दिखा देना है कि मैं क्या हूँ, यह नाम सुनकर लोग काँप उठें। प्रेम न सही, भय का ही सम्मान हो।

[पट-परिवर्तन]

अष्टम दृश्य

[कुसुमपुर के प्रान्त पथ में चाणक्य और पर्वतेश्वर]

चाणक्य : चन्द्रगुप्त कहाँ है?

पर्वतेश्वर : सार्थवाह के रूप में युद्ध-व्यावसायियों के साथ आ रहे हैं। शीघ्र ही पहुँच जाने की सम्भावना है।

चाणक्य : और द्वन्द्व में क्या हुआ?

पर्वतेश्वर : चन्द्रगुप्त ने बड़ी वीरता से युद्ध किया। समस्त उत्तरापथ में फिलिप्स के मारे जाने पर नया उत्साह फैल गया है। आर्य! बहुत-से प्रमुख यवन और आर्यगण की उपस्थिति में वह युद्ध हुआ—वह खड्ग-परीक्षा देखने योग्य थी! वह वीर-दृश्य अभिनन्दनीय था।

चाणक्य : यवन लोगों के क्या भाव थे?

पर्वतेश्वर : सिंहरण अपनी सेना के साथ रंगशाला की रक्षा कर रहा था, कुछ हलचल तो हुई, पर वह पराजय का क्षोभ था। यूडेमिस, जो उसका सहकारी था, अत्यन्त क्रुद्ध हुआ। किसी प्रकार वह ठंडा पड़ा। यूडेमिस सिकन्दर की आज्ञा की प्रतीक्षा में रुका था। अकस्मात सिकन्दर के मरने का समाचार मिला! यवन लोग अब अपनी ही सोच रहे हैं, चन्द्रगुप्त सिंहरण को वहीं छोड़कर यहाँ चला आया, क्योंकि आपका आदेश था।

[अलका का प्रवेश]

अलका : गुरुदेव, यज्ञ का प्रारम्भ है।

चाणक्य : मालविका कहाँ है?

अलका : वह बन्दी की गई और राक्षस इत्यादि भी बन्दी होने ही वाले हैं! वह भी ठीक ऐसे अवसर पर जब उनका परिणय हो रहा है। क्योंकि आज ही...

चाणक्य : तब तुम जाओ, अलके! उस उत्सव से तुम्हें अलग न रहना चाहिए। उनके पकड़े जाने के अवसर पर ही नगर में उत्तेजना फैल सकती है। जाओ शीघ्र।

[अलका का प्रस्थान]

पर्वतेश्वर : मुझे क्या आज्ञा है?

चाणक्य : कुछ चुने हुए अश्वारोहियों को साथ लेकर प्रस्तुत रहना। चन्द्रगुप्त जब भीतर से युद्ध प्रारम्भ करे, उसी समय तुमको नगर-द्वार पर आक्रमण करना होगा।

[गुफा का द्वार खुलना। मौर्य, मालविका, शकटार, वररुचि, पीछे-पीछे चन्द्रगुप्त की जननी का प्रवेश।]

चाणक्य : आओ मौर्य!

मौर्य : हम लोगों के उद्धारकर्ता, आप ही महात्मा चाणक्य हैं?

मालविका : हाँ, यही हैं।

मौर्य : प्रणाम!

चाणक्य : शत्रु से प्रतिशोध लेने के लिए जियो सेनापति! नन्द के पापों की पूर्णता ने तुम्हारा उद्धार किया है। अब तुम्हारा अवसर है।

मौर्य : इन दुर्बल हड्डियों को अन्धकूप की भयानकता खटखटा रही है।

शकटार : और रक्तमय गम्भीर वीभत्स दृश्य, हत्या का निष्ठुर आह्वान कर रहा है।

[चन्द्रगुप्त का प्रवेश—माता-पिता के चरण छूता है।]

चन्द्रगुप्त : पिता! तुम्हारी यह दशा!! एक-एक पीड़ा की, प्रत्येक निष्ठुरता की गिनती होगी। मेरी माँ! उन सबका प्रतिकार होगा, प्रतिशोध लिया जाएगा! ओह, मेरा जीवन व्यर्थ है! नन्द!

चाणक्य : चन्द्रगुप्त, सफलता का एक ही क्षण होता है। आवेश से और कर्तव्य से बहुत अन्तर है।

चाणक्य : गुरुदेव आज्ञा दीजिए!

चाणक्य : देखो, उधर, नागरिक लोग आ रहे हैं। सम्भवतः यही अवसर है। तुम लोगों के भीतर जाने का और विद्रोह फैलाने का।

[नागरिकों का प्रवेश]

पहला नागरिक : वेण और कंस का शासन क्या दूसरे प्रकार का रहा होगा?

दूसरा नागरिक : ब्याह की वेदी से वर-वधू को घसीट ले जाना, इतने बड़े नागरिक का यह अपमान! अन्याय है।

तीसरा नागरिक : सो भी अमात्य राक्षस और सुवासिनी को! कुसुमपुर के दो सुन्दर फूल!

चौथा नागरिक : और सेनापति, मन्त्री, सबको अन्धकूप में डाल देना।

मौर्य : मन्त्री, सेनापति और अमात्यों को बन्दी बनाकर जो राज्य करता है, वह कैसा अच्छा राजा है नागरिक! उसकी कैसी अद्‌भुत योग्यता है! मगध को गर्व होना चाहिए।

पहला नागरिक : गर्व नहीं वृद्ध! लज्जा होनी चाहिए। ऐसा जघन्य अत्याचार।

वररुचि : यह तो मगध का पुराना इतिहास है। जरासन्ध का यह अखाड़ा है। यह एकाधिपत्य की कटुता का सदैव से अभ्यस्त है।

दूसरा नागरिक : अभ्यस्त होने पर भी अब असह्य है।

शकटार : आज आप लोगों को बड़ी वेदना है, एक उत्सव का भंग होना अपनी आँखों से देखा है; नहीं तो जिस दिन शकटार को दंड मिला था, एक अभिजात नागरिक की सकुटुम्ब हत्या हुई थी, उस दिन जनता कहाँ सो रही थी!

तीसरा नागरिक : सच तो, पिता के समान हम लोगों की रक्षा करनेवाला मन्त्री शकटार...हे भगवान्!

शकटार : मैं ही हूँ। कंकाल-सा जीवित समाधि से उठ खड़ा हुआ हूँ। मनुष्य मनुष्य को इस तरह कुचलकर स्थिर न रह सकेगा। मैं पिशाच बनकर लौट आया हूँ—अपने निरपराध सात पुत्रों की निष्ठुर हत्या का प्रतिशोध लेने के लिए। चलोगे साथ?

चौथा नागरिक : मन्त्री शकटार! आप जीवित हैं?

शकटार : हाँ, महापद्म के जारज-पुत्र नन्द की बधिक हिंस्रपशु नन्द की—प्रतिहिंसा का लक्ष्य शकटार मैं ही हूँ!

सब नागरिक : हो चुका न्यायाधिकरण का ढोंग! जनता की शुभ कामना करने की प्रतिज्ञा नष्ट हो गई। अब नहीं, आज न्यायाधिकरण में पूछना होगा!

मौर्य : और मेरे लिए भी कुछ...

नागरिक : तुम...?

मौर्य : सेनापति मौर्य जिसका तुम लोगों को पता ही न था।

नागरिक : आश्चर्य! हम लोग आज क्या स्वप्न देख रहे हैं? अभी लौटना चाहिए। चलिए आप लोग भी।

शकटार : परन्तु मेरी रक्षा का भार कौन लेता है?

(सब इधर-उधर देखने लगते हैं। चन्द्रगुप्त तनकर खड़ा हो जाता है।)

चन्द्रगुप्त : मैं लेता हूँ! मैं उन सब पीड़ित, आघात-जर्जर, पद-दलित लोगों का संरक्षक हूँ, जो मगध की प्रजा हैं।

चाणक्य : साधु! चन्द्रगुप्त!

(सहसा सब उत्साहित हो जाते हैं। पर्वतेश्वर और चाणक्य तथा वररुचि को छोड़कर सब जाते हैं।)

वररुचि : चाणक्य! यह क्या दावाग्नि फैला दी तुमने?

चाणक्य : उत्पीड़न की चिनगारी को अत्याचारी अपने ही अंचल में छिपाए रहता है! कात्यायन! तुमने अन्धकूप का सुख क्यों लिया? कोई अपराध तुमने किया था?

वररुचि : नन्द की भूल थी। उसे अब भी सुधारा जा सकता है। ब्राह्मण! क्षमानिधि! भूल जाओ!

चाणक्य : प्रतिज्ञा पूर्ण होने पर हम-तुम साथ ही वैखानस होंगे, कात्यायन! शक्ति हो जाने दो, फिर क्षमा का विचार करना। चलो पर्वतेश्वर! सावधान!

[सबका प्रस्थान]

नवम दृश्य

[नन्द की रंगशाला सुवासिनी और राक्षस बन्दी-वेश में]

नन्द : अमात्य राक्षस, यह कौन-सी मन्त्रणा थी? यह पत्र तुम्हीं ने लिखा है?

राक्षस : *(पत्र लेकर पढ़ता हुआ)*—"सुवासिनी, उस कारागार से शीघ्र निकल भागो, इस स्त्री के साथ मुझसे आकर मिलो! मैं उत्तरापथ में नवीन राज्य की स्थापना कर रहा हूँ। नन्द से फिर समझ लिया जाएगा" इत्यादि। *(नन्द की ओर देखकर)* आश्चर्य; मैंने तो यह नहीं लिखा! यह कैसा प्रपंच है— और किसी का नहीं, उसी ब्राह्मण चाणक्य का महाराज, सतर्क रहिए, अपने अनुकूल परिजनों पर

भी विश्वास न कीजिए। कोई भयानक घटना होनेवाली है यह उसी का सूत्रपात है।

नन्द : इस तरह से मैं प्रताड़ित नहीं किया जा सकता, देखो यह तुम्हारी मुद्रा है। *(मुद्रा देता है)*

(राक्षस देखकर सिर नीचे कर लेता है।)

नन्द : कृतघ्न! बोल; उत्तर दे!

राक्षस : मैं कहूँ भी, तो आप मानने ही क्यों लगे!

नन्द : तो आज तुम लोगों को भी उसी अन्धकूप में जाना होगा प्रतिहार!

[राक्षस बन्दी किया जाता है]

[नागरिकों का प्रवेश। राक्षस को श्रृंखला में जकड़ा हुआ देखकर उन सबों में उत्तेजना।]

एक नागरिक : सम्राट! आपसे मगध की प्रजा प्रार्थना करती है कि राक्षस और अन्य लोगों पर भी राजदंड द्वारा किए गए जो अत्याचार हैं, उनका फिर से निराकरण होना चाहिए।

नन्द : क्या! तुम लोगों को मेरे न्याय में अविश्वास है?

नागरिक : इसके प्रमाण हैं—शकटार, वररुचि और मौर्य!

नन्द : *(उन लोगों को देखकर)* शकटार! तू अभी जीवित है?

शकटार : जीवित हूँ नन्द! नियति सम्राटों से भी प्रबल है।

नन्द : यह मैं क्या देखता हूँ! प्रतिहार! पहले इन विद्रोहियों को बन्दी करो। क्या तुम लोगों ने इन्हें छुड़ाया है?

नागरिक : उनका न्याय हम लोगों के सामने किया जाए, जिससे हम लोगों को राज-नियमों में विश्वास हो सम्राट! न्याय को गौरव देने के लिए इनके अपराध सुनने की इच्छा आपकी प्रजा रखती है।

नन्द : प्रजा की इच्छा से राजा को चलना होगा?

नागरिक : हाँ, महाराज!

नन्द : क्या तुम सबके-सब विद्रोही हो?

नागरिक : यह सम्राट अपने हृदय से पूछ देखें।

शकटार : मेरे सात निरपराध पुत्रों का रक्त!

नागरिक : न्यायाधिकरण की आड़ में इतनी बड़ी नृशंसता!

नन्द : प्रतिहार! इन सबको बन्दी बनाओ।

[राज-प्रहरियों का सबको बाँधने का उद्योग। दूसरी ओर से सैनिकों के साथ चन्द्रगुप्त का प्रवेश।]

चन्द्रगुप्त : ठहरो! *(सब स्तब्ध रह जाते हैं)*—महाराज नन्द! हम सब आपकी प्रजा हैं, मनुष्य हैं, हमें पशु बनने का अवसर न दीजिए।

वररुचि : विचार की तो बात है, यदि सुव्यवस्था से काम चल जाए, तो उपद्रव क्यों हो?

नन्द : *(स्वगत)*—विभीषिका! विपत्ति! सब अपराधी और विद्रोही एकत्र हुए हैं। *(कुछ सोचकर-प्रकट)* अच्छा मौर्य! तुम हमारे सेनापति हो और तुम वररुचि! हमने तुम लोगों को क्षमा कर दिया।

शकटार : और हम लोगों से पूछो! पूछो नन्द! अपनी नृशंसताओं से पूछो! क्षमा? कौन करेगा! तुम? कदापि नहीं! तुम्हारे घृणित अपराधों का न्याय होगा।

नन्द : *(तनकर)*—तब रे मूर्खो! नन्द की निष्ठुरता! प्रतिहार! राजसिंहासन संकट में है! आओ, आज हमें प्रजा से लड़ना है!

(प्रतिहार प्रहरियों के साथ आगे बढ़ता है—कुछ युद्ध होने के साथ ही राजपक्ष के कुछ लोग मारे जाते हैं, और एक सैनिक आकर नगर के ऊपर आक्रमण होने की सूचना देता है। युद्ध करते-करते चन्द्रगुप्त नन्द को बन्दी बनाता है।)

[चाणक्य का प्रवेश।]

चाणक्य : नन्द! शिखा खुली है। फिर खिंचवाने की इच्छा हुई है, इसीलिए आया हूँ। राजपद के अपवाद नन्द! आज तुम्हारा विचार होगा ।

नन्द : तुम ब्राह्मण। मेरे टुकड़ों से पले हुए। दरिद्र! तुम मगध के सम्राट का विचार करोगे! तुम सब लुटेरे हो; डाकू हो! विप्लवी हो... अनार्य हो!

चाणक्य : *(राजसिंहासन के पास जाकर)* नन्द! तुम्हारे ऊपर इतने अभियोग हैं...महापद्म की हत्या, शकटार को बन्दी करना—उसके सातों पुत्रों को भूख से तड़पाकर मारना! सेनापति मौर्य की हत्या का उद्योग—उनकी स्त्री को और वररुचि को बन्दी बनाना! कितनी ही कुलीन कुमारियों का सतीत्व नाश—नगरभर में व्यभिचार का स्रोत बहाना! ब्रह्मस्व और अनाथों की वृत्तियों का अपहरण! अन्त में सुवासिनी पर अत्याचार—शकटार की एकमात्र बची हुई

सन्तान, सुवासिनी, जिसे तुम अपनी घृणित पाशव-वृत्ति का...!

नागरिक : *(बीच में रोककर हल्ला मचाते हुए)* पर्याप्त है! यह पिशाच लीला और सुनने की आवश्यकता नहीं, सब प्रमाण यहीं उपस्थित हैं?

चन्द्रगुप्त : ठहरिए! *(नन्द से)*—कुछ उत्तर देना चाहते हैं।

नन्द : कुछ नहीं।

('वध करो! हत्या करो!'—का आतंक फैलता है)

चाणक्य : तब भी कुछ समझ लेना चाहिए नन्द! हम ब्राह्मण हैं, तुम्हारे लिए, भिक्षा माँगकर तुम्हें जीवन-दान दे सकते हैं। लोगे?

['नहीं मिलेगी, नहीं मिलेगी' की उत्तेजना]

[कल्याणी को बन्दिनी बनाए पर्वतेश्वर का प्रवेश।]

नन्द : आ बेटी, असह्य! मुझे क्षमा करो! चाणक्य, मैं कल्याणी के संग जंगल में जाकर तपस्या करना चाहता हूँ।

चाणक्य : नागरिक वृन्द! आप लोग आज्ञा दें—नन्द को जाने की आज्ञा!

शकटार : *(छुरा निकालकर नन्द की छाती में घुसेड़ देता है)* सात हत्याएँ हैं। यदि नन्द सात जन्मों में मेरे ही द्वारा मारा जाए तो मैं उसे क्षमा कर सकता हूँ। मगध नन्द के बिना भी जी सकता है।

वररुचि : अनर्थ।

[सब स्तब्ध रह जाते हैं]

राक्षस : चाणक्य, मुझे भी कुछ बोलने का अधिकार है!

चन्द्रगुप्त : अमात्य राक्षस का बन्धन खोल दो। आज मगध के सब नागरिक स्वतन्त्र हैं!

(राक्षस, सुवासिनी, कल्याणी का बन्धन खुलता है)

राक्षस : राष्ट्र इस तरह नहीं चल सकता।

चाणक्य : तब?

राक्षस : परिषद की आयोजना होनी चाहिए।

नागरिक वृन्द : राक्षस, वररुचि, शकटार, चन्द्रगुप्त और चाणक्य की सम्मिलित परिषद की हम घोषणा करते हैं।

चाणक्य : परन्तु उत्तरापथ के समान गणतन्त्र की योग्यता मगध में नहीं, और मगध पर विपत्ति की भी सम्भावना है।

प्राचीनकाल से मगध साम्राज्य रहा है, इसलिए यहाँ एक सबल और सुनियन्त्रित शासक की आवश्यकता है। आप लोगों को यह जान लेना चाहिए कि यवन अभी हमारी छाती पर है।

नागरिक : तो कौन इसके उपयुक्त है?

चाणक्य : आप ही लोग इसे विचारिए।

शकटार : हम लोगों का उद्धारकर्ता। उत्तरापथ के अनेक समरों का विजेता-वीर! चन्द्रगुप्त!

नागरिक : चन्द्रगुप्त की जय!

चाणक्य : अस्तु, बढ़ो चन्द्रगुप्त! सिंहासन शून्य नहीं रह सकता। अमात्य राक्षस! सम्राट का अभिषेक कीजिए!

(मृतक हटाए जाते हैं, कल्याणी दूसरी ओर जाती है; राक्षस चन्द्रगुप्त का हाथ पकड़कर सिंहासन पर बैठाता है।)

नागरिक वृन्द : सम्राट चन्द्रगुप्त की जय! मगध की जय!

चाणक्य : मगध के स्वतन्त्र नागरिकों को बधाई है। आज आप लोगों के राष्ट्र का नवीन जन्म दिवस है। स्मरण रखना होगा कि ईश्वर ने सब मनुष्यों को स्वतन्त्र उत्पन्न किया है, परन्तु व्यक्तिगत स्वतन्त्रता वहीं तक दी जा सकती है, जहाँ दूसरों की स्वतन्त्रता में बाधा न पड़े। यही राष्ट्रीय नियमों का मूल है। वत्स चन्द्रगुप्त! स्वेच्छाचारी शासन का परिणाम तुमने स्वयं देख लिया है, अब मन्त्रिपरिषद की सम्मति से मगध और आर्यावर्त्त के कल्याण में लगो।

['सम्राट चन्द्रगुप्त की जय' का घोष]

[पटाक्षेप]

चतुर्थ अंक

प्रथम दृश्य

[मगध में राजकीय उपवन में कल्याणी]

कल्याणी : मेरे जीवन के दो स्वप्न थे—दुर्दिन के बाद आकाश के नक्षत्र विलास-सी चन्द्रगुप्त की छवि, और पर्वतेश्वर से प्रतिशोध, किन्तु मगध की राजकुमारी आज अपने ही उपवन में बन्दिनी है। मैं वही तो हूँ— जिसके संकेत पर मगध का साम्राज्य चल सकता था! वही शरीर है, वही रूप है, वही हृदय है, पर छिन गया अधिकार और मनुष्य का मानदंड ऐश्वर्य। अब तुलना में सबसे छोटी हूँ। जीवन लज्जा की रंगभूमि बन रहा है। *(सिर झुका लेती है)* तो जब नन्दवंश का कोई न रहा, तब राजकुमारी बचकर क्या करेगी?

(मद्यप की-सी चेष्टा करते हुए पर्वतेश्वर को प्रवेश करते देख चुप हो जाती है।)

पर्वतेश्वर : मगध मेरा है—आधा भाग मेरा है! और मुझसे कुछ पूछा तक न गया! चन्द्रगुप्त अकेले सम्राट बन बैठा! कभी नहीं, यह मेरे जीते-जी नहीं हो सकता! *(सामने देखकर)* कौन है? यह कोई अप्सरा होगी! अरे! कोई अपदेवता न हो! अरे!

[प्रस्थान]

कल्याणी : मगध के राज-मन्दिर उसी तरह खड़े हैं। गंगा शोण से उसी स्नेह से मिल रही है; नगर का कोलाहल पूर्ववत है। परन्तु न रहेगा एक नन्द-वंश! फिर क्या करूँ? आत्महत्या करूँ? नहीं, जीवन इतना सस्ता नहीं! अहा, देखो—

वह मधुर आलोकवाला चन्द्र! उसी प्रकार नित्य—जैसे एकटक इस पृथ्वी को देख रहा हो! कुमुद-बन्धु !

[गाती है]

सुधा-सीकर से नहला दो!
लहरें डूब रही हों रस में,
रह न जाएँ वे अपने वश में,
रूप-राशि इस व्यथित हृदय-सागर को—
बहला दो!
अन्धकार उजला हो जाए,
हँसी हंसमाला मँडराए,
मधुराका आगमन कलरवों के मिस—
कहला दो!
करुणा के अंचल पर निखरे,
घायल आँसू हैं जो बिखरे,
ये मोती बन जाएँ, मृदुल कर से लो—
सहला दो!

[पर्वतेश्वर का फिर प्रवेश]

पर्वतेश्वर : तुम कौन हो सुन्दरी! मैं भ्रमवश चला गया था।

कल्याणी : तुम कौन हो?

पर्वतेश्वर : पर्वतेश्वर।

कल्याणी : मैं हूँ कल्याणी, जिसे नगर-अवरोध के समय तुमने बन्दी बनाया था।

पर्वतेश्वर : राजकुमारी! नन्द की दुहिता तुम्हीं हो?

कल्याणी : हाँ, पर्वतेश्वर!

पर्वतेश्वर : तुम्हीं से मेरा विवाह होनेवाला था?

कल्याणी : अब यम से होगा!

पर्वतेश्वर : नहीं सुन्दरी, ऐसा भरा हुआ यौवन!

कल्याणी : सब छीनकर अपमान भी!

पर्वतेश्वर : तुम नहीं जानती हो, मगध का आधा राज्य मेरा है। तुम मेरी प्रियतमा होकर सुखी रहोगी।

कल्याणी : मैं अब सुख नहीं चाहती। सुख अच्छा है या दुःख—मैं स्थिर न कर सकी। तुम मुझे कष्ट न दो।

पर्वतेश्वर : हमारे-तुम्हारे मिल जाने से मगध का पूरा राज्य हम लोगों का हो जाएगा। उत्तरापथ की संकटमयी परिस्थिति से अलग रहकर यहीं शान्ति मिलेगी।

कल्याणी : चुप रहो।

पर्वतेश्वर : सुन्दरी, तुम्हें देख लेने पर ऐसा नहीं हो सकता!

(उसे पकड़ना चाहता है, वह भागती है, परन्तु पर्वतेश्वर पकड़ ही लेता है। कल्याणी उसी का छुरा निकालकर उसका वध करती है, चीत्कार सुनकर चन्द्रगुप्त आ जाता है।)

चन्द्रगुप्त : कल्याणी! कल्याणी! यह क्या!!

कल्याणी : वही जो होना था। चन्द्रगुप्त! यह पशु मेरा अपमान करना चाहता था— मुझे भ्रष्ट करके, अपनी संगिनी बनाकर पूरे मगध पर अधिकार करना चाहता था। परन्तु मौर्य! कल्याणी ने वरण किया था केवल एक ही पुरुष को— वह था चन्द्रगुप्त।

चन्द्रगुप्त : क्या यह सच है कल्याणी!

कल्याणी : हाँ, यह सच है। परन्तु तुम मेरे पिता के विरोधी हुए, इसलिए उस प्रणय को—प्रेम-पीड़ा को—मैं पैरों से कुचल कर, दबाकर खड़ी रही! अब मेरे लिए कुछ भी अवशिष्ट नहीं रहा! पिता! लो मैं भी आती हूँ।

(अचानक छुरी मारकर आत्महत्या करती है, चन्द्रगुप्त उसे गोद में उठा लेता है।)

चाणक्य : *(प्रवेश करके)* चन्द्रगुप्त! आज तुम निष्कंटक हुए!

चन्द्रगुप्त : गुरुदेव! इतनी क्रूरता?

चाणक्य : महत्त्वाकांक्षा का मोती निष्ठुरता की सीपी में रहता है! चलो अपना काम करो, विवाद करना तुम्हारा काम नहीं। अब तुम स्वच्छन्द होकर दक्षिणापथ जाने की आयोजना करो। *(प्रस्थान)*

[चन्द्रगुप्त कल्याणी को लिटा देता है]

द्वितीय दृश्य

[पथ में राक्षस और सुवासिनी]

सुवासिनी : राक्षस! मुझे क्षमा करो!

राक्षस : क्यों सुवासिनी; यदि वह बाधा एक क्षण और रुकी रहती तो क्या हम लोग इस सामाजिक नियम के बन्धन से बँध न गए होते! अब क्या हो गया?

सुवासिनी : अब पिता जी की अनुमति आवश्यक हो गई है।

राक्षस : *(व्यंग्य से)*—क्यों? क्या अब वह तुम्हारे ऊपर अधिक नियन्त्रण रखते हैं? अब उनका तुम्हारे विगत जीवन से कुछ सम्पर्क नहीं? क्या...

सुवासिनी : अमात्य! मैं अनाथ थी, जीविका के लिए मैंने चाहे कुछ भी किया हो; पर स्त्रीत्व नहीं बेचा।

राक्षस : सुवासिनी, मैंने सोचा था, तुम्हारे अंक में सिर रखकर विश्राम करते हुए मगध की भलाई से विपथगामी न हूँगा। पर तुमने ठोकर मार दिया? क्या तुम नहीं जानतीं कि मेरे भीतर एक दुष्ट प्रतिभा सदैव सचेष्ट रहती है। अवसर न दो, उसे न जगाओ! मुझे पाप से बचाओ!

सुवासिनी : मैं तुम्हारा प्रणय अस्वीकार नहीं करती। किन्तु अब इसका प्रस्ताव पिता जी से करो। तुम मेरे रूप और गुण के ग्राहक हो, और सच्चे ग्राहक हो, परन्तु राक्षस! मैं जानती हूँ कि यदि ब्याह छोड़कर अन्य किसी भी प्रकार से मैं तुम्हारी हो जाती तो तुम ब्याह से अधिक सुखी होते। उधर पिता ने, जिनके लिए मेरा चारित्र्य, मेरी निष्कलंकता नितान्त वांछनीय हो सकती है, मुझे इस मलिनता के कीचड़ से कमल के समान हाथों में ले लिया है! मेरे चिर दुखी पिता! राक्षस, तुम वासना से उत्तेजित हो, तुम नहीं देख रहे हो कि सामने एक जुड़ता हुआ घायल हृदय बिछुड़ जाएगा, एक पवित्र कल्पना सहज ही नष्ट हो जाएगी!

राक्षस : यह मैं मान लेता, कदाचित इस पर पूर्ण विश्वास भी कर लेता; परन्तु सुवासिनी, मुझे शंका है। चाणक्य का तुम्हारा बाल्य परिचय है। तुम शक्तिशाली की उपासना...

सुवासिनी : ठहरो अमात्य! मैं चाणक्य को इधर तो एक प्रकार से विस्मृत-सी ही हो गई थी, तुम इस सोयी हुई भ्रान्ति को न जगाओ!

[प्रस्थान]

राक्षस : चाणक्य भूल सकता है! कभी नहीं। वह राजनीति का आचार्य हो जाए, वह विरक्त तपस्वी हो जाए, परन्तु सुवासिनी का चित्र—यदि अंकित हो गया है तो—उहूँ— *(सोचता है)*

[नेपथ्य से गान]

कैसी कड़ी रूप की ज्वाला?
पड़ता है पतंग-सा इसमें मन होकर मतवाला,
सान्ध्य गगन-सी रागमयी यह बड़ी तीव्र है हाला,
लौह श्रृंखला से न कड़ी क्या यह फूलों की माला?

राक्षस : *(चैतन्य होकर)* तो चाणक्य से फिर मेरी टक्कर होगी, होने दो! यह अधिक सुखदायी होगा। आज से हृदय का यही ध्येय रहा। शकटार से किस मुँह से प्रस्ताव करूँ कि वह सुवासिनी को मेरे हाथ में सौंप दे, यह असम्भव है! तो मगध में फिर एक आँधी आवे! चलूँ, चन्द्रगुप्त भी तो नहीं है, चन्द्रगुप्त सम्राट हो सकता है, तो दूसरे भी इसके अधिकारी हैं। कल्याणी की मृत्यु से बहुत से लोग उत्तेजित हैं। आहुति की आवश्यकता है, वह्नि प्रज्वलित है।

[प्रस्थान]

तृतीय दृश्य

[मगध का परिषद-गृह]

राक्षस : *(प्रवेश करके)* तो आप लोगों की सम्मति है कि विजयोत्सव न मनाया जाए? मगध का उत्कर्ष, उसके गर्व का दिन यों ही फीका रह जाए!

शकटार : मैं तो चाहता हूँ, परन्तु आर्य चाणक्य की सम्मति इसमें नहीं है।

कात्यायन : जो कार्य बिना किसी आडम्बर के हो जाए, वही तो अच्छा है।

[मौर्य-सेनापति और उनकी स्त्री का प्रवेश]

मौर्य : विजयी होकर चन्द्रगुप्त लौट रहा है, हम लोग आज भी उत्सव न मनाने पावेंगे? राजकीय आवरण में यह कैसी दासता है!

मौर्य-पत्नी : तब यही स्पष्ट हो जाना चाहिए कि कौन इस साम्राज्य का अधीश्वर है! विजयी चन्द्रगुप्त अथवा यह ब्राह्मण या परिषद?

चाणक्य : *(राक्षस की ओर देखकर)* राक्षस, तुम्हारे मन में क्या है?

राक्षस : मैं क्या जानूँ, जैसी सब लोगों की इच्छा।

चाणक्य : मैं अपने अधिकार और दायित्व को समझ कर कहता हूँ कि यह उत्सव न होगा।

मौर्य-पत्नी : तो मैं ऐसी पराधीनता में नहीं रहना चाहती *(मौर्य से)* समझा न! हम लोग आज भी बन्दी हैं।

मौर्य : *(क्रोध से)* क्या कहा, बन्दी? नहीं, ऐसा नहीं हो सकता? हम लोग चलते हैं। देखूँ जिसकी सामर्थ्य है जो रोके! अपमान से जीवित रहना मौर्य नहीं जानता है। चलो—

[दोनों का प्रस्थान]

[चाणक्य और कात्यायन को छोड़कर सब जाते हैं]

कात्यायन : विष्णुगुप्त, तुमने समझकर ही तो ऐसा किया होगा। फिर भी मौर्य का इस तरह चले जाना चन्द्रगुप्त को...

चाणक्य : बुरा लगेगा! क्यों? भला लगने के लिए मैं कोई काम नहीं करता कात्यायन! परिणाम में भलाई ही मेरे कामों की कसौटी है। तुम्हारी इच्छा हो, तो तुम भी चले जाओ! बको मत!

[कात्यायन का प्रस्थान]

चाणक्य : कारण समझ में नहीं आता—यह वात्याचक्र क्यों? *(विचारता हुआ)*—क्या कोई नवीन अध्याय खुलनेवाला

है? अपनी विजयों पर मुझे विश्वास है, फिर यह क्या? *(सोचता है)*

[*सुवासिनी का प्रवेश*]

सुवासिनी : विष्णुगुप्त!

चाणक्य : कहो सुवासिनी!

सुवासिनी : अभी परिषद-गृह से जाते हुए पिता जी बहुत दुखी दिखाई दिए। तुमने अपमान किया क्या?

चाणक्य : यह तुमसे किसने कहा? इस उत्सव को रोक देने से साम्राज्य का कुछ बनता-बिगड़ता नहीं। मौर्यों का जो कुछ है, वह मेरे दायित्व पर है। अपमान हो या मान, मैं उसका उत्तरदायी हूँ। और पितृव्य-तुल्य शकटार को मैं अपमानित करूँगा, यह तुम्हें कैसे विश्वास हुआ?

सुवासिनी : तो राक्षस ने ऐसा क्यों...?

चाणक्य : कहा? ऐं? सो तो कहना ही चाहिए! और तुम्हारा भी उस पर विश्वास होना आवश्यक है, क्यों न सुवासिनी?

सुवासिनी : विष्णुगुप्त! मैं एक समस्या में डाल दी गई हूँ।

चाणक्य : तुम स्वयं पड़ना चाहती हो, कदाचित यह ठीक भी है।

सुवासिनी : व्यंग्य न करो, तुम्हारी कृपा मुझ पर होगी ही, मुझे इसका विश्वास है।

चाणक्य : मैं तुमसे बाल्य-काल से परिचित हूँ, सुवासिनी! तुम खेल में भी हारने के समय रोते हुए हँस दिया करतीं और तब मैं हार स्वीकार कर लेता। इधर तो तुम्हारा अभिनय का अभ्यास भी बढ़ गया है! तब तो... *(देखने लगता है)*

सुवासिनी : यह क्या, विष्णुगुप्त, तुम संसार को अपने वश में करने का संकल्प रखते हो। फिर अपने को नहीं? देखो दर्पण लेकर—तुम्हारी आँखों में तुम्हारा यह कौन-सा नवीन चित्र है।

[*प्रस्थान*]

चाणक्य : क्या? मेरी दुर्बलता? नहीं! कौन है?

दौवारिक : *(प्रवेश करके)* जय हो आर्य, रथ पर मालविका आई है।

चाणक्य : उसे सीधे मेरे पास लिवा लाओ!

[दौवारिक का प्रस्थान। एक चर का प्रवेश]

चर : आर्य; सम्राट के पिता और माता दोनों व्यक्ति रथ पर अभी बाहर गए हैं! *(जाता है)*

चाणक्य : जाने दो! इनके रहने से चन्द्रगुप्त के एकाधिपत्य में बाधा होती। स्नेहातिरेक से वह कुछ-का-कुछ कर बैठता।

[दूसरे चर का प्रवेश]

दूसरा चर : *(प्रणाम करके)* जय हो आर्य; वाल्हीक में नई हलचल है। विजेता सिल्यूकस अपनी पश्चिमी राजनीति से स्वतन्त्र हो गया है, अब वह सिकन्दर के पूर्वी प्रान्तों की ओर दत्तचित्त है। वाल्हीक की सीमा पर नवीन यवन-सेना के शस्त्र चमकने लगे हैं।

चाणक्य : *(चौंककर)* और गान्धार का समाचार?

दूसरा चर : अभी कोई नवीनतम नहीं है।

चाणक्य : जाओ। *(चर का प्रस्थान)* क्या उसका भी समय आ गया? तो ठीक है। ब्राह्मण! अपनी प्रतिज्ञा पर अटल रह! कुछ चिन्ता नहीं, सब सुयोग आप ही चले आ रहे हैं।

[ऊपर देखकर हँसता है। मालविका का प्रवेश]

मालविका : आर्य, प्रणाम करती हूँ। सम्राट ने श्रीचरणों में सविनय प्रणाम करके निवेदन किया है कि आपके आशीर्वाद से दक्षिणापथ में अपूर्व सफलता मिली, किन्तु सुदूर दक्षिण जाने कि लिए आपका निषेध सुनकर लौटा आ रहा हूँ। सीमान्त के राष्ट्रों ने भी मित्रता स्वीकार कर ली है।

चाणक्य : मालविका, विश्राम करो। सब बातों का विवरण एक साथ ही लूँगा।

मालविका : परन्तु आर्य, स्वागत का कोई उत्साह राजधानी में नहीं।

चाणक्य : मालविका, पाटलिपुत्र षड्यन्त्रों का केन्द्र हो रहा है! सावधान! चन्द्रगुप्त के प्राणों की रक्षा तुम्हीं को करनी होगी।

चतुर्थ दृश्य

[प्रकोष्ठ में चन्द्रगुप्त का प्रवेश]

चन्द्रगुप्त : विजयों की सीमा है, परन्तु अभिलाषाओं की नहीं। मन ऊब-सा गया है। झंझटों से घड़ी-भर अवकाश नहीं। गुरुदेव और क्या चाहते हैं, समझ में नहीं आता। इतनी उदासी क्यों! मालविका!

मालविका : *(प्रवेश करके)* सम्राट की जय हो!

चन्द्रगुप्त : मैं सबसे विभिन्न, एक भय-प्रदर्शन-सा बन गया हूँ। मेरा कोई अन्तरंग नहीं, तुम भी मुझे सम्राट कहकर पुकारती हो!

मालविका : देव, फिर मैं क्या कहूँ?

चन्द्रगुप्त : स्मरण आता है—मालव का उपवन और उसमें अतिथि के रूप में मेरा रहना।

मालविका : सम्राट, अभी कितने ही भयानक संघर्ष सामने हैं!

चन्द्रगुप्त : संघर्ष! युद्ध देखना चाहो तो मेरा हृदय फाड़कर देखो। मालविका! आशा और निराशा का युद्ध, भावों और अभावों का द्वन्द्व! कोई कमी नहीं, फिर भी न जाने कौन मेरी सम्पूर्ण सूची में रिक्त-चिह्न लगा देता है। मालविका, तुम मेरी ताम्बूलवाहिनी नहीं हो, मेरे विश्वास की, मित्रता की प्रतिकृति हो। देखो, मैं दरिद्र हूँ कि नहीं, तुमसे मेरा कोई रहस्य गोपनीय नहीं! मेरे हृदय में कुछ है कि नहीं, टटोलने से भी नहीं जान पड़ता!

मालविका : आप महापुरुष हैं; साधारणजन-दुर्लभ दुर्बलता न होनी चाहिए आप में देव! बहुत दिनों पर मैंने एक माला बनाई है।

[माला पहनाती है]

चन्द्रगुप्त : मालविका, इन फूलों के रस तो भौंरे ले चुके हैं!

मालविका : निरीह कुसुमों पर दोषारोपण क्यों? उनका काम है सौरभ बिखेरना, यह उनका मुक्त दान है। उसे चाहे भ्रमर ले या पवन।

चन्द्रगुप्त : कुछ गाओ तो मन बहल जाए।

[मालविका गाती है]

मधुप कब एक कली का है!
पाया जिसमें प्रेमरस, सौरभ और सुहाग,
बेसुध हो उस कली से, मिलता भर अनुराग,
बिहारी कुंजगली का है!
कुसुम धूल से धूसरित, चलता है उस राह,
काँटों में उलझा, तदपि, रही लगन की चाह,
बावला रंगरली का है!
हो मल्लिका, सरोजिनी, या यूथी का पुंज,
अलि को केवल चाहिए, सुखमय क्रीड़ा-कुंज,
मधुप कब एक कली का है!

चन्द्रगुप्त : मालविका, मन मधुप से भी चंचल और पवन से भी प्रगतिशील है, वेगवान है।

मालविका : उसका निग्रह करना ही महापुरुषों का स्वभाव है देव!

(प्रतिहारी का प्रवेश और संकेत। मालविका उससे बात करके लौटती है।)

चन्द्रगुप्त : क्या है?

मालविका : कुछ नहीं, कहती थी कि यह प्राचीन राज-मन्दिर अभी परिष्कृत नहीं, इसलिए मैंने चन्द्रसौध में आपके शयन का प्रबन्ध करने के लिए कह दिया है।

चन्द्रगुप्त : जैसी तुम्हारी इच्छा—*(पान करता हुआ)* कुछ और गाओ मालविका! आज तुम्हारे स्वर में स्वर्गीय मधुरिमा है।

[मालविका गाती है]

बज रही वंशी आठों याम की।
अब तक गूँज रही है बोली प्यारे मुख अभिराम की।
हुए चपल मृगनैन मोह-वश बजी विपंची काम की,
रूप-सुधा के दो दृग प्यालों ने ही मति बेकाम की!
बज रही वंशी आठों याम की!

[कंचुकी का प्रवेश]

कंचुकी : जय हो देव, शयन का समय हो गया।

[प्रतिहारी और कंचुकी के साथ चन्द्रगुप्त का प्रस्थान]

मालविका : जाओ प्रियतम! सुखी जीवन बिताने के लिए और मैं रहती हूँ चिर-दुखी जीवन का अन्त करने के लिए। जीवन एक प्रश्न है, और मरण है उसका अटल उत्तर। आर्य चाणक्य की आज्ञा है, ''आज घातक इस शयनगृह में आवेंगे, इसलिए चन्द्रगुप्त यहाँ न सोने पावें, और षड्यन्त्रकारी पकड़े जाएँ। *(शय्या पर बैठकर)* यह चन्द्रगुप्त की शय्या है। ओह, आज प्राणों में कितनी मादकता है। मैं...कहाँ हूँ? कहाँ? स्मृति, तू मेरी तरह सो जा! अनुराग, तू रक्त से भी रंगीन बन जा!

[गाती है]

ओ मेरी जीवन की स्मृति! ओ अन्तर के आतुर अनुराग!
बैठ गुलाबी विजन उषा में गाते कौन मनोहर राग?
चेतन सागर ऊर्मिल होता यह कैसी कम्पनमय तान,
यों अधीरता से न मींड़ लो अभी हुए हैं पुलकित प्रान!
कैसा है यह प्रेम तुम्हारा युगल-मूर्ति की बलिहारी!
यह उन्मत्त-विलास बता दो कुचलेगा किसकी क्यारी?
इस अनन्त जलनिधि के हे नाविक, हे मेरे अनंग अनुराग!
पाल सुनहला बन, तनती है स्मृति, यों उस अतीत में जाग।
कहाँ ले चले कोलाहल से मुखरित तट को छोड़ सुदूर,
आह! तुम्हारे निर्दय डाँडों से होती हैं लहरें चूर।
देख नहीं सकते तुम दोनों चकित निराशा है भीमा,
बहको मत, क्या न है बता दो क्षितिज तुम्हारी नव सीमा?

[शयन]

पंचम दृश्य

[प्रभात में राज-मन्दिर का एक प्रान्त]

चन्द्रगुप्त : *(अकेले टहलता हुआ)* चतुर सेवक के समान संसार को जगाकर अन्धकार हट गया। रजनी की निस्तब्धता काकली से चंचल हो उठी है! नीला आकाश स्वच्छ होने लगा है, या निद्रा-क्लान्त निशा, उषा की शुभ्र चादर ओढ़कर नींद की गोद में लेटने चली है। यह जागरण का अवसर है। जागरण का अर्थ है कर्मक्षेत्र में अवतीर्ण होना। और कर्मक्षेत्र क्या है? जीवन-संग्राम! किन्तु भीषण संघर्ष करके भी मैं कुछ नहीं हूँ। मेरी सत्ता एक कठपुतली-सी है। तो फिर...मेरे पिता, मेरी माता, इनका तो सम्मान आवश्यक था। वे चले गए, मैं देखता हूँ कि नागरिक तो क्या, मेरे आत्मीय भी आनन्द मनाने से वंचित किए गए। यह परतन्त्रता कब तक चलेगी? प्रतिहार।

प्रतिहार : *(प्रवेश करके)* जय हो देव!

चन्द्रगुप्त : आर्य चाणक्य को शीघ्र लिवा लाओ!

[प्रतिहारी का प्रस्थान]

चन्द्रगुप्त : *(टहलते हुए)* प्रतिकार आवश्यक है।

[चाणक्य का प्रवेश]

चन्द्रगुप्त : आर्य, प्रणाम!

चाणक्य : कल्याण हो आयुष्मान, आज तुम्हारा प्रणाम भारी-सा है!

चन्द्रगुप्त : मैं कुछ पूछना चाहता हूँ।

चाणक्य : यह तो मैं पहले ही से समझता था! तो तुम अपने स्वागत के लिए लड़कों के सदृश रूठे हो?

चन्द्रगुप्त : नहीं आर्य, मेरे माता-पिता—मैं जानना चाहता हूँ कि उन्हें किसने निर्वासित किया?

चाणक्य : जान जाओगे तो उसका वध करोगे! क्यों?

[हँसता है]

चन्द्रगुप्त : हँसिए मत! गुरुदेव! आपकी मर्यादा रखनी चाहिए, यह मैं जानता हूँ। परन्तु वे मेरे माता-पिता थे, यह आपको भी जानना चाहिए।

चाणक्य : तभी तो मैंने उन्हें उपयुक्त अवसर दिया। अब उन्हें आवश्यकता थी शान्ति की, उन्होंने वानप्रस्थाश्रम ग्रहण किया है। इसमें खेद करने की कौन बात है?

चन्द्रगुप्त : यह अक्षुण्ण अधिकार आप कैसे भोग रहे हैं? केवल साम्राज्य का ही नहीं, देखता हूँ, आप मेरे कुटुम्ब का भी नियन्त्रण अपने हाथों में रखना चाहते हैं।

चाणक्य : चन्द्रगुप्त! मैं ब्राह्मण हूँ! मेरा साम्राज्य करुणा का था, मेरा धर्म प्रेम का था। आनन्द-समुद्र में शान्ति-द्वीप का अधिवासी ब्राह्मण मैं, चन्द्र, सूर्य-नक्षत्र मेरे दीप थे, अनन्त आकाश वितान था, शस्यश्यामला कोमला विश्वम्भरा मेरी शय्या थी। बौद्धिक विनोद कर्म था, सन्तोष धन था। उस अपनी ब्राह्मण की, जन्मभूमि को छोड़कर कहाँ आ गया। सौहार्द के स्थान पर कुचक्र; फूलों के प्रतिनिधि काँटे, प्रेम के स्थान में भय। ज्ञानामृत के परिवर्तन में कुमन्त्रणा। पतन और कहाँ तक हो सकता है! ले लो मौर्य चन्द्रगुप्त! अपना अधिकार, छीन लो। यह मेरा पुनर्जन्म होगा। मेरा जीवन राजनीतिक कुचक्रों से कुत्सित और कलंकित हो उठा है। किसी छायाचित्र, किसी काल्पनिक महत्त्व के पीछे भ्रमपूर्ण अनुसन्धान करता दौड़ रहा हूँ। शान्ति खो गई, स्वरूप विस्मृत हो गया! जान गया, मैं कहाँ और कितने नीचे हूँ!

[प्रस्थान]

चन्द्रगुप्त : जाने दो। *(दीर्घ निःश्वास लेकर)* तो क्या मैं असमर्थ हूँ? ऊँह, सब हो जाएगा।

सिंहरण : *(प्रवेश करके)* सम्राट की जय हो! कुछ विद्रोही और षड्यन्त्रकारी पकड़े गए हैं । एक बड़ी दुखद घटना भी हो गई है।

चन्द्रगुप्त : *(चौंककर)*—क्या?

सिंहरण : मालविका की हत्या...*(गद्‌गद कंठ से)* आपका परिच्छेद पहनकर वह आप ही की शय्या पर लेटी थी।

चन्द्रगुप्त : तो क्या, उसने इसीलिए मेरे शयन का प्रबन्ध दूसरे प्रकोष्ठ में किया! आह! मालविका!

सिंहरण : आर्य चाणक्य की सूचना पाकर नायक पूरे गुल्म के साथ राज-मन्दिर की रक्षा के लिए प्रस्तुत था। एक छोटा-सा युद्ध होकर वे हत्यारे पकड़े गए। परन्तु उनका नेता राक्षस निकल भागा।

चन्द्रगुप्त : क्या! राक्षस! उनका नेता था?

सिंहरण : हाँ सम्राट! गुरुदेव बुलाए जाएँ!

चन्द्रगुप्त : वही तो नहीं हो सकता, वे चले गए। कदाचित न लौटेंगे।

सिंहरण : ऐसा क्यों? क्या आपने कुछ कह दिया?

चन्द्रगुप्त : हाँ सिंहरण! मैंने अपने माता-पिता के साथ चले जाने का कारण पूछा था!

सिंहरण : *(निःश्वास लेकर)* तो नियति कुछ अदृष्ट का सृजन कर रही है! सम्राट, मैं गुरुदेव को खोजने जाता हूँ!

चन्द्रगुप्त : *(विरक्ति से)* जाओ, ठीक है—अधिक हर्ष; अधिक उन्नति के बाद ही तो अधिक दुःख और पतन की बारी आती है!

[सिंहरण का प्रस्थान]

चन्द्रगुप्त : पिता गए, माता गई, गुरुदेव गए, कन्धे-से-कन्धा मिलाकर प्राण देने वाला चिर-सहचर गया! तो भी चन्द्रगुप्त को रहना पड़ेगा; और रहेगा; परन्तु मालविका! आह, वह स्वर्गीय कुसुम!

[चिन्तित भाव से प्रस्थान]

षष्ठम दृश्य

[सिन्धु तट पर पर्णकुटीर में चाणक्य और कात्यायन]

चाणक्य : कात्यायन, सो नहीं हो सकता। मैं अब मन्त्रित्व नहीं ग्रहण करने का। तुम यदि किसी प्रकार मेरा रहस्य खोल दोगे, तो मगध का अनिष्ट ही करोगे।

कात्यायन : तब मैं क्या करूँ? चाणक्य, मुझे तो अब इस राज-काज में पड़ना अच्छा नहीं लगता।

चाणक्य : जब तक गान्धार का उपद्रव है, तब तक तुम्हें बाध्य होकर करना पड़ेगा। बताओ, नया समाचार क्या है?

कात्यायन : राक्षस सिल्यूकस की कन्या को पढ़ाने के लिए वह वहीं रहता है और यह सारा कुचक्र उसी का है! वह इन दिनों वाल्हीक की ओर गया है। मैं अपना वार्तिक पूरा कर चुका, इसीलिए मगध से अवकाश लेकर आया था। चाणक्य, अब मैं मगध जाना चाहता हूँ। यवन-शिविर में अब मेरा जाना असम्भव है।

चाणक्य : जितना शीघ्र हो सके; मगध पहुँचो। मैं सिंहरण को ठीक रखता हूँ। तुम चन्द्रगुप्त को भेजो। सावधान, उसे न मालूम हो कि मैं यहाँ हूँ! अवसर पर मैं स्वयं उपस्थित हो जाऊँगा। देखो, शकटार और तुम्हारे भरोसे मगध रहा है! कात्यायन, यदि सुवासिनी को भेजते तो कार्य में आशातीत सफलता होती। समझे?

कात्यायन : *(हँसकर)* यह जानकर मुझे प्रसन्नता हुई कि तुम... सुवासिनी...अच्छा...विष्णुगुप्त! गार्हस्थ्य जीवन कितना सुन्दर है!

चाणक्य : मूर्ख हो, अब हम-तुम साथ ब्याह करेंगे।

कात्यायन : मैं? मुझे नहीं...मेरी गृहिणी तो है!

चाणक्य : *(हँसकर)* एक ब्याह और सही। अच्छा बताओ, काम कहाँ तक हुआ?

कात्यायन : *(पत्र देता हुआ)* हाँ, यह लो, यवन-शिविर का विवरण है। परन्तु, विष्णुगुप्त, एक बात कहे बिना न रह सकूँगा। यह यवन-बाला सिर से पैर तक आर्य-संस्कृति में पगी है। उसका अनिष्ट?

चाणक्य : *(हँसकर)* कात्यायन, तुम सच्चे ब्राह्मण हो! यह करुणा

और सौहार्द का उद्रेक ऐसे ही हृदयों में होता है। परन्तु—मैं निष्ठुर! हृदयहीन! मुझे तो केवल अपने हाथों खड़ा किए हुए एक साम्राज्य का दृश्य देख लेना है।

कात्यायन : फिर भी चाणक्य, उसका सरल मुख-मंडल! उस लक्ष्मी का अमंगल!

चाणक्य : *(हँसकर)* तुम पागल तो नहीं हो गए हो?

कात्यायन : तुम हँसो मत चाणक्य! तुम्हारा हँसना तुम्हारे क्रोध से भी भयानक है! प्रतिज्ञा करो कि उसका अनिष्ट न करूँगा। बोलो!

चाणक्य : कात्यायन! अलक्षेन्द्र कितने विकट परिश्रम से भारतवर्ष के बाहर किया गया—यह तुम भूल गए? अभी है कितने दिनों की बात। अब इस सिल्यूकस को क्या हुआ जो चला आया! तुम नहीं जानते कात्यायन इसी, सिल्यूकस ने चन्द्रगुप्त की रक्षा की थी, नियति अब उन्हीं दोनों को एक-दूसरे के विपक्ष में खड्ग खींचे हुए खड़ा कर रही है!

कात्यायन : कैसे आश्चर्य की बात है!

चाणक्य : परन्तु इससे क्या! वह तो होकर रहेगा, जिसे मैंने स्थिर कर लिया है! वर्तमान भारत की नियति मेरे हृदय पर जलद-पटल में बिजली के समान नाच उठती है। फिर मैं क्या करूँ?

कात्यायन : तुम निष्ठुर हो!

चाणक्य : अच्छा, तुम सदय होकर एक बात कर सकोगे? बोलो! चन्द्रगुप्त और उस यवन-बाला के परिणय में आचार्य बनोगे?

कात्यायन : क्या कह रहे हो? यह हँसी!

चाणक्य : यही है तुम्हारी दया की परीक्षा—देखूँ तुम क्या करते हो! क्या इसमें यवन-बाला का अमंगल है?

कात्यायन : *(सोचकर)* मंगल है; मैं प्रस्तुत हूँ।

चाणक्य : *(हँसकर)* तब तुम निश्चय ही एक सहृदय व्यक्ति हो!

कात्यायन : अच्छा, तो मैं जाता हूँ।

चाणक्य : हाँ, जाओ। स्मरण रखना, हम लोगों के जीवन में यह अन्तिम संघर्ष है। मुझे आज आम्भीक से मिलना है। यह लोलुप राजा, देखूँ; क्या करता है।

[कात्यायन का प्रस्थान। चर का प्रवेश]

चर : महामात्य की जय हो।

चाणक्य : इस समय जय की बड़ी आवश्यकता है। आम्भीक को यदि जय कर सका, तो सर्वत्र जय है। बोलो, आम्भीक ने क्या कहा?

चर : वे स्वयं आ रहे हैं।

चाणक्य : आने दो, तुम जाओ।

[चर का प्रस्थान। आम्भीक का प्रवेश]

आम्भीक : प्रणाम, ब्राह्मण देवता!

चाणक्य : कल्याण हो राजन्! तुम्हें भय तो नहीं लगता? मैं एक दुर्नाम मनुष्य हूँ।

आम्भीक : नहीं आर्य, आप कैसी बात कहते हैं!

चाणक्य : तो ठीक है, इसी तक्षशिला के मठ में एक दिन मैंने कहा था—'सो कैसे होगा अविश्वासी क्षत्रिय। तभी तो मलेच्छ लोग साम्राज्य बना रहे हैं और आर्य-जाति पतन के कगार पर खड़ी एक धक्के की राह देख रही है।'

आम्भीक : स्मरण है।

चाणक्य : तुम्हारी भूल ने कितना कुत्सित दृश्य दिखाया—इसे भी सम्भवतः तुम न भूले होगे।

आम्भीक : नहीं।

चाणक्य : तुम जानते हो कि चन्द्रगुप्त ने दक्षिणापथ के स्वर्णगिरि से पंचनद तक, सौराष्ट्र से बंग तक एक महान साम्राज्य स्थापित किया है। यह साम्राज्य मगध का नहीं है, यह आर्य साम्राज्य है। उत्तरापथ के सब प्रमुख गणतन्त्र मालव, क्षुद्रक और यौधेय आदि सिंहरण के नेतृत्व में इस साम्राज्य के अंग हैं। केवल तुम्हीं इससे अलग हो! इस द्वितीय यवन-आक्रमण से तुम भारत के द्वार की रक्षा कर लोगे, या पहले ही के समान उत्कोच लेकर, द्वार खोलकर, सब झंझटों से अलग हो जाना चाहते हो?

आम्भीक : आर्य, वही त्रुटि बार-बार न होगी!

चाणक्य : तब साम्राज्य झेलम-तट की रक्षा करेगा। सिन्धु-तट का भार तुम्हारे ऊपर रहा।

आम्भीक : अकेले मैं यवनों का आक्रमण रोकने में असमर्थ हूँ।

चाणक्य : फिर उपाय क्या है?

(नेपथ्य से जयघोष। आम्भीक चकित होकर देखने लगता है।)

चाणक्य : क्या है, सुन रहे हो?

आम्भीक : समझ में नहीं आया। *(नेपथ्य की ओर देखकर)* वह एक स्त्री आगे-आगे कुछ गाती हुई आ रही है और उसके साथ बड़ी सी भीड़ है। *(कोलाहल समीप होता है)*

चाणक्य : आओ, हम लोग अलग हटकर देखें *(दोनों अलग छिप जाते हैं)*

(आर्य-पताका लिए अलका का गाते हुए, भीड़ के साथ प्रवेश।)

अलका : तक्षशिला के वीर नागरिको! एक बार, अभी-अभी सम्राट चन्द्रगुप्त ने इसका उद्धार किया था, आर्यावर्त्त—प्यारा देश—ग्रीकों की विजय-लालसा से पुनः पद-दलित होने जा रहा है। तब तुम्हारा शासक तटस्थ रहने का ढोंग करके पुण्यभूमि को परतन्त्रता की शृंखला पहनाने का दृश्य राजमहल के झरोखों से देखेगा। तुम्हारा राजा कायर है, और तुम?

नागरिक : हम लोग उसका परिणाम देख चुके हैं माँ! हम लोग प्रस्तुत हैं।

अलका : यही तो *(समवेत स्वर के गायन)*

हिमाद्रि तुंग शृंग से
प्रबुद्ध शुद्ध भारती—
स्वयंप्रभा समुज्ज्वला
स्वतन्त्रता पुकारती—
अमर्त्य वीरपुत्र हो, दृढ़-प्रतिज्ञ सोच लो,
प्रशस्त पुण्य पन्थ है—बढ़े चलो, बढ़े चलो!
असंख्य कीर्ति-रश्मियाँ,
विकीर्ण दिव्य दाह-सी।
सपूत मातृभूमि के—
रुको न शूर साहसी!
अराति सैन्य सिन्धु में—सुवाडवाग्नि-से जलो।
प्रवीर हो जयी बनो—बढ़े चलो, बढ़े चलो!

[सबका प्रस्थान]

[चाणक्य और आम्भीक बाहर आते हैं।]

आम्भीक : यह अलका है! तक्षशिला में उत्तेजना फैलाती हुई—यह अलका!

चाणक्य : हाँ, आम्भीक! तुम उसे बन्दी बनाओ, मुँह बन्द करो!

आम्भीक : *(कुछ सोचकर)* असम्भव! मैं भी साम्राज्य में सम्मिलित होऊँगा!

चाणक्य : यह मैं कैसे कहूँ? मेरी लक्ष्मी—अलका ने आर्य गौरव के लिए क्या-क्या कष्ट नहीं उठाए! वह भी तो इसी वंश की बालिका है! फिर तुम तो पुरुष हो, तुम्हीं सोचकर देखो।

आम्भीक : व्यर्थ का अभिमान अब मुझे देश के कल्याण में बाधक न सिद्ध कर सकेगा। आर्य चाणक्य, मैं आर्य-साम्राज्य के बाहर नहीं हूँ!

चाणक्य : तब तक्षशिला-दुर्ग पर मगध-सेना अधिकार करेगी! यह तुम सहन करोगे?

[आम्भीक सिर नीचा करके विचारता है]

चाणक्य : क्षत्रिय! कह देना और बात है, करना और।

आम्भीक : *(आवेश में)* हार चुका ही हूँ, पराधीन हो ही चुका हूँ। अब स्वदेश के अधीन होने में उससे अधिक कलंक तो मुझे लगेगा नहीं, आर्य चाणक्य!

चाणक्य : तो इस गान्धार और पंचनद का शासन-सूत्र होगा अलका के हाथ में और तक्षशिला होगी उसकी राजधानी, बोलो, स्वीकार है?

आम्भीक : अलका?

चाणक्य : हाँ, अलका! और सिंहरण इस महाप्रदेश के शासक होंगे।

आम्भीक : सब स्वीकार है, ब्राह्मण! मैं केवल एक बार यवनों के सम्मुख अपना कलंक धोने का अवसर चाहता हूँ। रणक्षेत्र में एक सैनिक होना चाहता हूँ। और कुछ नहीं।

चाणक्य : तुम्हारा अभीष्ट पूर्ण हो!

(संकेत करता है। सिंहरण और अलका का प्रवेश।)

अलका : भाई, आम्भीक!

आम्भीक : बहन, अलका! तू छोटी है, पर मेरी श्रद्धा का आधार है। मैं भूल करता था बहन! तक्षशिला के लिए अलका पर्याप्त है, आम्भीक की आवश्यकता न थी!

अलका : भाई, क्या कहते हो?

आम्भीक : मैं देश-द्रोही हूँ! नीच हूँ! अधम हूँ! तूने गान्धार के राजवंश का मुख उज्ज्वल किया है! राज्यासन के योग्य तू ही है।

अलका : भाई! अब भी तुम्हारा भ्रम नहीं गया! राज्य किसी का नहीं है! सुशासन का है! जन्मभूमि के भक्तों में आज जागरण है। देखते नहीं, प्राच्य में सूर्योदय हुआ है! स्वयं सम्राट चन्द्रगुप्त तक इस महान आर्य-साम्राज्य के सेवक हैं। स्वतन्त्रता के युद्ध में सैनिक और सेनापति का भेद नहीं। जिसकी खड्ग-प्रभा में विजय का आलोक चमकेगा, वही वरेण्य है। उसी की पूजा होगी। भाई! तक्षशिला मेरी नहीं और तुम्हारी भी नहीं; तक्षशिला आर्यावर्त्त का एक भू-भाग है; वह आर्यावर्त्त की होकर ही रहे, इसके लिए मर-मिटो! फिर उसके कणों में तुम्हारा ही नाम अंकित होगा। मेरे पिता स्वर्ग में इन्द्र से प्रतिस्पर्धा करेंगे। वहाँ की अप्सराएँ विजयमाला लेकर खड़ी होंगी, सूर्यमंडल मार्ग बनेगा और उज्ज्वल आलोक में मंडित होकर गान्धार राजकुल का अमर हो जाएगा।

चाणक्य : साधु! अलके, साधु!

आम्भीक : *(खड्ग खींचकर)* खड्ग की शपथ—मैं कर्तव्य से च्युत न होऊँगा!

सिंहरण : *(उसे आलिंगन करके)* मित्र आम्भीक! मनुष्य साधारण धर्मा पशु है, विचारशील होने से मनुष्य होता है और निःस्वार्थ कर्म करने से वही देवता भी हो सकता है।

[आम्भीक का प्रस्थान]

सिंहरण : अलका, सम्राट किस मानसिक वेदना में दिन बिताते होंगे?

अलका : वे वीर हैं मालव, उन्हें विश्वास है कि मेरा कुछ कार्य है। उसकी साधना के लिए प्रकृति, अदृष्ट, दैव या ईश्वर, कुछ न-कुछ अवलम्बन जुटा ही देगा! सहायक चाहे आर्य चाणक्य हों या मालव!

सिंहरण : अलका, उस प्रचंड पराक्रम को मैं जानता हूँ। परन्तु मैं यह भी जानता हूँ कि सम्राट मनुष्य हैं। अपने से बार-बार सहायता करने के लिए कहने में, मानव-स्वभाव विद्रोह करने लगता है। यह सौहार्द और विश्वास का सुन्दर

अभिमान है। उस समय मनचाहे अभिनय करता हो संघर्ष से बचने का; किन्तु जीवन अपना संग्राम अन्धा होकर लड़ता है। कहता है—अपने को बचाऊँगा नहीं, जो मेरे मित्र हों, आवें और अपना प्रमाण दें।

[दोनों का प्रस्थान]

[सुवासिनी का प्रवेश।]

चाणक्य : सुवासिनी, तुम यहाँ कैसे?

सुवासिनी : सम्राट को अभी तक आपका पता नहीं, पिता जी ने इसीलिए मुझे भेजा है। उन्होंने कहा—जिस खेल को आरम्भ किया है, उसका पूर्ण और सफल अन्त करना चाहिए।

चाणक्य : क्यों करें सुवासिनी; तुम राक्षस के साथ सुखी जीवन बिताओगी, यदि इतनी भी मुझे आशा होती—वह तो यवन-सेनानी है, और तुम मगध की मन्त्री-कन्या! क्या उससे परिणय कर सकोगी?

सुवासिनी : *(निःश्वास लेकर)* राक्षस से! नहीं, असम्भव। चाणक्य तुम इतने निर्दय हो!

चाणक्य : *(हँसकर)* सुवासिनी! वह स्वप्न टूट गया—इस विजन बालुका-सिन्धु में एक सुधा की लहर दौड़ पड़ी थी; किन्तु तुम्हारे एक भ्रू-भंग ने उसे लौटा दिया। मैं कंगाल हूँ *(ठहरकर)* सुवासिनी! मैं तुम्हें दंड दूँगा। चाणक्य की नीति में अपराधों के दंड से कोई मुक्त नहीं।

सुवासिनी : क्षमा करो विष्णुगुप्त!

चाणक्य : असम्भव है। तुम्हें राक्षस से ब्याह करना होगा, इसी में हमारा, तुम्हारा और मगध का कल्याण है।

सुवासिंनी : निष्ठुर! निर्दय!!

चाणक्य : *(हँसकर)* तुम्हें अभिनय भी करना पड़ेगा। उसमें समस्त संचित कौशल का प्रदर्शन करना होगा। सुवासिनी, तुम्हें बन्दिनी बनकर ग्रीक-शिविर में राक्षस और राजकुमारी के पास पहुँचना होगा—राक्षस को देशभक्त बनाने के लिए और राजकुमारी की पूर्वस्मृति में आहुति देने के लिए। कार्नेलिया चन्द्रगुप्त से परिणीता होकर सुखी हो सकेगी कि नहीं, इसकी परीक्षा करनी होगी।

[सुवासिनी सिर पकड़कर बैठ जाती है]

चाणक्य : *(उसके सिर पर हाथ रखकर)* सुवासिनी! तुम्हारा प्रणय, स्त्री और पुरुष के रूप में केवल राक्षस से अंकुरित हुआ, और शैशव का वह सब, केवल हृदय की स्निग्धता थी। आज किसी कारण से राक्षस का प्रणय द्वेष में बदल रहा है, परन्तु काल पाकर वह अंकुर हरा-भरा और सफल हो सकता है! चाणक्य यह नहीं मानता है कि कुछ भी असम्भव है। तुम राक्षस से प्रेम करके सुखी हो सकती हो, क्रमशः उस प्रेम का सच्चा विकास हो सकता है। और मैं, अभ्यास करके तुमसे उदासीन हो सकता हूँ; यही मेरे लिए अच्छा होगा। मानव-हृदय में यह भाव-सृष्टि तो हुआ ही करती है। यही हृदय का रहस्य है, तब हम लोग जिस सृष्टि में स्वतन्त्र हों, उसमें परवशता क्यों मानें? मैं क्रूर हूँ, केवल वर्तमान के लिए; भविष्य के सुख और शान्ति के लिए, परिणाम के लिए नहीं। श्रेय के लिए, मनुष्य को सब त्याग करना चाहिए, सुवासिनी! जाओ!

सुवासिनी : *(दीनता से चाणक्य का मुँह देखती है)*—तो विष्णुगुप्त, तुम इतना बड़ा त्याग करोगे! अपने हाथों बनाया हुआ, इतने बड़े साम्राज्य का शासन हृदय की आकांक्षा के साथ अपने प्रतिद्वन्द्वी को सौंप दोगे! और सो भी मेरे लिए।

चाणक्य : *(घबड़ाकर)* मैं बड़ा विलम्ब कर रहा हूँ! सुवासिनी, आर्य दांड्यायन के आश्रम में पहुँचने के लिए मैं पथ भूल गया हूँ! मेघ के समान मुक्त वर्षा-सा जीवन-दान, सूर्य के समान अबाध आलोक विकीर्ण करना; सागर के समान कामना-नदियों को पचाते हुए सीमा के बाहर न जाना; यही तो ब्राह्मण का आदर्श है। मुझे चन्द्रगुप्त को मेघमुक्त चन्द्र देखकर, इस रंगमंच से हट जाना है!

सुवासिनी : महापुरुष! मैं नमस्कार करती हूँ। विष्णुगुप्त, तुम्हारी बहन तुमसे आशीर्वाद की भिखारिन है। *(चरण पकड़ती है)*

चाणक्य : सुखी रहो। *(सजल नेत्र से उसके सिर पर हाथ फेरते हुए प्रस्थान)*

सप्तम दृश्य

[कपिशा में एलेक्जेंड्रिया का राज-मन्दिर]

[कार्नेलिया और उसकी सखी का प्रवेश]

कार्नेलिया : बहुत दिन हुए देखा था! वही भारतवर्ष! वही निर्मल ज्योति का देश, पवित्र भूमि, अब हत्या और लूट से वीभत्स बनाई जाएगी—ग्रीक-सैनिक इस शस्यश्यामला पृथ्वी को रक्त-रंजित बनावेंगे! पिता अपने साम्राज्य से सन्तुष्ट नहीं, आशा उन्हें दौड़ावेगी। पिशाची की छलना में पड़कर लाखों प्राणियों का नाश होगा। और, सुना है यह युद्ध होगा चन्द्रगुप्त से!

सखी : सम्राट तो आज स्कन्धावर में जानेवाले हैं!

[राक्षस का प्रवेश]

राक्षस : आयुष्मती! मैं आ गया।

कार्नेलिया : नमस्कार। तुम्हारे देश में तो सुना है कि ब्राह्मण जाति बड़ी तपस्वी और त्यागी है।

राक्षस : हाँ कल्याणी, वह मेरे पूर्वजों का गौरव है; किन्तु हम लोग तो बौद्ध हैं।

कार्नेलिया : और तुम उसके ध्वंसावशेष हो। मेरे यहाँ ऐसे ही लोगों को देश-द्रोही कहते हैं। तुम्हारे यहाँ इसे क्या कहते हैं?

राक्षस : राजकुमारी! मैं कृतघ्न नहीं, मेरे देश में कृतज्ञता पुरुषत्व का चिह्न है। जिसके अन्न से जीवन-निर्वाह होता है, उसका कल्याण...

कार्नेलिया : कृतज्ञता पाश है, मनुष्य की दुर्बलताओं के फन्दे उसे और भी दृढ़ करते हैं परन्तु जिस देश ने तुम्हारा पालन-पोषण करके पूर्व उपकारों का बोझ तुम्हारे ऊपर डाला है, उसे विस्मृत करके क्या तुम कृतघ्न नहीं हो रहे हो? सुकरात का तर्क तुमने पढ़ा है?

राक्षस : तर्क और राजनीति में भेद है, मैं प्रतिशोध चाहता हूँ। राजकुमारी! कर्णिक ने कहा है—

कार्नेलिया : कि सर्वनाश कर दो। यदि ऐसा है, तो मैं तुम्हारी राजनीति नहीं पढ़ना चाहती।

राक्षस : पाठ थोड़ा अवशिष्ट है। उसे भी समाप्त कर लीजिए, आपके पिता की आज्ञा है।

कार्नेलिया : मैं तुम्हारे उशना और कर्णिक से ऊब गई हूँ, जाओ।

[*राक्षस का प्रस्थान*]

कार्नेलिया : एलिस! इन दिनों जो ब्राह्मण मुझे रामायण पढ़ाता था, वह कहाँ गया? उसने व्याकरण पर अपनी नई टिप्पणी प्रस्तुत की है। वह कितना सरल और विद्वान है।

एलिस : वह चला गया राजकुमारी।

कार्नेलिया : बड़ा ही निर्लोभी सच्चा ब्राह्मण था। *(सिल्यूकस का प्रवेश)* अरे पिता जी!

सिल्यूकस : हाँ बेटी! अब तुमने अध्ययन बन्द कर दिया; ऐसा क्यों? अभी वह राक्षस मुझसे कह रहा था।

कार्नेलिया : पिता जी! उसके देश ने उसका नाम कुछ समझकर ही रखा है—राक्षस! मैं उससे डरती हूँ।

सिल्यूकस : बड़ा विद्वान है बेटी! मैं उसे भारतीय प्रदेश का क्षत्रप बनाऊँगा।

कार्नेलिया : पिता जी! वह पाप की मलिन छाया है। उसकी भँवों में कितना अन्धकार है, आप देखते नहीं। उससे अलग रहिए। विश्राम लीजिए। विजयों की प्रवंचना में अपने को न हारिए। महत्त्वाकांक्षा के दाँव पर मनुष्यता सदैव हारी है डिमास्थनीज़ ने...

सिल्यूकस : मुझे दार्शनिकों से तो विरक्ति हो गई है। क्या ही अच्छा होता कि ग्रीस में दार्शनिक न उत्पन्न होकर केवल योद्धा ही होते।

कार्नेलिया : सो तो होता ही है। मेरे पिता किससे कम वीर हैं। मेरे विजेता पिता! मैं भूल करती हूँ, क्षमा कीजिए।

सिल्यूकस : यही तो मेरी बेटी! ग्रीक-रक्त वीरता के परमाणु से संगठित है। तुम चलोगी युद्ध देखने? सिन्धु-तट के स्कन्धावार में रहना।

कार्नेलिया : चलूँगी।

सिल्यूकस : अच्छा तो प्रस्तुत रहना।

आम्भीक : तक्षशिला का राजा इस युद्ध में तटस्थ रहेगा, आज उसका पत्र आया है। और राक्षस कहता था कि चाणक्य—चन्द्रगुप्त का मन्त्री—उससे क्रुद्ध होकर कहीं चला गया। पंचनद में चन्द्रगुप्त का कोई सहायक नहीं! बेटी,

सिकन्दर से बड़ा साम्राज्य—उससे बड़ी विजय! कितना उज्ज्वल भविष्य है।

कार्नेलिया : हाँ पिता जी!

सिल्यूकस : हाँ पिता जी!—उल्लास की एक रेखा भी नहीं—इतनी उदासी! तू पढ़ना छोड़ दे! मैं कहता हूँ कि तू दार्शनिक होती जा रही है—ग्रीक-रक्त!

कार्नेलिया : वही तो कह रही हूँ। आप ही तो कभी पढ़ने के लिए कहते हैं, कभी छोड़ने के लिए!

सिल्यूकस : तब ठीक है, मैं ही भूल कर रहा हूँ।

[प्रस्थान]

अष्ठम दृश्य

[पथ में चन्द्रगुप्त और सैनिक]

चन्द्रगुप्त : पंचनद का नायक कहाँ है?

एक सैनिक : वह आ रहे हैं, देव!

[नायक का प्रवेश]

नायक : जय हो देव!

चन्द्रगुप्त : सिंहरण कहाँ है?

[नायक विनम्र होकर पत्र देता है। पत्र पढ़कर उसे फाड़ते हुए]

चन्द्रगुप्त : हूँ! सिंहरण इसी प्रतीक्षा में है कि कोई बलाधिकृत जाए तो वे अपना अधिकार सौंप दें। नायक! तुम खड्ग पकड़ सकते हो, और उसे हाथ में लिए सत्य से विचलित तो नहीं हो सकते? बोलो, चन्द्रगुप्त के नाम से प्राण दे सकते हो? मैंने प्राण देनेवाले वीरों को देखा है। चन्द्रगुप्त युद्ध करना जानता है। और विश्वास रखो, उसके नाम का जयघोष विजयलक्ष्मी का मंगल-गान है! आज से मैं ही बलाधिकृत हूँ, मैं आज सम्राट नहीं, सैनिक हूँ! चिन्ता क्या? सिंहरण और गुरुदेव न साथ दें, क्या डर! सैनिको! सुन लो, आज से मैं केवल सेनापति हूँ, और कुछ नहीं!

जाओ, यह लो मुद्रा और सिंहरण को छुट्टी दो। कह देना कि 'तुम दूर खड़े होकर देख लो सिंहरण! चन्द्रगुप्त कायर नहीं है।' जाओ।

[नायक जाने लगता है]

चन्द्रगुप्त : ठहरो! आम्भीक की क्या लीला है?

नायक : आम्भीक ने यवनों से कहा है कि ग्रीक-सेना मेरे राज्य से जा सकती है, परन्तु युद्ध के लिए सैनिक न दूँगा, क्योंकि मैं उन पर स्वयं विश्वास नहीं करता।

चन्द्रगुप्त : और वह कह ही क्या सकता था! कायर! अच्छा जाओ; देखो, वितस्ता के उस पार हम लोगों को शीघ्र पहुँचना चाहिए। तुम सैन्य लेकर मुझसे वहीं मिलो।

[नायक का प्रस्थान]

एक सैनिक : मुझे क्या आज्ञा है, मगध जाना होगा?

चन्द्रगुप्त : आर्य शकटार को पत्र देना, और सब समाचार सुना देना। मैंने लिख तो दिया है, परन्तु तुम भी उनसे इतना कह देना कि इस समय मुझे सैनिक और शस्त्र तथा अन्न चाहिए। देश में डौंडी फेर दें कि आर्यावर्त्त में शस्त्र ग्रहण करने में जो समर्थ हैं, सैनिक हैं और जितनी सम्पत्ति है, युद्ध-विभाग की है। जाओ।

[सैनिक का प्रस्थान]

दूसरा सैनिक : शिविर आज कहाँ रहेगा देव?

चन्द्रगुप्त : अश्व की पीठ पर सैनिक! कुछ खिला दो, और अश्व बदलो। एक क्षण विश्राम नहीं। हाँ ठहरो तो; सब सेना-निवेशों में आज्ञा-पत्र भेज दिए गए?

दूसरा सैनिक : हाँ देव!

चन्द्रगुप्त : तो अब मैं बिजली से भी शीघ्र पहुँचना चाहता हूँ। चलो, शीघ्र प्रस्तुत हो।

[सबका प्रस्थान]

चन्द्रगुप्त : *(आकाश की ओर देखकर)* अदृष्ट! खेल न करना! चन्द्रगुप्त मरण से अधिक भयानक को आलिंगन करने के लिए प्रस्तुत है! विजय—मेरे चिर सहचर!

[हँसते हुए प्रस्थान]

नवम दृश्य

[ग्रीक-शिविर]

कार्नेलिया : एलिस! यहाँ आने पर जैसे मन उदास हो गया है। इस सन्ध्या के दृश्य ने मेरी तन्मयता में एक स्मृति की सूचना दी है। सरला सन्ध्या, पक्षियों के नाद से शान्ति को बुलाने लगी है। देखते-देखते, एक-एक करके दो-चार नक्षत्र उदय होने लगे। जैसे प्रकृति, अपनी सृष्टि की रक्षा, हीरों की कील से जड़ी हुई काली ढाल लेकर कह रही है और पवन किसी मधुर कथा का भार लेकर मचलता हुआ जा रहा है। यह कहाँ जाएगा एलिस!

एलिस : अपने प्रिय के पास!

कार्नेलिया : दुर! तुझे तो प्रेम-ही-प्रेम सूझता है।

[दासी का प्रवेश]

दासी : राजकुमारी! एक स्त्री बन्दिनी होकर आई है।

कार्नेलिया : *(आश्चर्य से)* तो उसे पिता जी ने मेरे पास भेजा होगा, उसे शीघ्र ले आओ!

[दासी का प्रस्थान। सुवासिनी सहित पुनः प्रवेश]

कार्नेलिया : तुम्हारा नाम क्या है?

सुवासिनी : मेरा नाम सुवासिनी है। मैं किसी को खोजने जा रही थी, सहसा बन्दी कर ली गई। वह भी कदाचित आपके यहाँ बन्दी हो!

कार्नेलिया : उसका नाम?

सुवासिनी : राक्षस।

कार्नेलिया : ओहो, तुमने उससे ब्याह कर लिया है क्या? तब तो तुम सचमुच अभागिनी हो!

सुवासिनी : *(चौंककर)*—ऐसा क्यों? अभी तो ब्याह होनेवाला है, क्या आप उसके सम्बन्ध में कुछ जानती हैं?

कार्नेलिया : बैठो, बताओ, तुम बन्दी बनकर रहना चाहती हो या मेरी सखी? झटपट बोलो!

सुवासिनी : बन्दी बनकर तो आई हूँ, यदि सखी हो जाऊँ तो अहोभाग्य!

कार्नेलिया : प्रतिज्ञा करनी होगी कि मेरी अनुमति के बिना तुम ब्याह न करोगी!

सुवासिनी : स्वीकार है।

कार्नेलिया : अच्छा, अपनी परीक्षा दो, बताओ, तुम विवाहिता स्त्रियों को क्या समझती हो?

सुवासिनी : धनियों के प्रमोद का कटा-छँटा हुआ शोभा-वृक्ष। कोई डाली उल्लास से आगे बढ़ी, कुतर दी गई! माली के मन से सँवरे हुए गोल-मटोल खड़े रहो!

कार्नेलिया : वाह, ठीक कहा। यही तो मैं भी सोचती थी। क्यों एलिस! अच्छा यौवन और प्रेम को क्या समझती हो?

सुवासिनी : अकस्मात जीवन-कानन में, एक राका-रजनी की छाया में छिपकर मधुर बसन्त घुस आता है। शरीर की सब क्यारियाँ हरी-भरी हो जाती हैं। सौन्दर्य का कोकिल—'कौन?' कहकर सबको रोकने-टोकने लगता है, पुकारने लगता है। राजकुमारी! फिर उसी में प्रेम का मुकुल लग जाता है, आँसू-भरी स्मृतियाँ मकरन्द-सी उसमें छिपी रहती हैं।

कार्नेलिया : *(उसे गले लगाकर)* आह सखी! तुम तो कवि हो। तुम प्रेम करना जानती हो और जानती हो उसका रहस्य। तुमसे हमारी पटेगी! एलिस! जा, पिता जी से कह दे, कि मैंने उस स्त्री को अपनी सखी बना लिया।

[एलिस का प्रस्थान]

सुवासिनी : राजकुमारी! प्रेम में स्मृति का सुख है। एक टीस उठती है, वही तो प्रेम का प्राण है। आश्चर्य तो यह है कि प्रत्येक कुमारी के हृदय में वह निवास करती है। पर, उसे सब प्रत्यक्ष नहीं कर सकतीं, सबको उसका मार्मिक अनुभव नहीं होता।

कार्नेलिया : तुम क्या कहती हो?

सुवासिनी : वही स्त्री-जीवन का सत्य है। जो कहती है कि मैं नहीं जानती—वह दूसरे को धोखा देती है, अपने को भी प्रवंचित करती है! धधकते हुए रमणी-वक्ष पर हाथ रखकर उसी कम्पन में स्वर मिलाकर कामदेव गाता है। और राजकुमारी! वही काम-संगीत की तान सौन्दर्य की रंगीन लहर बनकर, युवतियों के मुख में लज्जा और स्वास्थ्य की लाली चढ़ाया करती है।

कार्नेलिया : सखी! मदिरा की प्याली में तू स्वप्न-सी लहरों को मत आन्दोलित कर। स्मृति बड़ी निष्ठुर है। यदि प्रेम ही जीवन का सत्य है, तो संसार ज्वालामुखी है!

[सिल्यूकस का प्रवेश]

सिल्यूकस : तो बेटी, तुमने इसे अपने पास रख ही लिया! मन बहलेगा, अच्छा तो है। मैं भी इसी समय जा रहा हूँ, कल ही आक्रमण होगा। देखो; सावधान रहना।

कार्नेलिया : किस पर आक्रमण होगा, पिता जी?

सिल्यूकस : चन्द्रगुप्त की सेना पर! वितस्ता के इस पार सेना आ पहुँची है, अब युद्ध में विलम्ब नहीं।

कार्नेलिया : पिता जी, उसी चन्द्रगुप्त से युद्ध होगा, जिसके लिए उस साधु ने भविष्यवाणी की थी? वही तो भारत का राजा हुआ न?

सिल्यूकस : हाँ बेटी, वही चन्द्रगुप्त।

कार्नेलिया : पिता जी आप ही ने मृत्यु-मुख से उसका उद्धार किया था और उसी ने आपके प्राणों की रक्षा की थी?

सिल्यूकस : हाँ, वही तो।

कार्नेलिया : और उसी ने आपकी कन्या के सम्मान की रक्षा की थी?—फिलिप्स का वह अशिष्ट आचरण पिता जी!

सिल्यूकस : तभी तो बेटी, मैंने साइवर्टियस को दूत बनाकर समझाने के लिए भेजा था। किन्तु उसने उत्तर दिया कि मैं सिल्यूकस का कृतज्ञ हूँ, तो भी क्षत्रिय हूँ, रणदान जो भी माँगेगा, उसे दूँगा। युद्ध होना अनिवार्य है।

कार्नेलिया : तब मैं कुछ नहीं कहती।

सिल्यूकस : *(प्यार से)* तू रूठ गई बेटी! भला अपनी कन्या के सम्मान की रक्षा करनेवाले का मैं वध करूँगा?

सुवासिनी : फिलिप्स को द्वन्द्व-युद्ध में सम्राट चन्द्रगुप्त ने मार डाला। सुना था, इन लोगों का कोई व्यक्तिगत विरोध...

सिल्यूकस : चुप रहो, तुम!—*(कार्नेलिया से)*—बेटी, मैं चन्द्रगुप्त को क्षत्रप बना दूँगा, बदला चुक जाएगा। मैं हत्यारा नहीं, विजेता सिल्यूकस हूँ।

[प्रस्थान]

कार्नेलिया : *(दीर्घ निःश्वास लेकर)* रात अधिक हो गई, चलो सो रहें! सुवासिनी, तुम कुछ गाना जानती हो?

सुवासिनी : जानती थी, भूल गई हूँ। कोई वाद्य-यन्त्र तो आप न बजाती होंगी?—*(आकाश की ओर देखकर)*—रजनी कितने रहस्यों की रानी है, राजकुमारी!

कार्नेलिया : रजनी! मेरी स्वप्न-सहचरी!

[सुवासिनी गाने लगती है]

सखे! वह प्रेममयी रजनी।
आँखों में स्वप्न बनी,
सखे! वह प्रेममयी रजनी।
कोमल द्रुमदल निष्कम्प रहे,
ठिठका-सा चन्द्र खड़ा।
माधव सुमनों में गूँथ रहा,
तारों की किरन-अनी।
सखे! वह प्रेममयी रजनी।
नयनों में मदिर विलास लिए,
उज्ज्वल आलोक खिला।
हँसती-सी सुरभि सुधार रही,
अलकों की मृदुल अनी।
सखे! वह प्रेममयी रजनी।
मधु-मन्दिर-सा यह विश्व बना,
मीठी झनकार उठी!
केवल तुमको थी देख रही—
स्मृतियों की भीड़ घनी।
सखे! वह प्रेममयी रजनी।

दशम दृश्य

[युद्ध-क्षेत्र के समीप चाणक्य और सिंहरण]

चाणक्य : तो युद्ध आरम्भ हो गया?

सिंहरण : हाँ आर्य! प्रचंड विक्रम से सम्राट ने आक्रमण किया है। यवन-सेना थर्रा उठी है। आज के युद्ध में प्राणों को तुच्छ गिनकर वे भीम पराक्रम का परिचय दे रहे हैं। गुरुदेव!

यदि कोई दुर्घटना हुई तो? आज्ञा दीजिए, अब मैं अपने को नहीं रोक सकता। तक्षशिला और मालवों की चुनी हुई सेना प्रस्तुत है, किस समय काम आवेगी?

चाणक्य : जब चन्द्रगुप्त की नासीर सेना का बल क्षय होने लगे और सिन्धु के इस पार की यवनों की समस्त सेना युद्ध में सम्मिलित हो जाए, उसी समय आम्भीक आक्रमण करे। और तुम चन्द्रगुप्त का स्थान ग्रहण करो। दुर्ग की सेना सेतु की रक्षा करेगी, साथ ही चन्द्रगुप्त को सिन्धु के उस पार जाना होगा—यवन-स्कन्धावार पर आक्रमण करने! समझे?

[सिंहरण का प्रस्थान]

[चर का प्रवेश।]

चर : क्या आज्ञा है?

चाणक्य : जब चन्द्रगुप्त की सेना सिन्धु के उस पार पहुँच जाए, तब तुम्हें ग्रीकों के प्रधान-शिविर की ओर उस आक्रमण को प्रेरित करना होगा। चन्द्रगुप्त के पराक्रम की अग्नि में घी डालने का काम तुम्हारा है।

चर : जैसी आज्ञा *(प्रस्थान)*

[दूसरे चर का प्रवेश]

चर : देव! राक्षस प्रधान शिविर में हैं।

चाणक्य : जाओ, ठीक है। सुवासिनी से मिलते रहो।

[दोनों का प्रस्थान]

(एक ओर से सिल्यूकस, दूसरी ओर से चन्द्रगुप्त का प्रवेश।)

सिल्यूकस : चन्द्रगुप्त, तुम्हें राजपद की बधाई देता हूँ।

चन्द्रगुप्त : स्वागत सिल्यूकस! अतिथि की-सी तुम्हारी अभ्यर्थना करने में हम विशेष सुखी होते; परन्तु क्षात्र-धर्म बड़ा कठोर है। आर्य कृतघ्न नहीं होते। प्रमाण यही है कि मैं अनुरोध करता हूँ, यवन-सेना बिना युद्ध के लौट जाए।

सिल्यूकस : वाह! तुम वीर हो, परन्तु मुझे तो भारत-विजय करना ही होगा। फिर चाहे तुम्हीं को क्षत्रप बना दूँ।

चन्द्रगुप्त : यही तो असम्भव है। तो फिर युद्ध हो!

(रण-वाद्य, युद्ध, लड़ते हुए उन लोगों का प्रस्थान; आम्भीक के सैन्य का प्रवेश।)

आम्भीक : मगध-सेना प्रत्यावर्तन करती है। ओह, कैसा भीषण युद्ध है। अभी ठहरें? अरे, देखो कैसा परिवर्तन!—यवन-सेना हट रही है; लो, वह भागी।

[चर का प्रवेश]

चर : आक्रमण कीजिए, जिसमें सिन्धु तक यह सेना लौट न सके। आर्य चाणक्य ने कहा है, युद्ध अवरोधात्मक होना चाहिए।

[चर का प्रस्थान]

[रण-वाद्य बजता है। लौटती हुई यवन-सेना का दूसरी ओर प्रवेश।]

सिल्यूकस : कौन? प्रवंचक आम्भीक! कायर!

आम्भीक : हाँ सिल्यूकस! आम्भीक सदा प्रवंचक रहा; परन्तु यह प्रवंचना कुछ महत्त्व रखती है। सावधान!

(युद्ध—सिल्यूकस को घायल करते हुए आम्भीक की मृत्यु। यवन-सेना का प्रस्थान। सैनिक के साथ सिंहरण का प्रवेश।)

सब : 'सम्राट चन्द्रगुप्त की जय!'

[चन्द्रगुप्त का प्रवेश]

चन्द्रगुप्त : भाई सिंहरण, बड़े अवसर पर आए।

सिंहरण : हाँ सम्राट! और समय चाहे मालव न मिलें, पर प्राण देने का महोत्सव-पर्व वे नहीं छोड़ सकते! आर्य चाणक्य ने कहा कि मालव और तक्षशिला की सेना प्रस्तुत मिलेगी। आप ग्रीकों के प्रधान शिविर का अवरोध कीजिए!

चन्द्रगुप्त : गुरुदेव ने यहाँ भी मेरा ध्यान नहीं छोड़ा! मैं उनका अपराधी हूँ सिंहरण!

सिंहरण : मैं देख लूँगा, आप शीघ्र जाइए; समय नहीं है! मैं भी आता हूँ।

सेना : महाबलाधिकृत सिंहरण की जय!

(चन्द्रगुप्त का प्रस्थान। दूसरी ओर से सिंहरण आदि का प्रस्थान।)

एकादशम् दृश्य

[शिविर का एक अंश]

[चिन्तित भाव से राक्षस का प्रवेश।]

राक्षस : क्या होगा? आग लग गई है, बुझ न सकेगी? तो मैं कहाँ रहूँगा? क्या हम सब ओर से गए?

सुवासिनी : *(प्रवेश करके)*—सब ओर से गए राक्षस! समय रहते तुम सचेत न हुए!

राक्षस : तुम कैसे सुवासिनी!

सुवासिनी : तुम्हें खोजते हुए बन्दी बनाई गई। अब उपाय क्या है? चलोगे?

राक्षस : कहाँ सुवासिनी? इधर खाईं, उधर पर्वत! कहाँ चलूँ?

सुवासिनी : मैं इस युद्ध-विप्लव से घबरा रही हूँ। वह देखो, रण-वाद्य बज रहे हैं! यह स्थान भी सुरक्षित नहीं। मुझे बचाओ राक्षस!

[भय का अभिनय करती है]

राक्षस : *(उसे आश्वासन देते हुए)* मेरा कर्तव्य मुझे पुकार रहा है। प्रिये, मैं रणक्षेत्र से भाग नहीं सकता, चन्द्रगुप्त के हाथों से प्राण देने में ही कल्याण है! किन्तु तुमको...

[इधर-उधर देखता है। रण-कोलाहल]

सुवासिनी : बचाओ!

राक्षस : *(निःश्वास लेकर)* अदृष्ट! दैव प्रतिकूल है। चलो सुवासिनी!

[दोनों का प्रस्थान]

[एकाकिनी कार्नेलिया का प्रवेश]

[रण-शब्द]

कार्नेलिया : यह क्या! पराजय न हुई होती तो शिविर पर आक्रमण कैसे होता?—*(विचार करके)* चिन्ता नहीं, ग्रीक बालिका भी प्राण देना जानती है! आत्मसम्मान—ग्रीक का आत्मसम्मान जिये!—*(छुरी निकालती है।)*—तो अन्तिम समय एक बार नाम लेने में कोई अपराध है?—चन्द्रगुप्त!

[विजयी चन्द्रगुप्त का प्रवेश]

चन्द्रगुप्त : यह क्या। *(छुरी ले लेता है)*—राजकुमारी!

कार्नेलिया : निर्दयी हो चन्द्रगुप्त! मेरे बूढ़े पिता की हत्या कर चुके होगे! सम्राट हो जाने पर आँखें रक्त देखने को प्यासी हो जाती हैं न!

चन्द्रगुप्त : राजकुमारी! तुम्हारे पिता आ रहे हैं।

[सैनिकों के बीच में सिल्यूकस का प्रवेश]

कार्नेलिया : *(हाथों से मुँह छिपाकर)* आह! विजेता सिल्यूकस को भी चन्द्रगुप्त के हाथों से पराजित होना पड़ा।

सिल्यूकस : हाँ बेटी!

चन्द्रगुप्त : यवन-सम्राट! आर्य कृतघ्न नहीं होते। आपको सुरक्षित स्थान पर पहुँचा देना ही मेरा कर्तव्य था। सिन्धु के इस पार अपने सेना-निवेश में आप हैं, मेरे बन्दी नहीं! मैं जाता हूँ।

सिल्यूकस : इतनी महत्ता!

चन्द्रगुप्त : राजकुमारी! पिता जी को विश्राम की आवश्यकता है। फिर हम लोग मित्रों के समान मिल सकते हैं।

(चन्द्रगुप्त का सैनिकों के साथ प्रस्थान। कार्नेलिया उसे देखती रहती है।)

द्वादशम दृश्य

[पथ में साइवर्टियस और मेगास्थनीज]

साइवर्टियस : उसने तो हम लोगों को मुक्त कर दिया था, फिर अवरोध क्यों?

मेगास्थनीज : समस्त ग्रीक-शिविर बन्दी हैं! यह उसके मन्त्री चाणक्य की चाल है। मालव और तक्षशिला की सेना हिरात के पथ में खड़ी है, लौटना असम्भव है।

साइवर्टियस : क्या चाणक्य! वह तो चन्द्रगुप्त से क्रुद्ध होकर कहीं चला गया था न? राक्षस ने यही कहा था, क्या वह झूठा था?

मेगास्थनीज : सब षड्यन्त्र में मिले थे। शिविर को अरक्षित अवस्था में छोड़, बिना कहे सुवासिनी को लेकर खिसक गया। अभी भी न समझे! इधर चाणक्य ने आज मुझसे यह भी कहा है कि मुझे औंटिगोनस के आक्रमण की भी सूचना मिली है।

[सिल्यूकस का प्रवेश]

सिल्यूकस : क्या? औंटिगोनस!

मेगास्थनीज : हाँ सम्राट, इस मर्म से अवगत होकर भारतीय कुछ नियमों पर ही मैत्री किया चाहते हैं।

सिल्यूकस : तो क्या ग्रीक इतने कायर हैं! युद्ध होगा साइवर्टियस! हम सबको मरना होगा।

मेगास्थनीज : **पत्र देकर)** इसे पढ़ लीजिए, सीरिया पर औंटिगोनस की चढ़ाई समीप है। आपको उस पूर्व-संचित और सुरक्षित साम्राज्य को न गँवा देना चाहिए।

सिल्यूकस : *(पत्र पढ़कर विषाद से)*—तो वे क्या चाहते हैं?

मेगास्थनीज : सम्राट! सन्धि करने के लिए तो चन्द्रगुप्त प्रस्तुत है, परन्तु नियम बड़े कड़े हैं। सिन्धु के पश्चिम के प्रदेश आर्यावर्त्त की नैसर्गिक सीमा निषध पर्वत तक वे लोग चाहते हैं। और भी...

सिल्यूकस : चुप क्यों हो गए? कहो, चाहे वे शब्द कितने ही कटु हों, मैं उन्हें सुनना चाहता हूँ।

मेगास्थनीज : चाणक्य ने एक और भी अड़ंगा लगाया है। उसने कहा है, सिकन्दर के साम्राज्य में जो भावी विप्लव है, वह मुझे भली-भाँति अवगत है। पश्चिम का भविष्य रक्त-रंजित है, इसलिए यदि पूर्व में स्थायी शान्ति चाहते हों तो ग्रीक-सम्राट चन्द्रगुप्त को अपना बन्धु बना लें।

सिल्यूकस : सो कैसे?

मेगास्थनीज : राजकुमारी कार्नेलिया का सम्राट चन्द्रगुप्त से परिणय करके।

सिल्यूकस : अधम! ग्रीक तुम इतने पतित हो!

मेगास्थनीज : क्षमा हो सम्राट! वह ब्राह्मण कहता है कि आर्यावर्त्त की सम्राज्ञी भी तो कार्नेलिया ही होगी।

साइवर्टियस : परन्तु राजकुमारी की भी सम्मति चाहिए।

सिल्यूकस : असम्भव! घोर अपमानजनक ।

मेगास्थनीज : मैं क्षमा किया जाऊँ तो सम्राट...! राजकुमारी का चन्द्रगुप्त से पूर्व-परिचय भी है। कौन कह सकता है कि अपनी प्रणय अदृश्य सुनहली रश्मियों से एक-दूसरे

को न खींच चुका हो! सम्राट सिकन्दर के अभियान का स्मरण कीजिए—मैं उस घटना को भूल नहीं गया हूँ।

सिल्यूकस : मेगास्थनीज! मैं यह जानता हूँ! कार्नेलिया ने इस युद्ध में जितनी बाधाएँ उपस्थित कीं, वे सब इसकी साक्षी हैं कि उसके मन में कोई भाव है, पूर्व स्मृति है, फिर भी—फिर भी, न जाने क्यों! वह देखो, आ रही है! तुम लोग हट तो जाओ!

(साइवर्टियस और मेगास्थनीज का प्रस्थान और कार्नेलिया का प्रवेश।)

कार्नेलिया : पिता जी!

सिल्यूकस : बेटी कार्नी!

कार्नेलिया : आप चिन्तित क्यों हैं?

सिल्यूकस : चन्द्रगुप्त को दंड कैसे दूँ? इसी की चिन्ता है।

कार्नेलिया : क्यों पिता जी, चन्द्रगुप्त ने क्या अपराध किया है?

सिल्यूकस : है! अभी बताना होगा कार्नेलिया! भयानक युद्ध होगा, इसमें चाहे दोनों का सर्वनाश हो जाए!

कार्नेलिया : युद्ध तो हो चुका! अब क्या मेरी प्रार्थना आप सुनेंगे पिता जी! विश्राम लीजिए! चन्द्रगुप्त का तो कोई अपराध नहीं, क्षमा कीजिए पिता जी!

[*घुटने टेकती है*]

सिल्यूकस : *(बनावटी क्रोध से)* देखता हूँ कि पिता को पराजित करनेवाले पर तुम्हारी असीम अनुकम्पा है।

कार्नेलिया : *(रोती हुई)*—मैं स्वयं पराजित हूँ! मैंने अपराध किया है पिता जी! चलिए, इस भारत की सीमा से दूर ले चलिए, नहीं तो मैं पागल हो जाऊँगी।

सिल्यूकस : *(उसे गले लगाकर)* तब मैं जान गया कार्नी, तू सुखी हो बेटी! तुझे भारत की सीमा से दूर न जाना होगा—तू भारत की सम्राज्ञी होगी।

कार्नेलिया : पिता जी।

[प्रस्थान]

त्रयोदशम दृश्य

[दांड्यायन का तपोवन: ध्यानस्थ चाणक्य]

[भयभीत भाव से राक्षस और सुवासिनी का प्रवेश।]

राक्षस : चारों ओर आर्य-सेना! कहीं से निकलने का उपाय नहीं। क्या किया जाए सुवासिनी!

सुवासिनी : यह तपोवन है, यहीं कहीं हम लोग छिप रहेंगे।

राक्षस : मैं देश-द्रोही, ब्राह्मण-द्रोही बौद्ध! हृदय काँप रहा है। क्या होगा?

सुवासिनी : आर्यों का तपोवन इन राग-द्वेषों से परे है।

राक्षस : तो चलो कहीं। *(सामने देखकर)* सुवासिनी! वह देखो—वह कौन?

सुवासिनी : *(देखकर)* आर्य चाणक्य।

राक्षस : आर्य-साम्राज्य का महामन्त्री इस तपोवन में।

सुवासिनी : यही तो ब्राह्मण की महत्ता है राक्षस! यों तो मूर्खों की निवृत्ति भी प्रवृत्तिमूलक होती है। देखो, यह सूर्य-रश्मियों का-सा रस-ग्रहण कितना निष्काम, कितना निवृत्तिपूर्ण है।

राक्षस : सचमुच मेरा भ्रम था सुवासिनी! मेरी इच्छा होती है कि चलकर इस महात्मा के सामने अपना अपराध स्वीकार कर लूँ और क्षमा माँग लूँ!

सुवासिनी : बड़ी अच्छी बात सोची तुमने। देखो।

[दोनों छिप जाते हैं]

चाणक्य : *(आँख खोलता हुआ)* कितना गौरवमय आज का अरुणोदय है! भगवान सविता, तुम्हारा आलोक, जगत का मंगल करे! मैं आज जैसे निष्काम हो रहा हूँ। विदित होता है कि आज तक जो कुछ किया, वह सब भ्रम था, मुख्य वस्तु आज सामने आई। आज मुझे अपने अन्तर्निहित ब्राह्मणत्व की उपलब्धि हो रही है। चैतन्य सागर निस्तरंग है और ज्ञान-ज्योति निर्मल है। तो क्या मेरा कर्म कुलाल-चक्र अपना निर्मित भांड उतारकर धर चुका? ठीक तो, प्रभात-पवन के साथ सबकी सुख-कामना शान्ति का आलिंगन कर रही है। देव! आज मैं धन्य हूँ।

[दूसरी ओर झाड़ी में मौर्य]

मौर्य : ढोंग है! रक्त और प्रतिशोध, क्रूरता और मृत्यु का खेल देखते ही जीवन बीता, अब क्या मैं इस सरल पथ पर चल सकूँगा? यह ब्राह्मण आँखें मूँदने-खोलने का अभिनय भले ही करें, पर मैं! असम्भव है। अरे! जैसा मेरा रक्त खौलने लगा! हृदय में एक भयानक चेतना, एक अवज्ञा का अट्टहास, प्रतिहिंसा जैसे नाचने लगी! यह एक साधारण मनुष्य, दुर्बल कंकाल, विश्व के समूचे शस्त्रबल को तिरस्कृत किए बैठा है! रख दूँ गले पर खड्ग, फिर देखूँ तो यह प्राण-भिक्षा माँगता है या नहीं! सम्राट चन्द्रगुप्त के पिता की अवज्ञा! नहीं-नहीं, ब्रह्महत्या होगी, हो; मेरा प्रतिशोध और चन्द्रगुप्त का निष्कंटक राज्य!

(छुरी निकालकर चाणक्य को मारना चाहता है, सुवासिनी दौड़कर उसका हाथ पकड़ लेती है। दूसरी ओर से अलका; सिंहरण, अपनी माता के साथ चन्द्रगुप्त का प्रवेश।)

चन्द्रगुप्त : *(आश्चर्य और क्रोध से)*—यह क्या पिता जी! सुवासिनी! बोलो, बात क्या है?

सुवासिनी : मैंने देखा कि सेनापति, आर्य चाणक्य को मारना ही चाहते हैं इसलिए मैंने इन्हें रोका!

चन्द्रगुप्त : गुरुदेव, प्रणाम! चन्द्रगुप्त क्षमा का भिखारी नहीं, न्याय करना चाहता है। बतलाइए, पूरा विवरण सुनना चाहता हूँ, और पिता जी, आप शस्त्र रख दीजिये! सिंहरण! *(सिंहरण आगे बढ़ता है)*

चाणक्य : *(हँसकर)* सम्राट! न्याय करना तो राजा का कर्तव्य है; परन्तु यहाँ पर पिता और गुरु का सम्बन्ध है, कर सकोगे?

चन्द्रगुप्त : पिता जी!

मौर्य : हाँ चन्द्रगुप्त, मैं इस उद्धत ब्राह्मण का—सबकी अवज्ञा करनेवाले महत्त्वाकांक्षी का वध करना चाहता था। कर न सका, इसका दुःख है। इस कुचक्र पूर्ण रहस्य का अन्त न कर सका।

चन्द्रगुप्त : पिता जी, राज-व्यवस्था आप जानते होंगे—वध के लिए, प्राणदंड होता है, और आपने गुरुदेव का—इस आर्य-साम्राज्य के निर्माणकर्ता ब्राह्मण का— वध करने जाकर कितना गुरुतर अपराध किया है!

चाणक्य : किन्तु सम्राट, वह वध हुआ नहीं, ब्राह्मण जीवित है। अब यह उसकी इच्छा पर है कि वह व्यवहार के लिए न्यायाधिकरण से प्रार्थना करे या नहीं।

चन्द्रगुप्त जननी : आर्य चाणक्य!

चाणक्य : ठहरो देवि!—*(चन्द्रगुप्त से)*—मैं प्रसन्न हूँ वत्स! यह मेरे अभिनय का दंड था। मैंने आज तक जो किया, वह न करना चाहिए था; उसी का महाशक्ति-केन्द्र ने प्रायश्चित्त कराना चाहा। मैं विश्वस्त हूँ कि तुम अपना कर्तव्य कर लोगे। राजा न्याय कर सकता है, परन्तु ब्राह्मण क्षमा कर सकता है।

राक्षस : *(प्रवेश करके)*—आर्य चाणक्य! आप महान हैं। मैं आपका अभिनन्दन करता हूँ। अब न्यायाधिकरण से, अपने अपराध—विद्रोह का दंड पाकर सुखी रह सकूँगा। सम्राट, आपकी जय हो!

चाणक्य : सम्राट, मुझे आज का अधिकार मिलेगा?

चन्द्रगुप्त : आज वही होगा, गुरुदेव! जो आज्ञा होगी।

चाणक्य : मेरा किसी से द्वेष नहीं, केवल राक्षस के सम्बन्ध में अपने पर सन्देह कर सकता था, आज उसका भी अन्त हो। सम्राट सिल्यूकस आते ही होंगे, उसके पहले ही हमें अपना सब विवाद मिटा देना चाहिए।

चन्द्रगुप्त : जैसी आज्ञा।

चाणक्य : आर्य शकटार के भावी जामाता अमात्य राक्षस के लिए मैं अपना मन्त्रित्व छोड़ता हूँ। राक्षस! सुवासिनी को सुखी रखना।

[सुवासिनी और राक्षस चाणक्य को प्रणाम करते हैं]

मौर्य : और मेरा दंड? आर्य चाणक्य, मैं क्षमा ग्रहण न करूँ, तब? आत्महत्या करूँगा!

चाणक्य : मौर्य! तुम्हारा पुत्र आज आर्यावर्त्त का सम्राट है—अब और कौन-सा सुख तुम देखना चाहते हो? काषाय ग्रहण कर लो, इसमें अपने अभिमान को मारने का तुम्हें अवसर मिलेगा। वत्स चन्द्रगुप्त! शस्त्र दो अमात्य राक्षस को!

(मौर्य शस्त्र फेंक देता है। चन्द्रगुप्त शस्त्र देता है। राक्षस सविनय ग्रहण करता है।)

सब : सम्राट चन्द्रगुप्त मौर्य की जय!

[प्रतिहारी का प्रवेश]

प्रतिहारी : सम्राट सिल्यूकस शिविर से निकल चुके हैं।

चाणक्य : उनकी अभ्यर्थना राज-मन्दिर में होनी चाहिए, तपोवन में नहीं।

चन्द्रगुप्त : आर्य, आप उस समय न उपस्थित रहेंगे।

चाणक्य : देखा जाएगा।

[सबका प्रस्थान]

चतुर्दशम दृश्य

[राज-सभा]

(एक ओर से सपरिवार चन्द्रगुप्त और दूसरी ओर से साइवर्टियस, मेगास्थनीज, एलिस और कार्नेलिया के साथ सिल्यूकस का प्रवेश; सब बैठते हैं।)

चन्द्रगुप्त : विजेता सिल्यूकस का मैं अभिनन्दन करता हूँ—स्वागत!

सिल्यूकस : सम्राट चन्द्रगुप्त! आज मैं विजेता नहीं, विजित से अधिक भी नहीं! मैं सन्धि और सहायता के लिए आया हूँ।

चन्द्रगुप्त : कुछ चिन्ता नहीं सम्राट, हम लोग शस्त्र-विनिमय कर चुके, अब हृदय का विनिमय....

सिल्यूकस : हाँ, हाँ, कहिए।

चन्द्रगुप्त : राजकुमारी, स्वागत! मैं उस कृपा को नहीं भूल गया, जो ग्रीक-शिविर में रहने के समय मुझे आपसे प्राप्त हुई थी।

सिल्यूकस : हाँ कार्नी! चन्द्रगुप्त उसके लिए कृतज्ञता प्रकट कर रहे हैं!

कार्नेलिया : मैं आपको भारतवर्ष का सम्राट देखकर कितनी प्रसन्न हूँ।

चन्द्रगुप्त : अनुगृहीत हुआ। *(सिल्यूकस से)* औंटिगोनस से युद्ध होगा। सम्राट सिल्यूकस, गज-सेना आपकी सहायता के लिए जाएगी। हिरात में आपके जो प्रतिनिधि रहेंगे, उनसे समाचार मिलने पर और भी सहायता के लिए आर्यावर्त्त प्रस्तुत है।

सिल्यूकस : इसके लिए धन्यवाद देता हूँ। सम्राट चन्द्रगुप्त, आज से हम लोग दृढ़ मैत्री के बन्धन में बँधे! प्रत्येक का दुःख-सुख, दोनों का होगा; किन्तु एक अभिलाषा मन में रह जाएगी।

चन्द्रगुप्त : वह क्या?

सिल्यूकस : उस बुद्धिसागर, आर्य-साम्राज्य के महामन्त्री, चाणक्य को देखने की बड़ी अभिलाषा थी।

चन्द्रगुप्त : उन्होंने विरक्त होकर, शान्तिमय जीवन बिताने का निश्चय किया है।

(सहसा चाणक्य का प्रवेश। सब अभ्युत्थान देकर प्रणाम करते हैं)

सिल्यूकस : आर्य चाणक्य, मैं आपका अभिनन्दन करता हूँ।

चाणक्य : सुखी रहो सिल्यूकस, हम भारतीय ब्राह्मणों के पास सबकी कल्याण-कामना के अतिरिक्त और क्या है, जिससे अभ्यर्थना करूँ? मैं आज का दृश्य देखकर चिर-विश्राम के लिए संसार से अलग होना चाहता हूँ।

सिल्यूकस : और मैं सन्धि करके स्वदेश लौटना चाहता हूँ। आपके आशीर्वाद की बड़ी अभिलाषा थी। सन्धि-पत्र...

चाणक्य : किन्तु सन्धि-पत्र स्वार्थों से प्रबल नहीं होते, हस्ताक्षर तलवारों को रोकने में असमर्थ प्रमाणित होंगे। तुम दोनों ही सम्राट हो, शस्त्र-व्यवसायी हो; फिर भी संघर्ष हो जाना कोई आश्चर्य की बात न होगी। अतएव, दो बालुकापूर्ण कगारों के बीच में एक निर्मल-स्रोतस्विनी का रहना आंवश्यक है।

सिल्यूकस : सो कैसे?

चाणक्य : ग्रीस की गौरव-लक्ष्मी कार्नेलिया को मैं भारत की कल्याणी बनाना चाहता हूँ—यही ब्राह्मण की प्रार्थना है।

सिल्यूकस : मैं तो इससे प्रसन्न ही हूँगा, यदि....

चाणक्य : यदि का काम नहीं, मैं जानता हूँ; इसमें दोनों प्रसन्न और सुखी होंगे।

सिल्यूकस : *(कार्नेलिया की ओर देखता है, वह सलज्ज सिर झुका लेती है)*—तब आओ बेटी...आओ चन्द्रगुप्त!

(दोनों ही सिल्यूकस के पास जाते हैं। सिल्यूकस उनका हाथ मिलाता है। फूलों की वर्षा और जय-ध्वनि)

चाणक्य : *(मौर्य का हाथ पकड़कर)*—लो, अब हम लोग चलें।

यवनिका

●●●●